四川农业农村发展
若干问题研究

吕火明 等

西南财经大学出版社
Southwestern University of Finance & Economics Press

中国·成都

图书在版编目(CIP)数据

四川农业农村发展若干问题研究/吕火明等著. —成都:西南财经
大学出版社,2018.8

ISBN 978 - 7 - 5504 - 3660 - 2

Ⅰ.①四…　Ⅱ.①吕…　Ⅲ.①农业发展—研究—四川
Ⅳ.①F327.71

中国版本图书馆 CIP 数据核字(2018)第 182828 号

四川农业农村发展若干问题研究

Sichuan Nongye Nongcun Fazhan Ruogan Wenti Yanjiu

吕火明　等 著

责任编辑	王利
封面设计	张姗姗
责任印制	朱曼丽
出版发行	西南财经大学出版社(四川省成都市光华村街55号)
网　址	http://www.bookcj.com
电子邮件	bookcj@foxmail.com
邮政编码	610074
电　话	028 - 87353785　87352368
照　排	四川胜翔数码印务设计有限公司
印　刷	四川五洲彩印有限责任公司
成品尺寸	185mm×260mm
印　张	14.75
字　数	338 千字
版　次	2018 年 8 月第 1 版
印　次	2018 年 8 月第 1 次印刷
书　号	ISBN 978 - 7 - 5504 - 3660 - 2
定　价	88.00 元

前　言

　　"三农"问题是关系国计民生的根本性问题。没有农业农村的现代化,就没有国家的现代化。我们长期致力于"三农"问题研究,特别是在持续地对四川农业农村发展问题的研究中,不断有新的认识、新的思考,陆续形成了一系列关于四川农业农村发展问题的研究成果,丰富了我们对四川农业农村发展的思想。党的十八大以来,围绕四川农业农村现代化、全面建成小康社会的相关问题,我们组织研究团队进行了一系列深入研究,形成了系列研究报告,产生了较大的决策影响和社会反响。现在,我们把近年来关于四川农业农村发展的部分研究成果结集成专著,以飨广大关心四川乡村振兴的读者。

　　本专著主要分为两个部分,第一篇至第五篇报告是关于四川农业发展的研究,第六篇报告是关于四川同步全面建成小康社会的研究。

　　第一篇报告是对推进四川由农业大省向农业强省跨越的研究。习近平总书记参加十二届全国人大五次会议四川代表团审议时发表重要讲话,对四川由农业大省向农业强省跨越提出了新的更高要求。四川作为一个农业大省,是全国重要的优势农产品生产基地,农业生产在全国占有重要地位。但是四川农业"大而不强",从农业大省向农业强省的跨越,底子较为薄弱,任务还很艰巨。推进四川由农业大省向农业强省跨越,必须强化农业强省的统筹推进,坚定不移地做大做强优势特色产业,切实优化和提高农产品供给质量,努力实现经营方式、科学技术、管理手段、物质装备等农业现代化关键点突破,积极发展新产业新业态,并筑牢全省农业生态基础。

　　第二篇报告是对四川农业经营主体及其组织形式发展的研究。党的十八大明确提出要培育新型经营主体,发展多种形式规模经营,构建集约化、专业化、组织化、社会化相结合的新型农业经营体系。十八届三中全会提出要坚持家庭经营在农业中的基础性地位,推进家庭经营、集体经营、合作经营、企业经营等共同发展的农业经营方式创新。构建新型农业经营体系,关键在于培育多元化的农业生产经营主体,优化农业经营组织形式。当前,普通农户仍然是四川农业经营的主体,是新型农业经营主体的基础,更是产生各种新型农业经营主体的主要摇篮;同时,专业大户、家庭农场、农民合作社、农业企业等新型农业经营主体快速发展。从组织形式看,四川农业经营主体的组织形式有专业合作、股份合作、农业共营、土地经营托管、订单农业等多种组织形式。这些不同组织形式的创新,把千家万户组织起来,对接千变万化的大市场,让农民在农业规模化经营中更多受益。尽管新型农业经营主体发展取得了一些成绩,但从总体上看,受自然资源条件、经济发展阶段等原因的影响,专业大户、家庭农场、农民合作社、农业企业等新型经营主体普遍存在规模小、实力弱、运行不规范、经营管理水平偏低等问题，新型农业经营主体的土地、金融、社会化服务等需求尚未得到有效满足。加快四川农业经营主体及其组织形式的发展，要因地制宜发展不同类型的农业经营主体，完善农村家庭承包经营基础上的土地流转政策，加快农村金融制度创新，强化农村实用人才队伍建设，提高农业经营主体扶持政策的针对性，强化农业经营主体的组织形式创新，创新农业社会化服务体系。

第三篇报告是对四川农业适度规模经营问题的研究。随着新型城镇化的深入推进和现代农业的快速发展，传统农村土地小规模、分散化经营模式已经难以适应我省农村经济社会发展的新趋势和新要求。现代农业发展中所面临的种田人手不足且日趋高龄化、土地撂荒和粗放经营、规模化农业所需的土地集中和农民不愿放弃土地、农业机械化和农业技术推广受阻等一系列问题与矛盾愈来愈凸显，推进农业适度规模经营和构建农业新型经营体系成为实现土地资源有效配置、农业增效、农民增收和促进农业现代化的重要路径。通过对四川农业适度规模经营情况的摸底调研，深入分析四川农业适度规模经营发展现状和地方典型案例，探究多类型农业规模经营与多元化服务体系之间的相互作用与关系，为把握好四川农业规模经营的适度性和多样性，处理好服务外包与内部化、服务公平与效率、确保农民权益等提出对策建议。

第四篇报告是对四川基于"互联网+农业"模式的农业信息化战略发展的研究。"互联网+农业"是加快利用现代信息技术转变农业发展方式，促进农业产业现代化转型升级的重要手段。四川建设农业强省，必须深入实施"互联网+农业"创新驱动做大做强。近年来，四川认真贯彻国家关于加快实施"互联网+"行动计划的战略部署，主动适应经济发展新常态，强化以"互联网+"为代表的现代信息技术的应用示范，借"物联网"推进农业生产精准化管控，以"电商"促进农产品销售转型升级，不断缩小农村"数字鸿沟"，加快推进四川农业现代化发展。但在四川这样一个城乡差异较大、地理环境较为复杂的省份，"互联网+农业"战略工作推进任务艰巨，农业农村信息化水平仍处在较为初级的阶段，还存在农村信息网络基础设施建设相对薄弱、农业信息化涉及多头管理、部门协调分工不明确、农业信息服务体系不健全、农业数据信息失真现象严重、农业互联网受众意识不强、信息资源供需不对接、"互联网+农业"的专业性人才缺乏、农业产业化程度低导致农业信息需求不足等问题。加快发展"互联网+农业"提升农业信息化水平，必须夯实"互联网+"与农业深度融合的条件基础，提升农民信息化素质，强化农业领域"物联网"等核心技术研发应用，促进"互联网+"与农业整体推进和局部突破。

第五篇报告是对加快成都市农业供给侧结构性改革的研究。推进农业供给侧结构性改革，提高农业综合效益和竞争力，是解决当前农业存在的诸多矛盾和现实难题的关键，是当前和今后一个时期我国农业政策改革和完善的主要方向。作为国家中心城市之一和四川首位城市，成都市的农业供给侧结构性改革应走在全国和全省的前列，以取得更多的经验和好的做法在全省乃至全国推广。近年来，成都市依托资源优势，不断创新农业发展机制体制，现代农业发展取得了长足发展，初步形成了富有特色的都市现代农业。成都在推进农业供给侧结构性改革方面已经进行了许多有益的探索，但制约全市现代农业发展的深层次问题尚未得到有效解决，农业品牌市场竞争力仍需要进一步提升，农业生产要素配置仍需进一步优化，农业生态环境安全必须引起高度重视，农村综合配套改革仍需进一步深化。成都市推进农业供给侧结构性改革的核心是提高农业全要素生产率，真正提高农业综合竞争力，重点要围绕"都市现代农业"这个定位，在"优供给、增收入、促融合、可持续、深改革"上下功夫，着力发展生态农业、品牌农业、服务农业、休闲农业、智慧农业以及培育新型的职业农民。加快推进成都市农业供给侧结构性改革，必须着力提升农业品牌市场竞争力，加快农民向新型农业经营主体转变，促进产业融合发展的农业新业态，加强农业生态环境建设，完善科技支撑体系建设，继续深化农村综合配套改革，优化政府扶持农业方式。

第六篇报告是四川省发展和改革委员会"十三五"规划前期研究重大课题"四川省'十三五'与全国同步建成全面小康社会研究"的成果。党的十八大提出了到2020年全面建成小康社会的宏伟目标。四川作为经济、资源和人口大省，在全面建设小康社会进程中不断追赶和跨越，取得了巨大成就，但在建成更加高水平、更加全面、更加均衡的全面小康社会的道路上还面临不少困难和问题，还有一些发展条件的制约，总体经济发展水平不高、城乡发展还不平衡、资源环境压力大、文化产业建设较为滞后、公共服务不均衡等问题依然存在，人民生活水平需要进一步提升。四川全面建成小康，重点是实现农村的全面小康，难点是贫困地区的全面小康。当前，四川处于全面建成小康社会的关键期，要实现四川与全国同步、在西部地区率先建成全面小康社会的奋斗目标，必须要以破解全面建设小康社会中的短板为突破口，以实现"两个翻番"为主线，采取强有力的措施，加大工作力度，坚持把经济建设作为兴省之要，坚持向改革要红利，坚持人的全面发展，不断提升发展的竞争力。继续实施多点多极支撑发展战略、创新驱动发展战略和两化互动、城乡统筹"三大"发展战略，全面加快社会主义新农村建设和扶贫开发工作，建成一个高标准、较全面、较均衡的小康，推动四川由经济大省向经济强省跨越、由总体小康向全面小康跨越。

这些成果的完成时间横跨2013年到2017年。在结集出版过程中，我们最大限度地保留了研究报告的原貌，以客观地反映我们对当时四川农业农村发展的看法以及学术思考不断深化的过程。中国特色社会主义进入新时代，我国社会主要矛盾已经转化为人民日益增长的美好生活需要和不平衡不充分的发展之间的矛盾，而发展不平衡不充分问题在农村最为突出。面对新时代农业农村发展的新形势、新问题、新需求，"三农"研究需要不断深化，不断推陈出新，这正是我们不断努力的方向。

参加撰写专著的人员除我本人外，还有李晓研究员、杜兴端副研究员、刘宗敏副研究员和赵颖文博士。研究过程中，参阅了其他研究者的大量成果，文中都尽可能地做了说明，在此对原文献作者表示衷心感谢。"三农"研究博大精深，由于我们水平有限，对一些问题的分析研究肯定存在疏漏和不足之处，恳请读者批评指正。

吕火明

2017年12月

目　录

第一篇　推进四川由农业大省向农业强省跨越研究

四川作为一个农业大省，是全国重要的优势农产品生产基地，农业生产在全国占有重要地位。习近平总书记参加十二届全国人大五次会议四川代表团审议时发表重要讲话，对四川由农业大省向农业强省跨越提出了新的更高要求。要实现四川由农业大省向农业强省跨越的目标，必须准确把握我省农业发展在全国农业发展中的地位，明确我省与全国其他省市的差距，进而找到短板，找准发展和努力方向。

一、农业大省与农业强省的内涵及相互关系

（一）农业大省的内涵及特征

1. 农业大省的内涵

农业大省，核心在"大"，偏重于规模和数量。所谓农业大省，主要是根据一个省（市、区）的农业资源拥有量和农业生产在全国农业生产中的地位来确定的，一般是指农业资源拥有量大、农业生产在全国的地位重要的省（市、区）。

农业大省不同于我们通常使用的"农业省"的概念，两者属于不同的范畴。农业省（市、区）是根据地区农业生产总值占区域国民生产总值的比重来确定，反映的是一个省（市、区）的工业化程度。按照配第一克拉克定律，随着经济发展，一国或地区的产业结构会发生变动，农业收入和劳动力的比重会下降，而第二产业和第三产业的收入和比重会上升。因此，一般而言，农业省是指工业化水平较低，农业产业在国民经济中的比例较高的概念。"农业省"往往与不发达省份相联系。

2. 农业大省的特征

一般来说，农业大省具有以下特征：

（1）农业资源总量大。农业生产最主要的资源是土地和劳动力。农业大省的耕地资源和农业劳动力资源一般都比较丰富。

（2）农业生产在全国农业生产中的地位高，主要是农产品总量在全国占有重要地位，对国家粮食生产和重要农产品供给具有重要影响。农业大省的农业生产总值在国民经济中均占有较大比重，提供了全国大部分的粮食和其他重要农产品。我国的农业基础

能否稳定，很大程度上取决于农业大省的农业发展状况。

四川是全国重要的农业大省，在全国农业生产中占有重要的地位。2015 年四川省农林牧渔业生产总值 6 377.8 亿元，占全国农林牧渔业生产总值的 5.95%，排名全国第 4 位；生产粮食 3 442.8 万吨，占全国粮食总产量的 5.54%，排名全国第 7 位；生产肉类 706.8 万吨，占全国肉类总产量的 8.19%，排名全国第 3 位。

(二) 农业强省的内涵及特征

一个地区农业的"强"与"弱"是相对的，因此对于农业强省的判断应突出与其他区域相比的优势。农业强省的"强"应是对多个维度判断的综合考量，应包括规模、效率、潜力等多方面因素。

1. 农业强省的内涵

目前国内外对于"农业强省"的概念和内涵还没有统一的描述，有各类文献对此进行了一定的研究。

刘平量 (1996)[①] 认为，农业强省的标志在于"关系国计民生的主要农产品产量继续保持国内前列地位，农业发展对全省经济乃至全国经济发展的作用力大大增强，农民的富裕和农村的发展及农业现代化水平较高"。

罗丛霞 (1996)[②] 认为，所谓农业强省，其基本含义就是：农业综合生产能力较强，农村经济结构优化，生产实现专业化、商品化、社会化，有较高的经济效益、社会效益和生态效益，地方财政实力雄厚，人民生活富裕。其主要标志是：①经济总量大。农村第一、二、三产业增加值；种植业、畜牧业、林业、渔业产值，粮食、经济作物、肉蛋奶、水产品等主要农产品产量及人均占有量都有较大幅度提高。②劳动生产率高。③产业、产品、就业结构优化。农林牧副渔、工商建运服实现综合经营，全面发展。④农村商品率高。⑤整体效益好。包括土地生产率、农产品加工增值率、经济效益以及生态效益等。⑥农民收入是显示农村经济发展水平的重要的综合指标，不断增加农民收入，提高人民生活水平，是建设农业强省的根本目的。

胡荣华和刘光平 (2000)[③] 认为，农业强省指一个省具有：①优良的农业资源：包括自然资源，如气候资源、水利资源、土地资源等；社会资源，如人力资源、物力资源及农业资金；环境资源，如森林资源、地下水资源等。②较高的农业现代化水平和较强的农业综合生产能力，包括农业生产手段和生产条件的现代化、农业生产技术的现代化、农业生产组织和管理的现代化，农产品综合生产能力、资源综合使用能力和资源保护能力。③能够支持农业持续发展的农业科技、农业人才和农业管理水平等。因此，农业强省的概念具有如下一些特点：①农业强省不同于农业大省。农业大省指农业资源、

---

① 刘平量. 关于把湖南建成"农业强省"的几点认识 [J]. 湘潭师范学院学报, 1996 (5)：70-74, 81.

② 罗丛霞. 黑龙江省如何实现由农业大省向农业强省的跨越 [J]. 农业系统科学与综合研究, 1996, 12 (2)：149-151.

③ 胡荣华, 刘光平. 江苏农业强省实现途径研究 [J]. 江苏统计, 2000 (3)：18-20.

农产品产量这些方面量的规模较大，而农业强省除了这些量的规模外，更注重质的要求，即农业强省不仅包括量的概念，同时还有质的规定性。因此，有些省是农业大省，但不一定是农业强省。在构建指标体系时，既要使用总量指标，又要使用平均指标和相对指标。②农业强省是一个综合概念。它包括了影响农业发展的所有因素所构成的一个综合体的量和质的整体综合水平。因此，我们在评判一个省是不是强省时，不能仅局限于个别指标，而应从指标体系的整体方面去观察，并采用科学的综合评价方法。③农业强省是一个相对的、发展的概念。强和弱是相比较而产生的，因此，在某个时期的所谓"强省"，在另一个时期很可能就不是一个强省。也就是说，强省的标准是可变的，变化的依据是各省农业发展水平的高低。随着农业科技和农业产业的发展，农业强省的标准会不断提高，此外，随着时代的进步、人们对农业认识的进一步加深以及有关统计事业的发展而导致的统计资料的日益丰富，反映农业强弱的指标体系也将得到丰富和完善。

杨少华和侯方高（2001）① 认为农业强省是指一个省具有：①优良的农业资源，包括自然资源，社会资源，环境资源等；②有支持农业持续发展的农业科技、农业人才和农业管理能力等；③较高的农业现代化水平和较强的农业综合生产能力、资源综合使用能力和资源保护能力。

孟枫平（1999）② 认为所谓农业强省，主要是一个"效益"的概念，核心是"质"，即在农业大省发展的基础上，进一步增强作为粮、棉、油等大宗农作物主产省份对国家所承担的农业责任，促进农业增长方式从粗放型向集约型转变，提高农业经济效益，大幅度增加农民收入，达到"富民强省"的目标，最终实现农业的可持续发展。农业强省应达到以下5点基本要求：①农业经济总量大，为国家承担起保障农产品供给这一重要的农业责任；②农业投入产出效果好；③农业科技水平高；④农村经济结构优；⑤抗灾能力强。

李晓燕（2000）③ 认为农业强省的内涵主要体现为较强的农业综合生产能力、科学的经营管理和较高的综合效益。农业强省的标志是"经济总量大，系统稳定性强，产品质量高，经济效益好，产业、产品、就业结构在高层次上实现优化，农业劳动者素质比较高"。丁俊杰等（2004）④ 与李晓燕（2000）有类似的认识。

康艺之（2010）⑤ 等认为农业强省是一个综合性较强的概念，全面、系统地概括了农业及农村经济的各个方面，包括了影响农业发展的所有因素所构成的一个综合体的质与量的规定性。同时，农业强省是一个相对的、动态发展的概念，其标准是可变的，变

① 杨少华，侯方高. 山东省跨入农业强省的标准及实现途径研究 [J]. 青岛建筑工程学院学报，2001，22（3）：63-67.
② 孟枫平. 农业强省评价指标体系的研究 [J]. 农业技术经济，1999（4）：44-47.
③ 李晓燕. 农业强省评价指标体系及应用研究 [D]. 哈尔滨：东北农业大学，2000.
④ 丁俊杰，许永花，谢春芳，等. AHP在农业强省评价指标体系中的应用 [J]. 黑龙江八一农垦大学学报，2004，16（2）：86-91.
⑤ 康艺之，万忠，方伟，等. 广东农业强省评价指标体系的建立及应用 [J]. 广东农业科学，2010（8）：305-306.

化的依据是各省农业发展水平的高低。随着农业科技和农业产业的发展，农业强省的标准也会提高。

万忠等（2011）[①]认为，"现代农业强省是对农业生产在数量要求的基础上，重点强调农业在'质量'方面的优势的一种农业生产状态，其核心是质量和效益。与其他区域同期发展水平相比，现代农业强省实现了农业要素具备较强的产出能力、农产品具备较强的竞争力、农业生产具有较高的生产效率、农民具有稳定收入和较高的生活质量、农业结构能切实保障国民生活与生产安全，并全面推动和实现了地区产业之间、城乡之间的协调发展。现代农业强省的基本特征是高产、优质、高效、安全、协调"。

彭素、胡新艳和罗必良（2012）[②]认为农业强省的基本特征在于"高产、优质、高效、安全、协调"五个方面。

中国工程院在《制造强国战略研究·综合卷》[③]中对"制造强国"的内涵进行了深入研究，认为制造强国的内涵包括"规模和效益并举、在国际分工中地位较高、发展潜力大"三个方面，认为"拥有规模效益优化、位居世界前列、具备良好发展潜力的制造业的国家可以称之为制造强国"。

参照学术界既有研究成果，特别是中国工程院在《制造强国战略研究·综合卷》中对"制造强国"的研究，本报告认为，农业强省是对农业生产在数量要求的基础上，重点强调农业在质量方面的优势的一种农业生产状态，其核心是质量和效益[④]。一般而言，在一定特殊的时期内，与其他区域相比，农业生产在全国拥有重要地位、产业规模较大、质量效益高、具备良好发展潜力的省级农业生产区域，可称之为农业强省。农业强省的内涵可以概括为"规模大、效益好、潜力大"。

2. 农业强省的特征

一般来说，农业强省具有如下特征：

第一，产业规模雄厚。其表现为农业产业规模较大、具有成熟健全的现代农业产业体系、在全国农业生产中占有相当大比重。雄厚的产业规模主要反映了当前农业发展的基本状况，是农业强省的先决条件。

第二，效率效益良好。其表现为农业生产效率高、产出质量优、占据价值链高端环节、农民收入高等。效率效益体现了农业发展质量，是农业强省的核心表现。

第三，要素支撑强大。其表现为农业生产要素的不断优化，"人、地、钱、科技"等生产要素支撑水平高。强大的要素支撑既是当前农业发展基础实力的体现，也是未来农业发展潜力的重要方面。

---

① 万忠，林伟君，康艺之，等. 转变农业发展方式，建设现代农业强省——以广东省为例 [J]. 南方农村，2011（1）：4-8.

② 彭素，胡新艳，罗必良. "农业强省"的综合评价：以广东为例——基于探索性因子分析与聚类分析 [J]. 广东社会科学，2012（1）：59-67.

③ 中国工程院. 制造强国战略研究·综合卷 [M]. 北京：电子工业出版社，2015.

④ 万忠，林伟君，康艺之，等. 转变农业发展方式，建设现代农业强省——以广东省为例 [J]. 南方农村，2011（1）：4-8.

第四，生产结构合理。其表现为农业产业结构优化，粮、经、饲统筹，种、养、加结合，一、二、三产业融合互动；农业生产经营管理现代化，具有较高的适度经营水平，组织化程度高，社会化服务水平高。合理的生产结构主要反映了农业内部的合理结构及产业链间的密切联系和农业生产经营管理的高效组织，是农业强省的重要基石。

第五，绿色可持续发展。其表现为农业发展的绿色化，能实现可持续发展。绿色发展能力体现农业生态文明发展水平和长期发展潜力，是农业强省的持续保障。

农业强省是一个动态的概念。农业强省在一定经济发展时期是一个相对的、发展的概念，随着国家工业化、信息化、城镇化和农业现代化进程的不断推进，农业强省的内涵将发生新的变化。强和弱是相比较而产生的，强省的标准是可变的，变化的依据是各省农业发展水平的高低。随着农业科技和农业产业的发展，农业强省的标准也会提高。建设农业强省，必须和经济发展阶段对农业发展的要求相适应，必须和农业发展整体环境的变化相适应。

（三）农业强省与农业大省、农业现代化的辩证关系

1. 农业大省蕴含着成为农业强省的优势条件

虽然农业大省和农业强省两个概念的侧重点有所不同，但农业大省却蕴含着成为农业强省的优势条件。"大"省是"强"省的必要条件，通过要素整合、机制创新、市场竞争，能够实现转型升级。

2. 农业大省不一定能成为农业强省

单纯求"大"而不注重综合效益的发展只能带来短期效应，是一种不可持续的发展。"大而不强"主要表现在以下几方面：一是农产品的总量虽然很大，但市场占有率却很低；二是农产品总量虽大，但农业总产值较低；三是农业产值贡献虽然大，农民收入水平却很低；四是农业产出虽然很高，但农业生态文明建设落后，农业可持续发展水平很低。

3. 较高的农业现代化水平是农业强省的必要条件

农业现代化是实现农业强省的必由之路。农业现代化是指从传统农业向现代农业转化的过程和手段。在这个过程中，农业日益用现代工业、现代科学技术和现代经济管理方法武装起来，使农业生产由落后的传统农业转化为具有当代世界先进水平的农业①。要建成农业强省，必须具备较高的农业现代化水平，转变农业发展方式，建设现代农业。

---

① 陈丽. 农业现代化几个前提的研究 [J]. 经济研究导刊，2010 (5)：66-67.

二、农业强省的评价指标体系

（一）建立农业强省评价指标体系的原则

1. 科学性原则

评价指标的设计，必须能够反映农业强省的内涵，必须系统全面地考虑反映农业综合发展水平的各项指标。

2. 可比性原则

评价指标的设计，必须具有可比性，包括横向和纵向的可比性，体现相对和动态的特点，要能够反映不同省（区、市）在同一时期的发展水平差异，也能够反映不同省（区、市）自身在不同时期的发展水平差异。

3. 典型性原则

在不影响农业强省评价指标体系科学性的前提下，应该考虑主要的代表性的指标，避免指标体系设计过于复杂。这样不仅不会影响评价效果，而且还有助于决策者集中精力解决主要矛盾。

4. 可操作性原则

建立农业强省的评价指标体系的目的就是要把它运用到实际测评工作中，以便更好地指导建设农业强省的实践活动。因此，指标必须易于理解，指标数据必须易得、容易计算，指标应用必须方便、简单。

（二）农业强省评价指标体系设计

1. 农业强省指数

农业强省指数 $= \sum_{i=1}^{n} \frac{Xi}{Yi} \times Wi$

Xi 表示某一时期某个指标的实际值，Yi 表示某个指标的基准值，Wi 表示某一指标所占的权重，i 表示指标序号，n 表示指标项数。

Yi 的设定采用先进平均数作为基准值。

Xi/Yi 可以分别比较各个指标离农业强省基准值的差距。

Wi 的设定，在参考原农业部《国家现代农业示范区建设水平考核评价指标体系》、原农业部课题组《现代农业发展战略研究》[1]、中国现代化战略研究课题组《中国现代化报告2012——农业现代化研究》[2]、中国农业科学院农业经济与发展研究所《现代农

---

[1] 农业部课题组. 现代农业发展战略研究 [M]. 北京：中国农业出版社，2008.
[2] 何传启. 中国现代化报告 2012：农业现代化研究 [M]. 北京：北京大学出版社，2012.

业发展水平评价方案》① 以及相关文献的基础上，采用专家意见法（Delphi 法）确定。

2. 指标体系设计

（1）可供参考的既有评价体系

胡荣华和刘光平（2000）② 构建了一个包含反映农村资源和农业生产条件、反映农村科技和现代化水平、反映农业生产能力、反映农民收入和生活水平以及反映其他方面的五类共 29 个具体指标的农业强省评价体系。杨少华和侯方高（2001）③ 参照胡荣华和刘光平（2000）的评价体系构建了一个包含反映农村资源和农业生产条件、反映农村科技和现代化水平、反映农业生产能力、反映农民收入和生活水平以及反映其他方面的五个层次 28 个具体指标的评价体系来反映农业强省的标准。

李晓燕（2000）④ 构建了一个包括两个一级指标（总量指标和效益指标）、四个二级指标（资源总量、经济总量、经济效益、社会效益及可持续发展）和 22 个具体评价指标的农业强省评价体系。丁俊杰等（2004）⑤ 与李晓燕（2000）构建了类似的农业强省评价体系。

孟枫平（1999）⑥ 构建了一个包括主要农产品供给能力类、农业投入产出效果类、农业科技进步类、农村经济结构类、农业基础条件类五类 16 个指标的农业强省评价体系。

康艺之等（2010）⑦ 等构建了一个包括高产、优质、高效、安全、协调 5 个一级指标和 15 个二级指标的广东农业强省评价指标体系。万忠等（2011）⑧ 与之类似，构建了主要包括高产、优质、高效、安全、协调 5 个分类指标和 16 个单项指标的现代农业强省评价指标体系。彭素、胡新艳和罗必良（2012）⑨ 也构建了包括高产、优质、高效、安全、协调五个方面的 15 个具体评价指标的农业强省评价体系。

中国工程院在《制造强国战略研究·综合卷》⑩ 中基于产业评价角度，从产业实力和产业潜力两个方面，围绕"规模发展、效率效益、结构优化、持续发展"四个维度构

① 国务院发展研究中心农村经济研究部课题组. 中国特色农业现代化道路研究 [M]. 北京：中国发展出版社，2012.

② 胡荣华，刘光平. 江苏农业强省实现途径研究 [J]. 江苏统计，2000 (3)：18-20.

③ 杨少华，侯方高. 山东省跨入农业强省的标准及实现途径研究 [J]. 青岛建筑工程学院学报，2001，22 (3)：63-67.

④ 李晓燕. 农业强省评价指标体系及应用研究 [D]. 哈尔滨：东北农业大学，2000.

⑤ 丁俊杰，许永花，谢春芳，等. AHP 在农业强省评价指标体系中的应用 [J]. 黑龙江八一农垦大学学报，2004，16 (2)：86-91.

⑥ 孟枫平. 农业强省评价指标体系的研究 [J]. 农业技术经济，1999 (4)：44-47.

⑦ 康艺之，万忠，方伟，等. 广东农业强省评价指标体系的建立及应用 [J]. 广东农业科学，2010 (8)：305-306.

⑧ 万忠，林伟君，康艺之，等. 转变农业发展方式，建设现代农业强省——以广东省为例 [J]. 南方农村，2011 (1)：4-8.

⑨ 彭素，胡新艳，罗必良. "农业强省"的综合评价：以广东为例——基于探索性因子分析与聚类分析 [J]. 广东社会科学，2012 (1)：59-67.

⑩ 中国工程院. 制造强国战略研究·综合卷 [M]. 北京：电子工业出版社，2015.

建了产业评价指标体系。

（2）本报告设计的农业强省指标体系

农业强省评价指标体系包括五个维度共25个指标，具体如下：

基础实力Ⅰ：规模发展指数，包括农林牧渔业增加值和粮食综合生产能力两个指标。

基础实力Ⅱ：优质产出指数，包括劳动生产率、土地生产率、农林牧渔业产值增加率、农产品"三品一标"数量、农产品品牌价值、农村居民人均可支配收入六个指标。

基础实力Ⅲ：要素支撑指数，包括农村劳动力素质、高标准农田面积比重、主要农作物耕种收综合机械化水平、有效灌溉率、农村宽带接入率、农业财政支持水平、农业保险深度、农业科技进步贡献率八个指标。

发展潜力Ⅰ：结构优化指数，包括农产品加工增值率、农林牧渔业服务业产值占农业总产值的比重、耕地流转率、农户参加专业合作社比重四个指标。

发展潜力Ⅱ：绿色发展指数，包括森林覆盖率、农业节能减排水平、农田灌溉水有效利用系数、化肥施用密度（逆指标）、农药施用密度（逆指标）五个指标。

具体指标及权重见表1-1。

表 1-1 　　　　　　　　　　农业强省指标体系设计方案

一级指标	二级指标	权重		单位	计算方法及数据来源	指标含义
基础实力Ⅰ：规模发展指数	农林牧渔业增加值	10	8	亿元	农林牧渔业增加值	规模总量
	粮食综合生产能力		2	万吨	粮食总产量	规模总量
基础实力Ⅱ：优质产出指数	劳动生产率	25	5	%	农林牧渔业增加值/农林牧渔业从业人员数量	生产效率
	土地生产率		5	%	农林牧渔业增加值/农用地面积	生产效率
	农林牧渔业产值增加率		5	%	农林牧渔业增加值/农林牧渔业总产值	生产效率
	农产品"三品一标"数量		3	个	无公害农产品+绿色农产品+有机农产品+农产品地理标志	质量安全
	农产品品牌价值		2	亿元	中国农产品区域品牌价值排行榜前300位农产品品牌价值总和（浙江大学CARD）	品牌发展
	农村居民人均可支配收入		5	元	农村居民人均可支配收入	农民收入

表1-1（续）

一级指标	二级指标	权重	单位	计算方法及数据来源	指标含义
基础实力Ⅲ：要素支撑指数	农村劳动力素质	4	%	农村居民高中及以上文化程度劳动力比重	劳动力
	高标准农田面积比重	5	%	高标准农田面积/耕地面积	基础设施
	农业机械化水平	2	%	主要农作物耕种收综合机械化水平	机械化
	有效灌溉率	2	%	有效灌溉面积/耕地面积	水利化
	农村宽带接入率	2	%	（农村）互联网宽带接入用户数/农户总数	信息化
	农业财政支持水平	3	%	农林水支出/农林牧渔业总产值	财政支持
	农业保险深度	2	%	农业保险保费收入/农林牧渔业总产值	金融支持
	农业科技进步贡献率	8	%	农业科技进步贡献率	科技支持
发展潜力Ⅰ：结构优化指数	农产品加工增值率	5	%	农产品加工业总产值/地区农业生产总值	产业结构
	农林牧渔业服务业产值占农业总产值的比重	5	%	农林牧渔业服务业产值/农林牧渔业总产值	产业结构
	耕地流转率	3	%	耕地流转面积/耕地总面积	经营结构
	农户参加专业合作社比重	4	%	参加合作社农户总数（含专业大户和家庭农场）/农户总数	经营结构
发展潜力Ⅱ：绿色发展指数	森林覆盖率	3	%	森林覆盖率	绿色发展
	农业节能减排水平	5	亿元	单位能耗创造的农林牧渔业增加值	绿色发展
	农田灌溉水有效利用系数	4	-	农田灌溉水有效利用系数	绿色发展
	化肥施用密度（逆指标）	4	t/hm²	有效化肥施用量/耕地面积	绿色发展
	农药施用密度（逆指标）	4	kg/hm²	农药施用量/耕地面积	绿色发展

3. 农业强省的判定

农业强省的判定标准采用先进平均数作为判断基准。即首先计算出全国各个省（市、区）的农业强省指数，然后计算全国各个省（市、区）农业强省指数的先进平均数。农业强省指数的先进平均数即为农业强省的判断基准：大于等于先进平均数水平，即为农业强省；低于先进平均数水平，可以测算农业强省实现程度（实现程度=实际值/先进平均数）。

三、全国农业强省分省（区）评价

考虑到区域经济的特殊性，本报告不考虑北京、上海、天津、重庆四个直辖市，也不考虑西藏自治区。因此，本报告最终选取我国大陆26个省份作为研究样本（所使用的数据主要为2015年的）。

（一）农业强省指数分项指标值

1. 基础实力 I：规模发展指数

规模发展指数由农林牧渔业增加值和粮食综合生产能力两个指标加权计算形成。具体见表1-2。

表1-2　　　　　　　　　　　　规模发展指数表

省份	规模发展指数		农林牧渔业增加值		粮食综合生产能力	
	指数	排名	指标值（亿元）	排名	指标值（万吨）	排名
山东	0.159 7	1	5 182.90	1	4 712.70	3
河南	0.152 1	2	4 348.41	2	6 067.10	2
江苏	0.127 4	3	4 209.52	3	3 561.34	5
黑龙江	0.116 1	4	2 687.80	9	6 323.96	1
四川	0.115 7	5	3 745.32	4	3 442.80	7
河北	0.111 2	6	3 578.66	5	3 363.81	8
湖南	0.105 4	7	3 461.99	6	3 002.93	9
湖北	0.101 8	8	3 417.32	8	2 703.28	11
广东	0.090 5	9	3 426.11	7	1 358.13	17
安徽	0.089 0	10	2 550.29	11	3 538.12	6
辽宁	0.074 8	11	2 505.13	12	2 002.50	13
广西	0.073 6	12	2 632.97	10	1 524.75	15
吉林	0.069 1	13	1 644.62	19	3 647.04	4
云南	0.064 4	14	2 098.25	14	1 876.36	14
内蒙古	0.062 1	15	1 642.51	20	2 827.01	10
江西	0.060 5	16	1 827.76	16	2 148.71	12
福建	0.056 1	17	2 194.06	13	661.10	23
新疆	0.049 8	18	1 598.66	21	1 521.26	16

表1-2(续)

省份	规模发展指数		农林牧渔业增加值		粮食综合生产能力	
	指数	排名	指标值 (亿元)	排名	指标值 (万吨)	排名
贵州	0.049 5	19	1 712.65	17	1 180.00	20
浙江	0.049 4	20	1 865.31	15	752.23	22
陕西	0.049 0	21	1 673.22	18	1 226.79	19
甘肃	0.033 0	22	995.52	22	1 171.13	21
山西	0.029 8	23	824.10	24	1 259.57	18
海南	0.021 8	24	880.52	23	183.99	25
宁夏	0.009 0	25	251.68	25	372.60	24
青海	0.005 8	26	212.22	26	102.72	26

规模发展指数平均值为 0.074 1，基准值为 0.113 1。超过基准值的省份有 5 个，从高到低依次是山东、河南、江苏、黑龙江、四川。

四川规模发展指数为 0.115 7，超过基准值 2.3%，排名第 5 位。其中农林牧渔业增加值 3 745.32 亿元，排名第 4 位；粮食生产能力 3 442.8 万吨，排名全国第 7 位。

2. 基础实力Ⅱ：优质产出指数

优质产出指数由劳动生产率、土地生产率、农林牧渔业产值增加率、农产品"三品一标"数量、农产品品牌价值、农村居民人均可支配收入六个指标加权计算形成。具体见表1-3。

表1-3　　　　　　　　　　优质产出指数表

省份	优质产出指数		劳动生产率 (万元/人)		土地生产率 (万元/公顷)		产值增加率 (%)		农产品"三品 一标"数量 (个)		区域农产品 品牌价值 (亿元)		农村居民人均 可支配收入(元)	
	指数	排名	指标值	排名	指标值	排名	指标值	排名	指标值	排名	指标值	排名	指标值	排名
江苏	0.371 5	1	4.81	1	10.82	1	59.87	10	18 563	1	298.08	4	16 256.70	2
山东	0.305 5	2	2.64	10	8.28	2	54.27	22	9 761	3	1 113.42	1	12 930.37	5
浙江	0.281 5	3	3.79	3	3.41	11	63.59	4	7 542	4	651.75	2	21 125.00	1
福建	0.219 2	4	3.55	5	3.42	10	59.01	15	3 512	8	382.71	3	13 792.70	3
辽宁	0.202 9	5	3.63	4	4.06	6	53.45	24	4 390	6	59.94	19	12 056.87	6
海南	0.198 3	6	3.83	2	4.45	5	66.51	1	189	26	0	26	10 857.55	13
河南	0.194 7	7	1.68	21	6.03	3	56.91	21	2 630	13	245.29	7	10 852.86	14
黑龙江	0.189 6	8	3.52	6	1.26	21	53.28	25	9 921	2	80.91	15	11 095.22	10
湖北	0.189 4	9	2.43	13	3.63	13	59.65	13	4 368	7	155.2	10	11 843.89	7
广东	0.188 5	10	2.49	12	3.69	8	62.07	7	3 014	10	48.5	20	13 360.44	4
河北	0.187 4	11	2.58	11	4.57	4	59.86	4	2 892	12	39.9	22	11 050.51	11
安徽	0.173 0	12	1.83	20	3.94	7	58.08	17	3 202	9	130.95	11	10 820.73	15

表1-3（续）

省份	优质产出指数		劳动生产率（万元/人）		土地生产率（万元/公顷）		产值增加率（%）		农产品"三品一标"数量（个）		区域农产品品牌价值（亿元）		农村居民人均可支配收入（元）	
	指数	排名	指标值	排名	指标值	排名	指标值	排名	指标值	排名	指标值	排名	指标值	排名
湖南	0.171 0	13	2.14	15	3.09	12	61.48	9	2 921	11	120.88	12	10 992.55	12
江西	0.168 4	14	2.33	14	1.98	14	63.93	3	2 499	14	214.69	8	11 139.08	9
四川	0.164 4	15	2	17	1.51	19	58.72	16	5 372	5	279.28	5	10 247.35	17
吉林	0.163 0	16	3.13	7	1.73	17	57.09	19	2 043	15	44.28	21	11 326.17	8
陕西	0.147 3	17	2.12	16	1.51	18	59.47	14	1 751	18	261.68	6	8 688.91	22
内蒙古	0.145 8	18	2.87	9	0.33	25	59.69	12	1 891	16	60.31	20	10 775.89	16
广西	0.144 5	19	1.85	18	2.15	13	62.73	5	1 253	23	78.01	16	9 466.58	18
新疆	0.142 4	20	3.03	8	0.54	24	57.01	20	1 812	17	62.74	17	9 425.08	20
贵州	0.128 1	21	1.47	23	1.86	15	62.54	6	1 273	21	82.19	14	7 386.87	25
云南	0.121 4	22	1.33	24	1.03	22	62.02	7	1 515	19	83.79	13	8 242.08	23
山西	0.120 4	23	1.24	25	1.52	17	54.12	23	1 574	19	24.53	24	9 453.91	19
宁夏	0.116 1	24	1.57	22	1.27	20	52.11	26	376	25	32.35	23	9 118.69	21
青海	0.114 7	25	1.84	19	0.07	26	66.47	2	616	24	4.8	25	7 933.41	24
甘肃	0.113 5	26	1.14	26	0.93	23	57.81	18	1 254	22	191.22	9	6 936.21	26

优质产出指数平均值为 0.179 3，基准值为 0.229 9。超过基准值的省份有 3 个，从高到低依次是江苏、山东、浙江。

四川优质产出指数为 0.164 4，比基准值低 28.51%，排名第 15 位。其中劳动生产率为 2 万元/人，排名第 17 位；土地生产率为 1.51 万元/公顷，排名第 19 位；农林牧渔业产值增加率为 58.72%，排名第 16 位；农产品"三品一标"数量 5 372 个，排名第 5 位；区域农产品品牌价值排行榜前 300 位入围品牌价值总计 279.28 亿元，排名第 5 位；农村居民人均可支配收入 10 247.35 元，排名第 17 位。

3. 基础实力Ⅲ：要素支撑指数

要素支撑指数由农村劳动力素质、高标准农田面积比重、主要农作物耕种收综合机械化水平、有效灌溉率、农村宽带接入率、农业财政支持水平、农业保险深度、农业科技进步贡献率八个指标加权计算形成。具体见表1-4。

要素支撑指数平均值为 0.214 0，基准值为 0.243 5。超过基准值的省（区）有 5 个，从高到低依次是江苏、浙江、湖南、河北、新疆。

四川要素支撑指数为 0.196 9，比基准值低 19.13%，排名第 18 位。其中平均每百个劳动力中高中及以上文化程度 9.8 人，排名第 20 位；高标准农田面积比重为 24.72%，排名第 11 位；主要农作物耕种收综合机械化水平为 53%，排名第 17 位；有效灌溉率为 40.63%，排名第 13 位；农村宽带接入率为 22.63%，排名第 11 位；农业财政支持水平为 24.74%，排名第 14 位；农业保险深度为 0.79%，排名第 6 位；农业科技进步贡献率为 56%，排名第 13 位。

表1-4 要素支撑指数表

省份	要素支撑指数		高标准农田面积比重(%)		主要农作物耕种收综合机械化水平(%)		有效灌溉率(%)		农村宽带接入率(%)		平均每百个劳动力中高中及以上文化程度(人)		农业财政支持水平(%)		农业保险深度(%)		农业科技进步贡献率(%)	
	指数	排名	指标值	排名	指标值	排名	指标值	排名	指标值	排名	指标值	排名	指标值	排名	指标值	排名	指标值	排名
江苏	0.293 8	1	50.00	2	81.00	6	86.40	2	58.25	1	17.70	8	23.96	15	0.39	19	65.00	1
浙江	0.260 0	2	35.14	5	40.00	25	72.38	6	43.62	3	19.40	4	39.62	6	0.46	15	62.00	4
湖南	0.256 0	3	53.27	1	44.00	21	75.02	4	11.54	22	20.00	2	19.53	20	0.68	9	56.00	15
河北	0.251 7	4	42.00	3	74.70	9	68.16	7	27.26	7	19.00	5	19.91	19	0.62	13	56.00	16
新疆	0.246 5	5	12.18	24	84.00	2	95.30	1	41.83	4	10.90	19	37.87	7	2.19	1	55.00	19
山东	0.242 2	6	30.82	7	81.30	5	65.23	10	26.89	8	20.60	1	18.61	23	0.34	20	61.80	5
广东	0.241 4	7	31.32	6	43.40	22	67.71	8	40.12	5	19.60	3	23.70	16	0.27	23	62.70	2
河南	0.234 1	8	37.85	4	77.50	7	64.28	11	19.89	12	17.50	10	18.21	24	0.40	18	56.60	12
内蒙古	0.226 4	9	16.01	17	81.40	4	33.42	20	18.72	13	16.50	14	41.13	5	1.91	2	51.80	24
山西	0.226 2	10	25.35	10	65.00	14	35.98	17	14.42	18	18.80	6	47.87	4	0.69	8	56.00	14
安徽	0.222 8	11	30.68	8	71.60	10	74.93	5	17.80	14	11.90	17	22.65	17	0.62	12	60.00	6
青海	0.220 3	12	14.28	21	69.00	11	33.48	19	8.54	24	9.40	22	96.32	1	0.98	5	57.00	8
江西	0.211 1	13	22.40	12	66.52	12	65.77	9	23.01	10	14.40	16	30.49	11	0.42	16	56.00	17

表1-4（续）

省份	要素支撑指数		高标准农田面积比重（%）		主要农作物耕种收综合机械化水平（%）		有效灌溉率（%）		农村宽带接入率（%）		平均每百个劳动力中高中及以上文化程度（人）		农业财政支持水平（%）		农业保险深度（%）		农业科技进步贡献率（%）	
	指数	排名	指标值	排名	指标值	排名	指标值	排名	指标值	排名	指标值	排名	指标值	排名	指标值	排名	指标值	排名
湖北	0.210 4	14	29.18	9	65.80	13	55.17	12	14.30	19	17.90	7	18.04	25	0.19	26	56.70	11
福建	0.209 3	15	16.21	16	43.00	23	79.45	3	43.83	2	17.30	11	20.14	18	0.20	25	57.00	10
宁夏	0.206 7	16	15.62	19	54.20	16	39.26	14	6.66	26	11.20	18	66.06	2	1.31	3	53.00	22
黑龙江	0.197 6	17	14.72	20	93.90	1	34.89	18	15.99	16	7.60	26	25.35	12	1.11	4	62.00	3
四川	0.196 9	18	24.72	11	53.00	17	40.63	13	22.63	11	9.80	20	24.74	14	0.79	6	56.00	13
海南	0.195 3	19	21.03	13	42.00	24	36.37	16	36.41	6	16.90	13	18.65	22	0.41	17	52.00	23
陕西	0.189 6	20	15.70	18	61.00	15	30.96	21	15.73	17	17.60	9	31.11	9	0.32	21	54.00	21
甘肃	0.189 4	21	7.29	26	48.40	19	24.31	25	12.10	21	17.00	12	49.93	3	0.77	7	55.20	18
吉林	0.188 8	22	19.05	15	82.50	3	25.59	24	17.20	15	9.80	21	24.85	13	0.67	10	57.00	9
辽宁	0.181 4	23	12.66	23	75.00	8	30.54	22	26.21	9	9.30	23	17.81	26	0.65	11	59.00	7
广西	0.168 2	24	19.69	14	50.00	18	36.77	15	13.83	20	15.00	15	18.90	21	0.24	24	46.00	26
云南	0.165 5	25	13.82	22	44.90	20	28.31	23	9.11	23	9.30	24	30.57	10	0.57	14	55.00	20
贵州	0.132 5	26	8.64	25	25.00	26	23.48	26	7.57	25	7.90	25	31.19	8	0.30	22	47.00	25

4. 发展潜力Ⅰ：结构优化指数

结构优化指数由农产品加工业产值与农业总产值比值、农林牧渔业服务业产值占农业总产值的比重、耕地流转率、农户参加专业合作社比重四个指标加权计算形成。具体见表1-5。

结构优化指数平均值为0.120 6，基准值为0.152 0。超过基准值的省份有3个，从高到低依次是江苏、山东、湖北。

四川结构优化指数为0.092 7，比基准值低39.04%，排名第19位。其中农产品加工业产值与农业总产值比值为1.5：1，排名第12位；农林牧渔业服务业产值占农业总产值的比重为1.73%，排名第25位；家庭承包经营耕地流转率为27.76%，排名第14位；农户参加专业合作社比重为15.44%，排名第18位。

表1-5 结构优化指数表

省份	结构优化指数		农产品加工业产值/农业总产值		农林牧渔服务业产值占比（%）		家庭承包经营耕地流转率（%）		农户参加专业合作社比重（%）	
	指数	排名	指标值	排名	指标值	排名	指标值	排名	指标值	排名
江苏	0.256 9	1	2.41	3	5.69	3	60.38	1	72.83	1
山东	0.183 1	2	3.76	1	4.52	8	26.35	16	24.90	4
湖北	0.160 1	3	1.87	8	5.96	2	36.95	7	24.27	5
甘肃	0.144 6	4	0.48	23	9.25	1	23.34	19	20.94	9
安徽	0.140 4	5	1.57	11	4.37	10	47.16	4	20.66	10
河南	0.137 6	6	2.00	7	4.28	11	39.80	5	16.14	17
浙江	0.136 5	7	2.87	2	2.22	22	50.46	3	9.73	22
辽宁	0.130 1	8	1.75	10	4.28	12	31.69	8	18.91	13
吉林	0.127 8	9	2.21	5	2.97	20	25.84	17	21.48	8
湖南	0.127 8	10	1.32	13	5.35	5	37.13	6	14.52	20
河北	0.126 9	11	1.29	14	5.24	6	27.57	15	19.78	12
江西	0.119 4	12	1.85	9	3.45	18	29.54	11	16.36	16
福建	0.119 2	13	2.29	4	3.53	17	29.93	10	8.60	23
宁夏	0.119 1	14	1.21	15	4.50	9	25.52	18	21.51	7
黑龙江	0.117 6	15	0.90	19	2.11	23	53.34	2	27.03	3
陕西	0.114 3	16	0.92	18	4.90	7	17.90	23	23.93	6
广东	0.109 9	17	2.17	6	3.54	16	28.88	12	4.52	25
山西	0.098 6	18	0.54	22	5.69	4	16.21	25	14.76	19
四川	0.092 7	19	1.50	12	1.73	25	27.76	14	15.44	18

表1-5（续）

省份	结构优化指数		农产品加工业产值/农业总产值		农林牧渔服务业产值占比（%）		家庭承包经营耕地流转率（%）		农户参加专业合作社比重（%）	
	指数	排名	指标值	排名	指标值	排名	指标值	排名	指标值	排名
青海	0.092 4	20	0.48	24	1.78	24	21.57	20	34.09	2
内蒙古	0.090 2	21	1.21	16	1.53	26	32.50	8	17.26	15
云南	0.083 3	22	0.85	20	3.30	19	17.87	24	13.94	21
贵州	0.082 6	23	0.84	21	3.92	14	28.10	13	4.58	24
广西	0.081 7	24	1.11	17	3.97	13	18.57	21	4.11	26
海南	0.072 9	25	0.29	26	3.59	15	4.69	26	20.27	11
新疆	0.071 4	26	0.34	25	2.66	21	17.94	22	17.87	14

5. 发展潜力Ⅱ：绿色发展指数

绿色发展指数由森林覆盖率、农业节能减排水平、农田灌溉水有效利用系数、化肥施用密度（逆指标）、农药施用密度（逆指标）五个指标加权计算形成。具体见表1-6。

绿色发展指数平均值为0.139 6，基准值为0.162 2。超过基准值的省份有4个，从高到低依次是青海、贵州、黑龙江、宁夏。

四川绿色发展指数为0.147 2，比基准值低9.27%，排名第9位。其中森林覆盖率为35.22%，排名第15位；农业节能减排水平（单位能耗创造的农林牧渔业增加值）为2.75万元/吨标准煤，排名第5位；农田灌溉水有效利用系数为0.45，排名第24位；化肥施用密度为371.13千克/公顷，换算为效率指标则平均每吨化肥作用耕地面积2.69公顷，排名第10位；农药施用密度为8.75千克/公顷，换算为效率指标则平均每千克农药作用耕地面积114.26公顷，排名第9位。

表1-6　　　　　　　　绿色发展指数表

省份	绿色发展指数		森林覆盖率（%）		农业节能减排水平（万元/吨标准煤）		农田灌溉水有效利用系数		化肥施用密度（逆指标）（千克/公顷）		农药施用密度（逆指标）（千克/公顷）	
	指数	排名	指标值	排名	指标值	排名	指标值	排名	指标值	排名	指标值	排名
青海	0.209 9	1	5.63	25	3.87	1	0.489	20	172.16	2	3.32	4
贵州	0.192 7	2	37.09	14	2.58	6	0.446	26	228.52	4	3.02	2
黑龙江	0.188 1	3	43.16	9	1.72	16	0.582	6	161.04	1	5.23	7
宁夏	0.162 8	4	11.89	23	1.03	26	0.480	21	310.74	8	2.01	1
辽宁	0.161 1	5	38.24	13	2.82	4	0.587	5	305.55	7	12.03	12
内蒙古	0.154 0	6	21.03	19	1.34	19	0.520	16	248.27	5	3.57	5
陕西	0.149 1	7	41.42	10	1.31	21	0.554	9	580.57	17	3.28	3

表1-6(续)

省份	绿色发展指数		森林覆盖率（%）		农业节能减排水平（万元/吨标准煤）		农田灌溉水有效利用系数		化肥施用密度（逆指标）（千克/公顷）		农药施用密度（逆指标）（千克/公顷）	
	指数	排名	指标值	排名	指标值	排名	指标值	排名	指标值	排名	指标值	排名
浙江	0.148 9	8	59.07	3	2.39	9	0.582	6	442.36	12	28.53	21
四川	0.147 2	9	35.22	15	2.75	5	0.450	24	371.13	10	8.75	9
福建	0.146 3	10	65.95	1	2.92	3	0.533	12	926.46	25	41.73	24
海南	0.145 7	11	55.38	5	3.03	2	0.553	10	704.52	23	54.83	26
甘肃	0.140 9	12	11.28	24	1.74	15	0.540	11	182.18	3	14.67	14
江西	0.139 5	13	60.01	2	2.27	10	0.490	19	465.76	13	30.45	23
云南	0.134 7	14	50.03	7	1.65	17	0.450	24	373.47	11	9.45	11
吉林	0.134 3	15	40.38	11	1.31	22	0.560	8	330.38	9	8.9	10
湖南	0.131 2	16	47.77	8	2.46	7	0.496	18	594.03	17	29.48	22
广西	0.126 9	17	56.51	4	1.85	13	0.465	23	590.28	18	17.02	16
山西	0.124 2	18	18.03	20	1.28	23	0.530	14	292.08	6	7.65	8
广东	0.122 7	19	51.26	6	2.40	8	0.475	22	980.4	26	43.5	25
河北	0.121 4	20	23.41	17	1.62	16	0.670	1	514.13	15	12.77	13
湖北	0.114 9	21	38.40	12	1.75	14	0.532	13	635.34	21	22.97	20
江苏	0.112 8	22	15.80	22	2.11	11	0.598	5	699.45	22	17.07	17
山东	0.111 9	23	16.73	21	1.86	12	0.630	2	608.99	20	19.84	19
新疆	0.109 8	24	4.24	26	1.18	24	0.520	17	478.12	14	4.98	6
安徽	0.102 7	25	27.53	16	1.33	20	0.524	15	576.71	16	18.91	18
河南	0.096 3	26	21.50	18	1.15	25	0.600	3	883.42	24	15.88	15

（二）全国各省（区、市）农业强省指数

根据农业强省指数计算公式 $\sum_{i=1}^{n} \dfrac{Xi}{Yi} \times Wi$ 和表1确定的权重，计算全国各省（区、市）农业强省指数，结果如表1-7所示。

从表1-7中可以看出，江苏的农业强省指数为1.162 4，高居全国第一，接下来是山东，以1.002 4排名第二，浙江以0.876 3排名第三；广西、贵州和云南位居末尾。排名第一的江苏农业强省指数比排名末位的云南高出一倍多，差异非常大。

表 1-7　　　　　　　　　　　　　农业强省指数表

省份	农业强省指数	排名	规模发展指数	排名	优质产出指数	排名	要素支撑指数	排名	结构优化指数	排名	绿色发展指数	排名
江苏	1.162 4	1	0.127 4	3	0.371 5	1	0.293 8	1	0.256 9	1	0.112 8	22
山东	1.002 4	2	0.159 7	1	0.305 5	2	0.242 2	6	0.183 1	2	0.111 9	23
浙江	0.876 3	3	0.049 4	20	0.281 5	3	0.260 0	2	0.136 5	7	0.148 9	8
河南	0.814 8	4	0.152 1	2	0.194 7	7	0.234 1	8	0.137 6	6	0.096 3	26
黑龙江	0.809 0	5	0.116 1	4	0.189 6	8	0.197 6	17	0.117 6	15	0.188 1	3
河北	0.798 6	6	0.111 2	6	0.187 4	11	0.251 7	4	0.126 9	11	0.121 4	20
湖南	0.791 4	7	0.105 4	7	0.171 0	13	0.256 9	3	0.127 8	10	0.131 2	16
湖北	0.776 6	8	0.101 8	8	0.189 4	9	0.210 4	14	0.160 1	3	0.114 9	21
广东	0.753 0	9	0.090 5	9	0.188 5	10	0.241 4	7	0.109 9	17	0.122 7	19
辽宁	0.750 3	10	0.074 8	11	0.202 9	5	0.181 4	23	0.130 1	8	0.161 1	5
福建	0.750 1	11	0.056 1	17	0.219 2	4	0.209 3	15	0.119 2	13	0.146 3	10
安徽	0.727 9	12	0.089 0	10	0.173 0	12	0.222 8	11	0.140 4	5	0.102 7	25
四川	0.716 9	13	0.115 7	5	0.164 4	15	0.196 9	18	0.092 7	19	0.147 2	9
江西	0.698 9	14	0.060 5	16	0.168 4	14	0.211 1	13	0.119 4	12	0.139 5	13
吉林	0.683 0	15	0.069 1	13	0.163 0	16	0.188 1	22	0.127 8	9	0.134 1	15
内蒙古	0.678 0	16	0.062 1	15	0.145 3	18	0.226 4	9	0.090 2	21	0.154 0	6
陕西	0.649 3	17	0.049 0	21	0.147 3	17	0.189 6	20	0.114 3	16	0.149 1	7
青海	0.643 1	18	0.005 8	26	0.114 7	25	0.220 3	12	0.092 4	20	0.209 9	1
海南	0.634 0	19	0.021 8	24	0.198 3	6	0.195 3	19	0.072 9	25	0.145 7	11
甘肃	0.621 4	20	0.033 0	22	0.113 5	26	0.189 4	21	0.144 6	4	0.140 9	12
新疆	0.619 9	21	0.049 8	18	0.142 4	20	0.246 5	5	0.071 4	26	0.109 8	24
宁夏	0.613 7	22	0.009 0	25	0.116 1	24	0.206 7	16	0.119 1	14	0.162 8	4
山西	0.599 2	23	0.029 8	23	0.120 4	23	0.226 2	10	0.098 6	18	0.124 2	18
广西	0.594 9	24	0.073 6	12	0.144 5	19	0.168 2	24	0.081 7	24	0.126 9	17
贵州	0.585 4	25	0.049 5	19	0.128 1	21	0.132 5	26	0.082 6	23	0.192 7	2
云南	0.569 3	26	0.064 4	14	0.121 4	22	0.165 5	25	0.083 3	22	0.134 7	14

（三）全国农业强省判定

本报告所评价的我国大陆 26 个省（区）的农业强省指数的平均数为 0.727 7，农业强省指数超过平均数的省（区）共 12 个，从高到低依次为江苏、山东、浙江、河南、黑龙江、河北、湖南、湖北、广东、辽宁、福建、安徽；先进平均数为 0.834 4，农业强省指数超过先进平均数的省共 3 个，从高到低依次为江苏、山东、浙江。

按照本报告所采用的农业强省判定办法，江苏、山东和浙江3个省是目前我国的农业强省。其他省（区）农业发展离农业强省水平还有一定的差距，见表1-8。

四川农业强省指数为0.716 9，排名第13位，农业强省实现程度为85.92%，与江苏、山东和浙江有较大的差距。

表1-8   农业强省判定

省份	农业强省指数	排名	平均值	基准值	实现程度	分类
江苏	1.162 4	1	0.727 7	0.834 4	139.31%	农业强省
山东	1.002 4	2	0.727 7	0.834 4	120.13%	农业强省
浙江	0.876 3	3	0.727 7	0.834 4	105.02%	农业强省
河南	0.814 8	4	0.727 7	0.834 4	97.65%	中上
黑龙江	0.809 0	5	0.727 7	0.834 4	96.96%	中上
河北	0.798 6	6	0.727 7	0.834 4	95.71%	中上
湖南	0.791 4	7	0.727 7	0.834 4	94.85%	中上
湖北	0.776 6	8	0.727 7	0.834 4	93.07%	中上
广东	0.753 0	9	0.727 7	0.834 4	90.24%	中上
辽宁	0.750 3	10	0.727 7	0.834 4	89.92%	中上
福建	0.750 1	11	0.727 7	0.834 4	89.90%	中上
安徽	0.727 9	12	0.727 7	0.834 4	87.24%	中上
四川	0.716 9	13	0.727 7	0.834 4	85.92%	中等
江西	0.698 9	14	0.727 7	0.834 4	83.76%	中等
吉林	0.683 0	15	0.727 7	0.834 4	81.86%	中等
内蒙古	0.678 0	16	0.727 7	0.834 4	81.26%	中等
陕西	0.649 3	17	0.727 7	0.834 4	77.82%	中等
青海	0.643 1	18	0.727 7	0.834 4	77.07%	中等
海南	0.634 0	19	0.727 7	0.834 4	75.98%	中等
甘肃	0.621 4	20	0.727 7	0.834 4	74.47%	发展滞后
新疆	0.619 9	21	0.727 7	0.834 4	74.29%	发展滞后
宁夏	0.613 7	22	0.727 7	0.834 4	73.55%	发展滞后
山西	0.599 2	23	0.727 7	0.834 4	71.81%	发展滞后
广西	0.594 9	24	0.727 7	0.834 4	71.30%	发展滞后
贵州	0.585 4	25	0.727 7	0.834 4	70.16%	发展滞后
云南	0.569 3	26	0.727 7	0.834 4	68.23%	发展滞后

四、四川建设农业强省分析

(一) 四川农业发展概况

四川农业生产条件优越，长期以来一直是我国粮油、生猪等农产品大省，川菜、川酒闻名天下，川果、川茶、川药等名优特产众多。

党的十八大以来，四川农业掀开了新的篇章，农业生产水平大幅提高，优势特色产业发展势头强劲，农产品质量安全水平稳步提升，农业基础条件进一步改善。2015 年，四川省农林牧渔业总产值 6 097.8 亿元，占全国的 5.7%，居全国第 4 位。

四川是全国 13 个粮食主产区之一，2015 年粮食总产量达到 3 442.8 万吨，占全国粮食总产量的 5.54%，位居全国第 7 位。四川是全国重要的油料生产基地，2015 年油料总产量 307.55 万吨，占全国油料产量的 8.70%，居全国第 4 位；其中油菜籽产量 238.53 万吨，占全国油菜籽产量的 15.98%，居全国第 2 位。蔬菜总产量 4 240.79 万吨，占全国的 5.4%，居全国第 5 位。

四川是畜牧业大省，其中尤其以生猪养殖在全国占有重要地位，素有"川猪安天下"之说。2015 年肉类总产量 706.8 万吨，占全国肉类总产量的 8.19%，居全国第 3 位，其中生猪存栏量、出栏量和猪肉产量都高居全国第 1 位。

四川林草资源丰富。2015 年四川林地面积 3.6 亿亩（约 2 400 万公顷），占全国林地面积的 9.4%，居全国第 3 位；四川各类天然草地面积 3.16 亿亩（约 2 110 万公顷），占全国的 6.4%，居全国第 7 位；森林面积 2.63 亿亩（约 1 750 万公顷），占全国的 12.5%，居全国第 4 位；森林蓄积量 17.33 亿立方米，占全国的 9.4%，居全国第 3 位。四川林业产业发达，2015 年板式家具、竹浆造纸产量均居全国第 1 位，油橄榄种植面积及产量居全国第 2 位，核桃产量居全国第 3 位。

四川是茶树原产地之一，也是全国重要的茶叶产区之一。唐宋时期，川茶产量居全国之冠，名茶创制最先。据史料记载，饮茶、种茶和茶叶的传播都起源于四川。由于悠久的茶业历史、丰富的资源和优良的品质，自古享有"蜀土茶称圣"的美誉。2015 年茶叶种植面积 481.55 万亩（约 32 万公顷），占全国的 11.16%，居全国第 2 位；茶叶总产量 25.97 万吨，占全国的 11.40%，居全国第 3 位。

四川中药材资源丰富，资源蕴藏量位居全国首位，种类达 4 500 余种，约占全国的 4/5。有 30 多种药材为四川所特有，被国家列为重点保护对象。四川是全国最大的中药材基地，2015 年四川中药材种植面积 270 万亩（约 18 万公顷），占全国中药材种植面积的 9.89%，高居第 1 位；中药材总产量 84.37 万吨，也高居全国第 1 位。

川酒是四川最具比较优势的产业之一，也是中国优秀传统产业的典型代表。川酒拥有全国白酒行业百强企业 30 余户、中国驰名商标 12 个，其中五粮液品牌价值连续 10 多年稳居行业第一。川酒整体产销量一直冠绝全国，稳占全国 1/3 市场。川酒从百年前的小作坊、小品牌,成长为如今的千亿元产业集群、风靡国内外的大品牌。在世界品牌实验室历年发布的《中国500最具价值品牌》中,五粮液、郎酒、剑南春、泸州老窖、沱牌、水井坊等川酒"六朵金花"均多次上榜。

四川积极拓展农业多功能性,深入推进"一三融合"发展,休闲农业与乡村旅游业发达。四川幸福美丽新村建设在全国美丽乡村建设中独树一帜,美丽乡村建设"东看浙江,西看四川"。四川休闲农业与乡村旅游收入高居全国第1位,约占全国的1/4。

四川还是全国重点生态功能区,自然生态良好,森林覆盖率高,林草资源丰富,农田面积大,江河面积广,森林、草地、农田、水面共同构建了四川良好的绿色发展能力,为全国贡献了非常重要的生态产品。

(二)四川农业强省建设总体分析

表1-9反映了四川省农业强省指数及其分项指标值。

表 1-9   四川农业强省指数表

指数/指标	单位	值	排名
农业强省指数	/	0.716 9	13
1. 规模发展指数	/	0.115 7	5
1.1 农林牧渔业增加值	亿元	3 745.32	4
1.2 粮食综合生产能力	万吨	3 442.80	7
2. 优质产出指数	/	0.164 4	15
2.1 劳动生产率	万元/人	2.00	17
2.2 土地生产率	万元/公顷	1.51	19
2.3 农林牧渔业产值增加率	%	58.72	16
2.4 农产品"三品一标"数量	个	5 372	5
2.5 区域农产品品牌价值	亿元	279.28	5
2.6 农村居民人均可支配收入	元	10 247.35	17
3. 要素支撑指数	/	0.196 9	18
3.1 高标准农田面积比重	%	24.72	11
3.2 主要农作物耕种收综合机械化水平	%	53	17
3.3 有效灌溉率	%	40.63	13
3.4 农村宽带接入率	%	22.63	11
3.5 农村劳动力素质(平均每百个劳动力中高中及以上文化程度人数)	人	9.8	20
3.6 农业财政支持水平	%	24.74	14
3.7 农业保险深度	%	0.79	6

表1-9(续)

指数/指标	单位	值	排名
3.8 农业科技进步贡献率	%	56.0	13
4. 结构优化指数	/	0.092 7	19
4.1 农产品加工业产值与农业总产值比值（农业总产值为1）	/	1.50	12
4.2 农林牧渔服务业产值占比	%	1.73	25
4.3 家庭承包经营耕地流转率	%	27.76	14
4.4 农户参加专业合作社比重	%	15.44	18
5. 绿色发展指数	/	0.147 2	9
5.1 森林覆盖率	%	35.22	15
5.2 农业节能减排水平（单位能耗创造的农林牧渔业增加值）	万元/吨标准煤	2.75	5
5.3 农田灌溉水有效利用系数	–	0.450	24
5.4 化肥施用密度（逆指标）	kg/hm^2	371.13	10
5.5 农药施用密度（逆指标）	kg/hm^2	8.75	9

根据表1-8和表1-9，四川农业强省指数为0.716 9，在26个省（区）中排名第13位；全国农业强省指数先进平均数为0.834 4，按此标准，四川农业强省实现程度为85.92%。

从各分项指标值来看，四川从农业大省向农业强省的跨越，底子较为薄弱，任务还很艰巨。从农业强省指数的五个维度来看，只有规模发展指数超过了基准值，而优质产出指数、要素支撑指数、结构优化指数和绿色发展指数都低于基准值。五个分项指数，从排名来看，规模发展指数排名最高，为第5位；然后是绿色发展指数，排名第8位；第三是优质产出指数，排名第15位；第四是要素支撑指数，排名第18位；最后是结构优化指数，排名第19位。单纯从排位看有个重大缺陷，就是掩盖了与基准值的具体差距。与基准值的具体差距，更能反映某一维度的真实水平。从与基准值的差距来看，表现最好的是规模发展指数，超过基准值2.30%；然后是绿色发展指数，比基准值低9.27%；第三是要素支撑指数，比基准值低19.13%；第四是优质产出指数，比基准值低28.51%；表现最差的是结构优化指数，比基准值低39.04%。见图1-1所示。

从25个具体指标排名来看，有四个指标排名前五位，分别是反映规模总量的农林牧渔业增加值，排名第4位；反映农产品优质产出能力的农产品"三品一标"数量、区域农产品品牌价值和反映绿色发展能力的农业节能减排水平（单位能耗创造的农林牧渔业增加值）排名皆是第5位。有4个指标排名在第6~10位之间，分别是反映要素支撑能力的农业保险深度，排名第6位；反映规模总量的粮食综合生产能力，排名第7位；反映绿色发展能力的农药施用密度（逆指标）和化肥施用密度（逆指标）排名第9位和

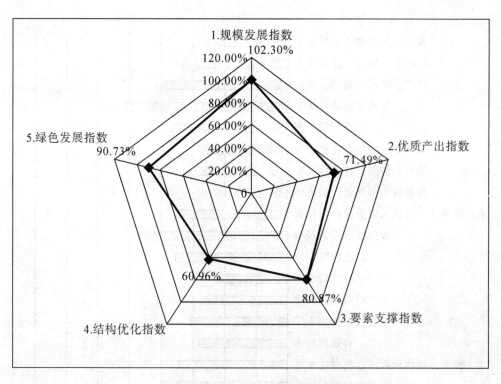

图 1-1　四川农业强省分维度示意图

第 10 位。有 8 个指标排名在第 11~15 位之间，分别是反映要素支撑能力的高标准农田面积比重和农村宽带接入率，排名皆是第 11 位；反映结构优化能力的农产品加工业产值与农业总产值比值，排名第 12 位；反映要素支撑能力的有效灌溉率和农业科技进步贡献率，排名第 13 位；农业财政支持水平，排名第 14 位；反映结构优化能力的家庭承包经营耕地流转率，排名第 14 位；反映绿色发展能力的森林覆盖率，排名第 15 位。有 9 个指标排名在第 15 位之后，分别是反映优质产出能力的农林牧渔业产值增加率，排名第 16 位；劳动生产率和农村居民人均可支配收入，排名第 17 位；反映要素支撑能力的主要农作物耕种收综合机械化水平，排名第 17 位；反映结构优化能力的农户参加专业合作社比重，排名第 18 位；反映优质产出能力的土地生产率，排名第 19 位；反映要素支撑能力的农村劳动力素质，排名第 20 位；反映绿色发展能力的农田灌溉水有效利用系数，排名第 24 位。排名最低的是反映结构优化能力的农林牧渔服务业产值占比，排名第 25 位。见图 1-2 所示。

正如前面所言，单纯看排名，并不能准确反映各个具体指标的发展水平。如果以与基准值的差距来看各个指标的表现，则表现最好的是反映规模总量的粮食综合生产能力、农林牧渔业增加值和反映绿色发展能力的农业节能减排水平（单位能耗创造的农林牧渔业增加值）三个指标，分别超过基准值 47.88%、7.66% 和 2.23%；反映优质产出能力的农林牧渔业产值增加率和反映农业科技进步贡献率的两个指标表现也还不错，分别只比基准值低 4.54% 和 6.24%。其余指标与基准值的差距都在 20% 以上，其中四个指

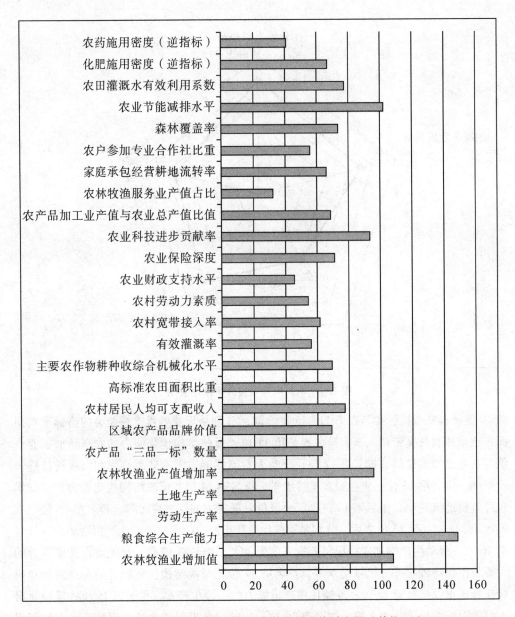

图1-2 四川农业强省分项指标与基准值比值对比图（单位:%）

标与基准值的差距大于50%，分别是反映优质产出能力的土地生产率低于基准值69.49%，反映结构优化能力的农林牧渔服务业产值占比低于基准值67.60%，反映绿色发展能力的农药施用密度（逆指标）低于基准值59.14%，反映要素支撑能力的农业财政支持水平指标低于基准值54.28%。

由于25个具体指标对农业强省指数的影响不同（权重不同），我们进一步考虑计入权重后，各个指标与基准值的差距对建设农业强省的影响。考虑到各个指标的影响权重后，对四川建设农业强省影响最大的三个指标仍然是反映优质产出能力的土地生产率、反映结构优化能力的农林牧渔服务业产值占比和反映绿色发展能力的农药施用密度（逆指标）。反映要素支撑能力的农业财政支持水平指标受权重所限，其具体影响力下降。考虑权重后，对四川建设农业强省负面影响最大的 10 个指标分别是土地生产率、农林牧渔服务业产值占比、农药施用密度（逆指标）、劳动生产率、农村劳动力素质、农户参加专业合作社比重、农业财政支持水平、农产品加工业产值与农业总产值比值、高标准农田面积比重和化肥施用密度（逆指标），其中有 2 个反映优质产出能力的指标、3 个反映要素支撑能力的指标、3 个反映结构优化能力的指标、2 个反映绿色发展能力的指标。

综合分析各项指标，四川建设农业强省所具有的比较优势主要体现在：

一是作为农业大省，有较为丰富的农业资源，农业生产总量大，具有从农业大省向农业强省跨越的规模基础。

二是四川具有较好的绿色发展基础。四川农业节能减排水平（单位能耗创造的农林牧渔业增加值）为 2.75 万元/吨标准煤，排名第 5 位，比基准值高 2.23%。

三是四川在农产品品牌建设方面具有较好的数量基础。四川特色优势农产品众多，物产丰富多样。四川农产品"三品一标"数量 5 372 个，排名全国第 5。根据浙江大学中国农村发展研究院中国农业品牌研究中心《2015 年中国农产品区域公共品牌价值排行榜》，在排名前 300 位的农产品区域公共品牌中，四川共上榜品牌 27 个，占 9%，排名第 3 位；上榜品牌价值累计 279.28 亿元，占 5.6%，排名第 5 位。

必须指出的是，受数据可得性限制，我们的评价指标体系中没有纳入休闲农业与乡村旅游业发展的相关指标。从建设农业强省的角度，四川在"一三融合"方面的表现非常突出，已经成为四川建设农业强省的一大亮点和支撑。

从分项指标来看，四川建设农业强省，主要有以下短板：

一是产出效率较低。四川土地生产率仅为 1.51 万元/公顷，比基准值低 69.49%；劳动生产率仅为 2 万元/人，排名第 17 位，比基准值低 39.76%；农民人均可支配收入 10 247.4 元，排名第 17 位，比基准值低 22.78%。

二是农业产业链条短，农产品精深加工发展水平相对较低。四川农产品加工业产值与农业总产值比值仅为 1.5①，排名第 12 位，比基准值低 31.51%。尽管四川农产品加工业产值总量较高，但四川农产品加工率较低，初加工多，精深加工少，高附加值产品少，农业产业链条短，加工增值率较低，位于产业链低端，在很大程度上成了农产品的原料供应者。其中一个重要原因是四川农产品加工企业规模化发展不足，龙头不强。四川农产品加工企业众多，但是总体上企业规模化发展能力不足，绝大部分企业规模较小，市场竞争力不足。2015 年四川规模以上农产品加工企业达到了 3 854 家，在中西部具有优势，但与农产品加工业发达的福建、江苏、山东、浙江、广东等省相比，差距很大。尽管近年来龙头企业成长迅速，但与国内顶尖农产品加工企业相比，差距仍然很

---

① 受其他省区数据可得性影响，此处为 2014 年数据。2015 年四川省农产品加工业总产值与农业总产值之比仅仅为 1.65∶1，低于全国 2.2∶1 的平均水平。

大。以白酒加工企业为例，川酒名闻天下，2016 年度四川白酒年产量 402.67 万吨，位居全国第 1 位；贵州白酒年产量 49.01 万吨，排名全国第 9。但是从龙头企业来看，四川最大的白酒企业五粮液 2016 年主营业务收入 245.44 亿元，而贵州茅台 2016 年主营业务收入 388.41 亿元，是五粮液的 1.58 倍，超过四川四家白酒上市企业（五粮液、泸州老窖、沱牌舍得、水井坊）2016 年的主营业务收入的总和 50 多亿元。

三是农业基础设施建设较为薄弱。四川高标准农田面积比重仅为 24.72，排名第 11 位，比基准值低 30.33%。有效灌溉面积占比仅为 40.63%，排名第 13 位，比基准值低 43.94%。农村宽带接入率仅为 22.63%，排名第 11 位，比基准值低 38.41%。受农业基础设施建设和地理条件等因素综合影响，主要农作物耕种收综合机械化水平仅为 53%，排名第 17 位，比基准值低 30.60%。

四是农业生产经营管理水平亟待提升。四川农户参加专业合作社比重仅为 15.44%，排名第 18 位，比基准值低 44.14%，反映在组织化方面还有非常大的差距。家庭承包经营耕地流转率只有 27.76%，排名第 14 位，比基准值低 33.79%，反映出四川土地流转市场发育较为滞后。四川劳均耕地面积小、人多地少的自然资源禀赋特征，叠加较低的家庭承包经营耕地流转率，导致四川农业发展适度规模经营十分困难。

五是农林牧渔服务业发展水平较低。四川的农林牧渔服务业发展非常滞后，农林牧渔服务业产值占农业总产值的比重仅仅为 1.73%，排名第 23 位，低于基准值 67.60%。要建设农业强省，必须大力发展农林牧渔服务业，特别是要加快培育各类农业社会化服务组织，提高农业社会化服务水平。

六是农业财政支持水平较低。2015 年四川农业财政支持水平为 24.74%，排名第 14 位，比基准值低 54.28%。尽管四川农业保险深度排名第 6 位，但实际水平仅为 0.79%，比基准值低 28.83%。

七是农业劳动力素质相对较低。建设农业强省，必须要有高素质的农业劳动者。四川省平均每百个劳动力中高中及以上文化程度劳动力比重仅仅为 9.8%，排名第 20 位，比基准值低 45.71%。如果考虑四川每年转移农村劳动力超过 2 000 万人，其中绝大部分是文化水平相对较高的青壮年，那么四川农业劳动力的素质更是堪忧。

八是四川发展资源节约型和环境友好型农业面临较大挑战。虽然四川的农业节能减排水平较高，但是在节地（土地生产率）、节劳（劳动生产率）、节水（农田灌溉水有效利用系数）、节肥（化肥施用密度）、控药（农药施用密度）等方面还面临较为严峻的形势。四川农田灌溉水有效利用系数仅为 0.45，排名第 24 位，比基准值低 22.68%；化肥施用密度 371.13 千克/公顷，折算为效率指标则为每吨化肥作用耕地面积 2.69 公顷，排名第 10 位，比基准值低 33.08%；农药施用密度 8.75 千克/公顷，折算为效率指标则为每吨农药作用耕地面积 114.26 公顷，排名第 9 位，比基准值低 59.14%。

（三）四川与国内其他农业强省的比较

根据全国 26 个省（区）的农业强省指数和农业强省判定办法，江苏、山东和浙江 3 个省是目前我国的农业强省。下面分别就四川省农业强省指数分项指标值与江苏、山东和浙江3个省进行比较，以找出差距，找准四川向农业强省跨越的着力点。

1. 四川与江苏比较

江苏是经济强省，农业强省指数是1.162 4，超过基准值39.31%，高居首位，是名副其实的农业强省。四川农业强省指数0.716 9，比基准值低14.08%，排名第13位。总体上看，四川省农业强省指数仅为江苏省的61.67%，江苏省农业强省建设大幅度领先于四川。见表1-10。

表1-10　　　　　　　　　四川与江苏农业强省指数对比

指数/指标	单位	四川		江苏	
		值	排名	值	排名
农业强省指数	/	0.716 9	13	1.162 4	1
1. 规模发展指数	/	0.115 7	5	0.127 4	3
1.1 农林牧渔业增加值	亿元	3 745.32	4	4 209.52	3
1.2 粮食综合生产能力	万吨	3 442.80	7	3 561.34	5
2. 优质产出指数	/	0.164 4	15	0.371 5	1
2.1 劳动生产率	万元/人	2.00	17	4.81	1
2.2 土地生产率	万元/公顷	1.51	19	10.82	1
2.3 农林牧渔业产值增加率	%	58.72	16	59.87	10
2.4 农产品"三品一标"数量	个	5 372	5	18 563	1
2.5 区域农产品品牌价值	亿元	279.28	5	298.08	4
2.6 农村居民人均可支配收入	元	10 247.35	17	16 256.70	2
3. 要素支撑指数	/	0.196 9	18	0.293 8	1
3.1 高标准农田面积比重	%	24.72	11	50.00	2
3.2 主要农作物耕种收综合机械化水平	%	53	17	81	6
3.3 有效灌溉率	%	40.63	13	86.40	2
3.4 农村宽带接入率	%	22.63	11	58.25	1
3.5 农村劳动力素质（平均每百个劳动力中高中及以上文化程度人数）	人	9.8	20	17.7	8
3.6 农业财政支持水平	%	24.74	14	23.96	15
3.7 农业保险深度	%	0.79	6	0.39	19
3.8 农业科技进步贡献率	%	56.0	13	65.0	1
4. 结构优化指数	/	0.092 7	19	0.256 9	1
4.1 农产品加工业产值与农业总产值比值（农业总产值为1）	/	1.50	12	2.41	3
4.2 农林牧渔服务业产值占比	%	1.73	25	5.69	3
4.3 家庭承包经营耕地流转率	%	27.76	14	60.38	1
4.4 农户参加专业合作社比重	%	15.44	18	72.83	1

表1-10(续)

指数/指标	单位	四川		江苏	
		值	排名	值	排名
5. 绿色发展指数	/	0.147 2	9	0.112 8	22
5.1 森林覆盖率	%	35.22	15	15.80	22
5.2 农业节能减排水平（单位能耗创造的农林牧渔业增加值）	万元/吨标准煤	2.75	5	2.11	11
5.3 农田灌溉水有效利用系数	–	0.450	24	0.598	4
5.4 化肥施用密度（逆指标）	kg/hm²	371.13	10	699.45	22
5.5 农药施用密度（逆指标）	kg/hm²	8.75	9	17.07	17

从农业强省指数的五个维度来看，江苏既是农业大省，也是农业强省。江苏的农业规模发展指数高居第3位，优质产出指数、要素支撑指数和结构优化指数高居第1位，显示出强大的综合发展能力。但江苏的绿色发展指数较低，仅为基准值的69.55%，排名第22位。

从农业强省指数的五个维度比较四川与江苏的农业强省建设，四川的规模发展指数（0.115 7，第5位）比江苏的规模发展指数（0.127 4，第3位）低9.18%；四川优质产出指数（0.164 4，第15位）比江苏（0.371 5，第1位）低55.75%，显示出四川和江苏在农业产出效率和产出质量方面的巨大差距；四川要素支撑指数（0.196 9，第18位）比江苏（0.293 8，第1位）低32.98%，反映出四川和江苏在农业基础设施、物质装备、劳动者素质、科技支撑等方面的综合差距；四川结构优化指数（0.092 7，第19位）比江苏（0.256 9，第1位）低63.92%，反映出四川与江苏相比，在农产品加工业、农林牧渔服务业、土地流转、农户参与合作社比重等方面差距巨大。绿色发展指数是五个维度中四川唯一优于江苏的，四川绿色发展指数（0.147 2，第9位）比江苏（0.112 8，第22位）高30.50%，在森林覆盖率、农业节能减排水平、化肥施用密度（逆指标）、农药施用密度（逆指标）方面体现出比江苏更高的发展水平。见图1-3。

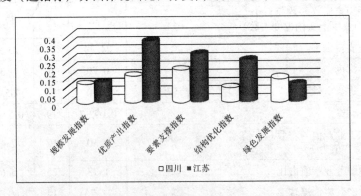

图1-3 四川与江苏农业强省分项指数对比图

从具体指标来看，江苏属于典型的"大而强"的农业发展区域。在 25 个具体指标中，江苏有 19 个指标领先于四川，只有 6 个指标弱于四川。特别是，江苏有 7 个指标高居第 1 位，3 个指标排名第 2 位，3 个指标排名第 3 位，2 个指标排名第 4 位，1 个指标排名第 5 位，显示出了较为明显的领先发展能力。见图 1-4。

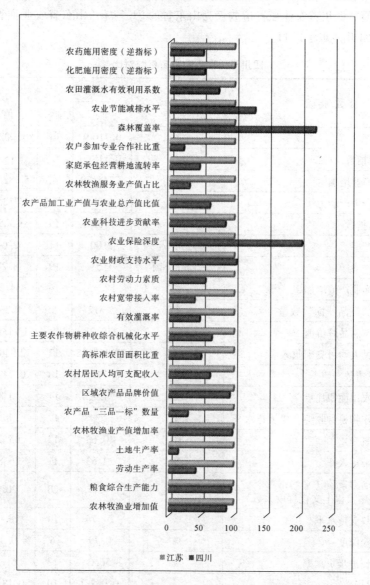

图 1-4 四川与江苏农业强省具体指标对比图（江苏为 100）

对比分析可以看出，四川与江苏差距非常明显，基本上属于全面落后于江苏。要缩小与江苏农业发展水平的差距，四川需要全方位加强努力，特别是在提高劳动生产率、提高土地生产率、发展"三品一标"农产品、提高农民收入、建设高标准农田、农业机械化、水利化、信息化、提高劳动者素质、发展农产品加工业、发展农林牧渔服务业、加快土地流转、加强农业生产组织化等方面加大力度，缩小与江苏的差距。

2. 四川与山东比较

山东也是经济强省，农业强省指数1.002 4，比基准值高20.13%，位居第2位，也是名副其实的农业强省。四川农业强省指数0.716 9，比基准值低14.08%，排名第13位。总体上看，四川省农业强省指数仅为山东省的71.52%，山东省农业强省建设较大幅度领先于四川。见表1-11。

表1-11 四川与山东农业强省指数对比

指数/指标	单位	四川		山东	
		值	排名	值	排名
农业强省指数	/	0.716 9	13	1.002 4	2
1. 规模发展指数	/	0.115 7	5	0.159 7	1
1.1 农林牧渔业增加值	亿元	3 745.32	4	5 182.90	1
1.2 粮食综合生产能力	万吨	3 442.80	7	4 712.70	3
2. 优质产出指数	/	0.164 4	15	0.305 5	2
2.1 劳动生产率	万元/人	2.00	17	2.64	10
2.2 土地生产率	万元/公顷	1.51	19	8.28	2
2.3 农林牧渔业产值增加率	%	58.72	16	54.27	22
2.4 农产品"三品一标"数量	个	5 372	5	9 761	3
2.5 区域农产品品牌价值	亿元	279.28	5	1 113.42	1
2.6 农村居民人均可支配收入	元	10 247.35	17	12 930.37	5
3. 要素支撑指数	/	0.196 9	18	0.242 2	6
3.1 高标准农田面积比重	%	24.72	11	30.82	7
3.2 主要农作物耕种收综合机械化水平	%	53	17	81	5
3.3 有效灌溉率	%	40.63	13	65.23	10
3.4 农村宽带接入率	%	22.63	11	26.89	8
3.5 农村劳动力素质（平均每百个劳动力中高中及以上文化程度人数）	人	9.8	20	20.6	1
3.6 农业财政支持水平	%	24.74	14	18.61	23
3.7 农业保险深度	%	0.79	6	0.34	20
3.8 农业科技进步贡献率	%	56.0	13	61.8	5
4. 结构优化指数	/	0.092 7	19	0.183 1	2
4.1 农产品加工业产值与农业总产值比值（农业总产值为1）	/	1.50	12	3.76	1
4.2 农林牧渔服务业产值占比	%	1.73	25	4.52	8
4.3 家庭承包经营耕地流转率	%	27.76	14	26.35	16
4.4 农户参加专业合作社比重	%	15.44	18	24.90	4

表1-11(续)

指数/指标	单位	四川		山东	
		值	排名	值	排名
5. 绿色发展指数	/	0.147 2	9	0.111 9	23
5.1 森林覆盖率	%	35.22	15	16.73	21
5.2 农业节能减排水平（单位能耗创造的农林牧渔业增加值）	万元/吨标准煤	2.75	5	1.86	12
5.3 农田灌溉水有效利用系数	—	0.450	24	0.630	2
5.4 化肥施用密度（逆指标）	kg/hm²	371.13	10	608.99	20
5.5 农药施用密度（逆指标）	kg/hm²	8.75	9	19.84	19

从农业强省指数的五个维度来看，山东既是农业大省，也是农业强省。山东的农业规模发展指数高居第1位，优质产出指数和结构优化指数高居第2位，要素支撑指数居第6位，显示出强大的综合发展能力。但山东的绿色发展指数较低，仅为基准值的68.96%，排名第23位。

从农业强省指数的五个维度比较四川与山东的农业强省建设，四川的规模发展指数（0.115 7，第5位）比山东的规模发展指数（0.159 7，第1位）低27.55%；四川优质产出指数（0.164 4，第15位）比山东（0.305 5，第2位）低46.19%，显示出四川和山东在农业产出效率和产出质量方面的巨大差距；四川要素支撑指数（0.196 9，第18位）比山东（0.242 2，第6位）低18.7%，反映出四川和山东在农业物质装备、农田水利、劳动者素质等方面的综合差距；四川结构优化指数（0.092 7，第19位）比山东（0.183 1，第2位）低49.37%，反映出四川与山东在农产品加工业、农林牧渔服务业、农户参与合作社比重等方面差距巨大。绿色发展指数是五个维度中四川唯一优于山东的，四川绿色发展指数（0.147 2，第9位）比山东（0.111 9，第23位）高31.55%，在森林覆盖率、农业节能减排水平、化肥施用密度（逆指标）、农药施用密度（逆指标）方面体现出比山东更高的发展水平。见图1-5。

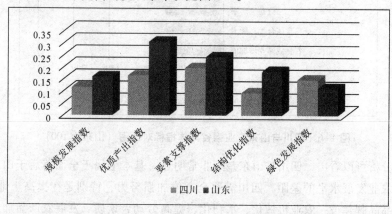

图1-5　四川与山东农业强省分项指数对比图

从具体指标来看，山东属于典型的"大而强"的农业发展区域。在 25 个具体指标中，山东有 17 个指标领先于四川，只有 8 个指标弱于四川。特别是，山东有 4 个指标高居第 1 位，2 个指标排名第 2 位，2 个指标排名第 3 位，1 个指标排名第 4 位，3 个指标排名第 5 位，显示出了较为明显的领先发展能力。见图 1-6。

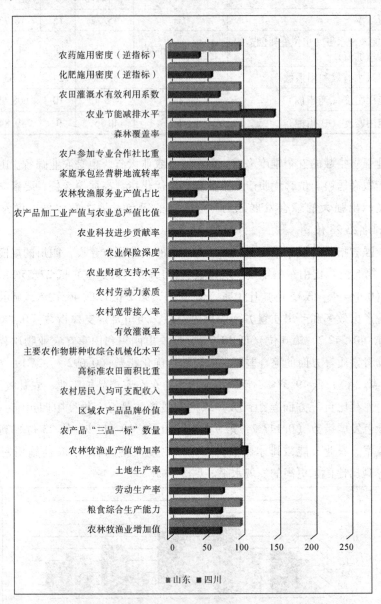

图 1-6　四川与山东农业强省具体指标对比图（山东为 100）

对比分析可以看出，四川与山东差距非常明显，基本上属于全面落后于山东。要缩小与山东农业发展水平的差距，四川需要全方位加强努力，特别是在提高土地生产率、加强农产品品牌建设、农业机械化、水利化、提高劳动者素质、发展农产品加工业、发展农林牧渔服务业、加强农业生产组织化等方面加大力度，缩小与山东的差距。

3. 四川与浙江比较

浙江经济发展水平高，农业强省指数0.8763，比基准值高5.02%，位居第3位，也是农业强省。四川农业强省指数0.7169，比基准值低14.08%，排名第13位。总体上看，四川省农业强省指数比浙江省低18.19%，浙江省农业强省建设也领先于四川。见表1-12。

表1-12　　　　　　　　　四川与浙江农业强省指数对比

指数/指标	单位	四川		浙江	
		值	排名	值	排名
农业强省指数	/	0.7169	13	0.8763	3
1. 规模发展指数	/	0.1157	5	0.0494	20
1.1 农林牧渔业增加值	亿元	3745.32	4	1865.31	15
1.2 粮食综合生产能力	万吨	3442.80	7	752.23	22
2. 优质产出指数	/	0.1644	15	0.2815	3
2.1 劳动生产率	万元/人	2.00	17	3.79	3
2.2 土地生产率	万元/公顷	1.51	19	3.41	11
2.3 农林牧渔业产值增加率	%	58.72	16	63.59	4
2.4 农产品"三品一标"数量	个	5372	5	7542	4
2.5 区域农产品品牌价值	亿元	279.28	5	651.75	2
2.6 农村居民人均可支配收入	元	10247.35	17	21125.00	1
3. 要素支撑指数	/	0.1969	18	0.2600	2
3.1 高标准农田面积比重	%	24.72	11	35.14	5
3.2 主要农作物耕种收综合机械化水平	%	53	17	40	25
3.3 有效灌溉率	%	40.63	13	72.38	6
3.4 农村宽带接入率	%	22.63	11	43.62	3
3.5 农村劳动力素质（平均每百个劳动力中高中及以上文化程度人数）	人	9.8	20	19.4	4
3.6 农业财政支持水平	%	24.74	14	39.62	6
3.7 农业保险深度	%	0.79	6	0.46	15
3.8 农业科技进步贡献率	%	56.0	13	62.0	4

表1-12(续)

指数/指标	单位	四川		浙江	
		值	排名	值	排名
4. 结构优化指数	/	0.092 7	19	0.136 5	7
4.1 农产品加工业产值与农业总产值比值（农业总产值为1）	/	1.50	12	2.87	2
4.2 农林牧渔服务业产值占比	%	1.73	25	2.22	22
4.3 家庭承包经营耕地流转率	%	27.76	14	50.46	3
4.4 农户参加专业合作社比重	%	15.44	18	9.73	22
5. 绿色发展指数	/	0.147 2	9	0.148 9	8
5.1 森林覆盖率	%	35.22	15	59.07	3
5.2 农业节能减排水平（单位能耗创造的农林牧渔业增加值）	万元/吨标准煤	2.75	5	2.39	9
5.3 农田灌溉水有效利用系数	—	0.450	24	0.582	6
5.4 化肥施用密度（逆指标）	kg/hm^2	371.13	10	442.36	12
5.5 农药施用密度（逆指标）	kg/hm^2	8.75	9	28.53	21

从农业强省指数的五个维度来看，浙江省农业规模总量不大，但产出效率和产出质量较高，要素支撑能力较为突出，农产品加工业较为发达，体现出"小而强"的发展特点。浙江的农业规模发展指数较低，仅为基准值的43.64%，排名第20位，特别是在粮食综合生产能力上水平较低，排名第22位；优质产出指数排名第3位，在劳动生产率、农林牧渔业产值增加率、农产品"三品一标"数量、区域农产品品牌价值、农民人均可支配收入等方面体现了很高的水平；要素支撑指数高居第1位，在高标准农田建设、农业水利化、信息化、劳动力素质、农业财政支持水平、农业科技进步贡献率等方面显示出较大优势；结构优化指数排名第7位，在农产品加工业发展和土地流转方面表现突出；绿色发展指数排名第8位，在森林覆盖率上表现突出，在农田灌溉水有效利用系数和农业节能减排水平上也表现较好。

从农业强省指数的五个维度比较四川与浙江的农业强省建设，四川的规模发展指数（0.115 7，第5位）比浙江的规模发展指数（0.049 4，第20位）高134.21%，显示出四川作为农业大省，在农业规模总量上相对于浙江省的巨大优势；四川优质产出指数（0.164 4，第15位）比浙江（0.281 5，第3位）低41.6%，显示出四川和浙江在农业产出效率和产出质量方面的巨大差距；四川要素支撑指数（0.196 9，第18位）比浙江（0.260 0，第1位）低24.27%，反映出四川和浙江在高标准农田建设、农业水利化、信息化、劳动者素质、农业财政支持水平等方面的综合差距；四川结构优化指数（0.092 7，第 19 位）比浙江（0.136 5，第 7 位）低 32.19%，反映出四川与浙江在农产品加工业、土地流转等方面差距巨大。四川和浙江的绿色发展指数基本持平，四川绿色发展指数（0.147 2，第 9 位）比浙江（0.148 9，第 8 位）低 1.14%，四川在森林覆盖率和农田灌溉水有效利用系数方面弱于浙江，特别是森林覆盖率比浙江低 23.85 个百分点，而在农业节能减排水平、化肥施用密度（逆指标）、农药施用密度（逆指标）方面体现出比浙江更高的发展水平，特别是农药施用密度大大低于浙江，仅为浙江的 30.67%。见图 1-7。

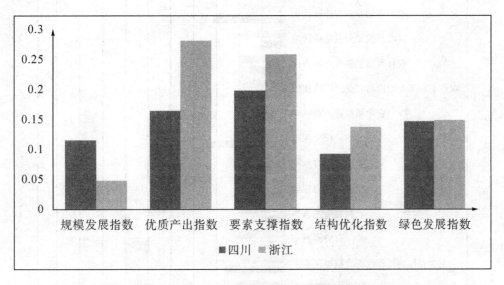

图 1-7　四川与浙江农业强省分项指数对比图

从 25 个具体指标来看，浙江属于典型的"小而强"的农业发展区域。在 25 个具体指标中，浙江有 17 个指标领先于四川，只有 8 个指标弱于四川。浙江有 1 个指标高居第 1 位，2 个指标排名第 2 位，4 个指标排名第 3 位，4 个指标排名第 4 位，1 个指标排名第 5 位，也显示出了较强的领先发展能力。

对比分析可以看出，四川与浙江农业强省建设也存在较大的差距，在要素支撑、产出效率和质量等方面与浙江的差距比较明显。要缩小与浙江农业发展水平的差距，四川在保持规模总量优势的同时，需要在多个方面努力，特别是在提高土地生产率、提高劳动生产率、加强农产品品牌建设、提高农民收入、加强高标准农田建设、农业水利化、信息化、提高劳动者素质、提高农业财政支持水平、发展农产品加工业、加速土地流转、提高森林覆盖率等方面加大力度，缩小与浙江的差距。

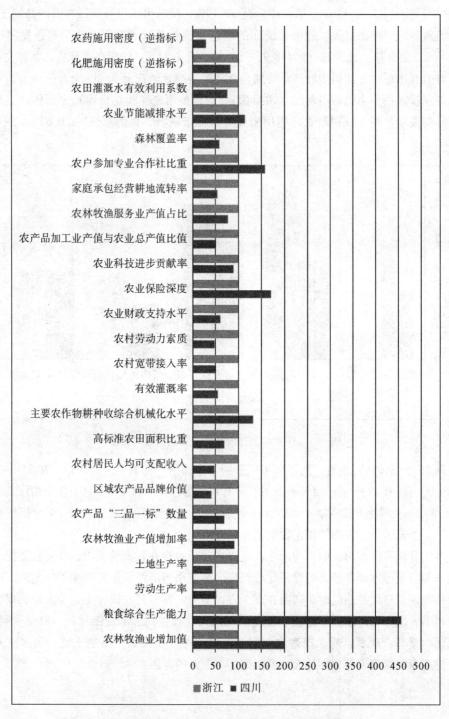

图1-8 四川与浙江农业强省具体指标对比图（浙江为100）

五、世界农业强国先进经验借鉴

纵观当今世界，按照自然资源禀赋的差异，大致划分为特色鲜明的三类，一类是以美国、加拿大、澳大利亚等为代表的地多人少国家；一类是以日本、韩国、以色列、荷兰等为代表的人多地少国家；第三类是法国、德国等欧洲国家，资源禀赋特征介于这二者之间。上述发达国家创造了各自不同的农业发展方式，在农业现代化建设方面取得了突出的成就，农业已由资源依附型转化为智能依附型的高效率、高附加值、高效益的现代产业。① 分析、研究这些发达国家农业发展的规律和经验与教训，可为四川从农业大省向农业强省转型发展提供有益借鉴。

（一）美国农业发展借鉴

美国农业在世界经济中占有重要的地位，影响较大。其以不到全球3‰的农业劳动力产出了全世界绝大部分农业产品。美国农业劳动生产率处于全世界最高水平，每个农业劳动力供养的人数从20世纪80年代的87人增至当前的160人，取得了全球农业最发达国家地位。

美国农业现代化发展有以下几方面特征：

第一，农业劳动生产率显著上升，且失业率较低。美国农业劳动力占比仅为2%左右，劳均耕地规模为125.4公顷，占世界第一位。难能可贵的是，美国农业劳动生产率不断上升的同时，美国农业中的失业问题并不突出。据美国农业部统计，美国农业中隐性失业率折合成全职失业率为2.1%，可以说非常低。

第二，农业国际化程度较高，且稳定上升。美国主要农产品产量的40%远销国际市场，农产品出口占全国出口额的13%左右，并且美国在国际农产品市场上掌握了较强的定价权，保障了美国国内生产者及消费者的利益。

第三，农业发展建立在强劲的科学技术体系之上，与现代工商业紧密相连。美国农业体系涉及农业生产、工业加工制造、商业流通、信息服务、金融体系支持等诸多要素的投入与配合，重视作物品种改良、植物保护、畜禽疫病防控、农业生产机械化和自动化、有害生物防治、生物能源、生物医药、生化产品、食品科学和工程、农产品质量安全检测技术等。

第四，重视农产品质量安全，强化生态环境保护。美国政府十分注重农产品的安全关，采取了诸多立法措施保障农产品质量安全，同时注重生态环境保护，如通过推广高效、低毒、低残留农药和生物农药，减少农药对农业水源和农产品的污染。政府还通过财政刺激和补贴等鼓励公众参与农业生态环境保护，如美国政府针对东北部各州人口稠

---

① 许锦英. 现代农业发展方式的国际比较与借鉴 [EB/OL]. http：//www. zgxcfx. com/Article/20878. html.

密、城市化水平高和农地用途转化压力大等状况，开展了"保护储备计划"项目，保护农地和生态环境。此外，美国民间还有很多农地保护组织和生态环境保护组织，直接参与到农业生态环境保护中去。

第五，强调政府支持体系，重点加强对生产和销售的政策支持及政策性保险等。美国政府对大多数农产品进行了支持，支持方式与支持力度因品种不同而有所差异，对部分农产品给予了直接生产补贴和价格支持。而对于农产品的销售，支持政策主要体现在对外贸易支持上，通常给予直接的税收支持。在政策性保险方面，美国政府采用保费补贴政策加强对农业生产的保险支持。

（二）以色列农业发展借鉴

地处中东的以色列虽然自然环境恶劣、国际环境复杂，却创造了享誉世界的农业奇迹。以色列60%以上的土地为沙漠和山地，平原和峡谷只占25%左右，耕地面积约为43.7万公顷，约占国土面积的20%，人均耕地面积仅为0.06公顷。其中，水浇地占48%，大部分耕地为风积、冲积性沙质土，保水能力弱。[①] 以色列根据本国自然、经济、文化等独特条件，建立了精耕细作的集约化农业，仅以占人口约3%的农民，就养活了全国700多万的人口。其农业生产效率非常高，一个农民能够生产可供养100个人以上的食物，并且本国生产的农产品还能够大量出口创汇，是仅次于荷兰的欧洲第二大花卉供应国，促使国家综合实力大大增强。

以色列农业现代化发展的突出特征主要在于高度发达的节水农业技术、特色高科技农业、农业生物技术广泛应用、农业产业化程度高和农业合作组织发达。[②]

（三）荷兰农业发展借鉴

荷兰是个典型的人口稠密、农业资源贫乏的国家，通过采用资金密集、知识密集的生产方式，实现了农业高产、高质、高效，土地产出率、劳动生产率均位列前茅，成为人多地少国家发展现代农业的典范。荷兰是仅次于美国的全球第二大农产品出口国，除了享誉全球的鲜花和观赏植物等产品外，其乳制品、马铃薯、蔬菜等产品出口量也位居世界前列。

荷兰农业现代化发展的突出特征主要表现在拥有高效知识创新系统的科技型农业、完备的农民教育培训体系、高度专业化的农业产业化经营和强大的农业科研创新与教育培训能力。

（四）日本、韩国农业发展借鉴

同处东亚地区的日本和韩国，与我国地域相近，文化同源，具有相似的农耕传统和人多地少的农业资源禀赋特征。由于资源禀赋的相似性，"日韩模式"在较长时间内成

---

① 李丹. 以色列农业发展道路及其对陕西农业发展的启示 [D]. 西安：陕西师范大学，2010.
② 李丹. 以色列农业发展道路及其对陕西农业发展的启示 [D]. 西安：陕西师范大学，2010.

为中国农业现代化过程中主要的比较和借鉴对象。

日本和韩国农业现代化发展的突出特征主要表现在完备的现代农业产业体系、完善的农业政策支持体系、强大的农业社会化服务能力、强大的农业科技装备能力、老龄化背景下强化对新型主体的培育和对竞争型、环保型农业产业的大力发展。

六、推进四川由农业大省向农业强省跨越的措施

（一）强化农业强省的统筹推进

农业强省是一项系统工程，必须要做好顶层设计，以深化农业供给侧结构性改革为主线统筹推进，形成政策合力持续推动；同时要梳理一批农业强省重大工程和项目，优化全省现代农业产业体系、生产体系和经营体系，强化基地建设、品牌创建、农产品加工和产业融合发展，在短期内实现农业强省的重大突破。

1. 深化农业供给侧结构性改革

目前农业发展的主要矛盾已经由总量不足转变为结构性矛盾，深化农业供给侧结构性改革是当前和今后一个时期我国农业政策改革和完善的主要方向。要实现农业强省，需要紧紧抓住农业供给侧结构性改革主线，以问题为导向，围绕市场需求，着力补齐强省短板，增强农业生产经营主体的内生动力，提高农业全要素生产率，优化重构全省现代农业产业体系、生产体系和经营体系，加快全省现代农业发展进程。

2. 强化农业强省对标管理

要进一步廓清农业强省目标，参照世界农业强国的代表性指标和发达省份典型指标，形成一套各方认可、具体可操作的指标体系。实施对标管理，高点对标，结合农业强省指标体系找出发展差距和薄弱环节，找到加快转型发展的途径和举措，明确追赶的主要方向、内容和措施，实现追赶型发展。组织政府各级部门赴江苏、山东、浙江等先进省份和地区学习考察，对标梳理问题，强化工作措施。鼓励和支持农业产业化企业和合作社、家庭农户开展对标活动，引导农业经营主体开展联合、合作，做大做强新型农业经营主体。

3. 启动实施农业强省行动计划和重点工程

要围绕习近平总书记在参加十二届全国人大五次会议四川代表团审议时对四川农业提出的要求，尽快启动实施农业强省行动计划和重点工程。围绕农业强省目标，找准目标定位，从基地建设、园区打造、产业融合、质量安全、品牌培育、科技支撑、基础设施等方面梳理一批重点工程和项目，集中力量，以点带面，推动农业强省进程。优化财政支农资金使用方式，通过引进竞争机制，围绕农业强省建设，重点建立"多中选好，好中选优"的项目优选机制，改变财政资金平均分配、"撒胡椒面"的做法，将整合后的资金用到刀刃上。

4. 积极探索解决农村改革的深层次问题

我省农村改革虽然取得了较大突破，但仍然存在着力度不够、成效有限等突出问

题。要按照中央出台的深化农村改革综合性实施方案，聚焦农村集体产权制度、农业经营制度、农业支持保护制度、城乡发展一体化体制机制和农村社会治理制度五大领域，争取在制约全省农业农村发展的深层次问题上取得突破。[①] 一是要重点突破农村产权抵押融资改革。我省虽然启动了30个县（市、区）农村产权抵押融资改革试点，作为盘活农村产权、破解农业融资难的重要举措加以推进，但实际发放土地抵押贷款的数量还比较有限，改革成效仍不显著，与农业强省的发展需求仍有较大差距，亟须以点带面加速向全省铺开。二是探索推进农村承包地和宅基地自愿有偿退出改革，是落实农民财产权、增加农民财产性收入和创新农村土地制度的关键改革。健全农村土地"三权分置"机制，深化土地经营权流转管理和土地承包经营权依法自愿有偿退出试点，探索创新农村房屋产权交易制度。三是推动农村集体产权制度改革，加快农村集体资产股份制改革，大力发展新型集体经济组织，鼓励更多农业人口持股进城，推动集体经济发展壮大。四是深化农村金融改革，扩大农村金融服务规模和覆盖面，创新农村金融服务模式，全面提升农村金融服务水平，促进普惠金融发展，加快建立多层次、广覆盖、可持续、竞争适度、风险可控的现代农村金融体系。完善农业政策性保险体系，继续开展重要农产品目标价格保险，鼓励和支持开展土地流转履约保证保险等涉农商业性保险创新，探索建立涉农信贷和农业保险联动机制。

（二）坚定不移地做大做强优势特色产业

根据农业强省指标评价体系，我省要实现农业强省的跨越，首先还要把"分子"做大，即做大优势特色产业总量。要调整优化农业产业结构，立足资源禀赋找准定位，在全省范围筛选确定一批有比较优势的特色农产品，支持其做大做优做强，把四川打造成全国"四区四基地"。

1. 发展特色优势产业，提升农业比较效益

要以市场为导向，立足我省自然、地理等资源优势、生态优势和区位优势，在稳定粮食生产的基础上，做大做强优质粮油、果蔬、茶叶、中药材、生猪、草食牲畜、淡水养殖等优势特色农业产业。在确保"米袋子""菜篮子"的同时，保证农民的"钱袋子"。一是要合理调整种植业结构。大力发展粮经饲复合型农业生产，在确保粮食种植面积的基础上，适当扩大经济作物种植面积，充分利用经济作物相对较高的市场收益，提高种植业产出。四川实现农业大省向农业强省的跨越是一个长期的过程，应该选取产业基础好、有影响力的茶叶、蔬菜等特色优势产业首先实现重大突破。二是要调整农业产业和产品结构，大力发展畜禽、水产养殖，扩大肉类和禽蛋产品供给，提高畜牧水产业效益。三是要不断升级农业产业结构，提高农业产业化经营水平，努力延伸农业产业链，按照农业产业一体化的要求，建立高效的农业社会化服务体系和市场流通体系，构建产供销、贸工农一体化的农产品经营模式，大力发展农产品精深加工业，提高农产品附加价值。四是发展特色优势产业。要注意协调好粮食生产与非粮生产的关系，协调好

---

① 郭晓鸣. 解决好农村发展的三个关键问题 [N]. 四川日报, 2017-04-05 (006).

种植业与畜牧业、水产业的关系，要在保障粮食生产的基础上合理优化调整农业产业结构和产品结构，保证经济作物、畜牧水产发展不与粮食生产争资源。

2. 大力推进生产基地化

要实现农业强省，推进主导特色产业向优势产区聚集，建立稳定的、高标准的基地，形成各具特色的区域农业综合体。一是要按照优势聚集、降本增效的要求，立足资源优势加强生产基地建设，集聚现代农业要素，建设全国优质粮油产品生产基地、全国优质特色农产品供给基地、国家优质商品猪战略保障基地、全国优质农产品加工基地。二是围绕全省五大经济区建设，继续优化全省现代农业布局，建设全国农业绿色可持续发展示范区、全国农村产业融合发展示范区、全国农村改革示范区、全国农业休闲养生示范区。三是要以现代农业产业园区为抓手，将其打造成为全省现代农业发展的高地。抓紧研究制定现代农业产业园区建设标准、重点工作和发展目标，整合项目力量，采取以奖代补形式支持现代农业产业园区建设。

3. 坚定不移地保护好粮食综合生产能力

四川是全国粮食主产区之一，必须要保持定力，全力抓好粮食生产。落实好藏粮于地、藏粮于技战略，加快从粮食安全向食物安全转变。一是强化粮食品种品质优化，积极发展优质粮油和特色专用粮油。突出地方特色，继续实施"川米优化"工程，大力发展优质稻谷、优质小麦和其他优质口粮品种，打造优质品牌。在专用品种上，围绕酿酒产业需求，发展红高粱、黄玉米和酿酒专用小麦等；围绕养殖产业，发展饲用玉米、青贮玉米等；围绕制药、淀粉等加工产业，发展马铃薯、红薯等。二是积极推进种养结合、循环发展，在粮食生产基地附近布局规模化养殖厂。当前，需引起高度重视的是，在发展休闲观光农业项目时，必须强化耕地保护，守住耕地底线。

（三）切实优化和提高农产品供给质量

农业强省的一个重要标志就是农产品的市场占有率。必须顺应农产品绿色、健康消费需求，把特色化、品牌化、优质化、中高端化、生态化放在首要目标，实施品牌提升行动和农产品质量提升行动，才能有效提高农业竞争力，调动经营主体积极性。

1. 以品牌引领全省农业转型升级

品牌是质量和信誉的凝结，是实力和形象的体现，是竞争力的综合体现。一是要大力实施农业品牌战略，加强区域品牌建设。制定并实施特色农产品优势区建设规划，力争在粮、油、茶、果、菜、药、肉、蛋、奶、渔等每一类都有2~3个代表性品牌。着力打造区域公用品牌，培养一批市场信誉度高、影响力大的区域公用品牌、企业品牌和产品品牌，使每个具有一定规模的特色产业都建立起自己的区域公用品牌。二是制定四川农产品知名品牌目录制度。建立系统的品牌农产品评价体系，制定四川省知名农产品品牌认定和奖励资金管理办法，将最具口碑、最具影响力的农产品品牌列入四川农产品知名品牌目录。组织开展四川农业品牌评选活动，并逐步扩大到企业品牌和新业态品牌。三是推动"川品出川""川品出境"，利用好西部博览会等平台，提高"川"字号农产品市场占有率，推动形成四川知名农产品品牌体系。

2. 积极推进农产品标准化建设

一是完善农产品标准体系建设，将标准涵盖到农业各产业，涵盖到农业生产、投入品的使用、农产品以及农业基础设施。二是支持规模化农业企业、农民专业合作社和家庭农场开展标准化生产示范，对产品的生产、加工、储藏、运输、销售全过程进行标准化管理，实行按标生产、按标上市、按标流通。三是研究制定"三品一标"认证支持政策，强化后监管，加大监督检查力度，督促生产单位规范使用认证产品标识。四是要全面推行农产品产地准出制度、销地准入制度、质量可追溯制度，加快探索建立农产品生产经营诚信机制，从机制上增强主体依法诚信生产经营的自觉性。

3. 切实保障农产品质量安全

一是建立完善的农业投入品登记制度，健全农药、兽药、饲料添加剂等农业投入品的质量监测制度。加强对农民的技术培训，提高农民合理使用农业投入品的能力，引导农民合理、规范、安全使用农业投入品，从源头保障农产品质量安全。二是建立严厉的农产品质量安全检测监督和惩戒制度，扎实开展农产品质量安全监管整治行动，构建农产品质量安全全过程监管体系，确保农产品质量安全违法行为"查得出，惩得严"，加大违法经营的成本。三是完善农产品质量安全可追溯制度，积极利用现代信息化手段，加快农产品质量安全追溯体系建设，推行主体备案和二维码扫码交易制度，选择生猪、牛、羊、柑橘、猕猴桃等开展农产品质量安全追溯试点，实现农产品从田间到餐桌的全程质量安全追溯。

（四）加强全省农业现代化关键点突破

目前，美国、欧洲等发达国家和地区已经实现现代农业转型发展，并且农业发展已从机械化向智能化转变。农业的根本出路在于现代化，我省必须补齐农业现代化这块短板，加快推广使用现代经营方式、科学技术、管理手段、物质装备武装农业，促进全省农业的科学化、机械化、信息化和智慧化。

1. 强化现代农业的科技支撑

一是加大农业科技创新力度。农业现代化的关键在科技进步和创新。坚持应用导向、需求导向，重点研究适合四川实际、农民需要、应用性强的新品种、新技术、新机具。切实转变片面追求高产的品种技术导向，加快培育优质专用、营养健康的新品种。高度重视以基因技术为代表的现代生物技术、以物联网为代表的农业信息技术、以智能温室为代表的设施农业技术发展。二是抓好农业科技的推广应用，大力推广应用新品种、新技术、新机具，特别是加大"千斤粮、万元钱"等新型种养结合模式的推广力度。三是健全科技创新管理体制，完善利益激励机制，使科技推广成效与科技人员利益挂钩，切实打通围绕市场需求进行农业科研选题立项的"最初一千米"和科技成果上山下乡的"最后一千米"，促进农业技术推广应用商业化、社会化、市场化发展。

2. 提高全省农业的机械化与设施化水平

一是因地制宜提升机械化水平。随着科技进步和农业劳动力成本的攀升，机械化和设施化是必然趋势。重点加大适宜四川农业实际的农机具研发力度，重点突破关键环节技术瓶颈，加速推进水稻生产全程机械化，积极推进经济作物、林果业、养殖业等薄弱环节和农产品初加工关键环节机械的推广应用，探索全程机械化发展模式，推进农机农艺融合。二是提高现代农业设施水平。支持新型经营主体建设钢架大棚和玻璃温室等设施，应用喷微灌、温湿调控设备等自动化设备，发展设施农业、无土栽培、节水灌溉，提高土地综合产出率。落实农业设施用地政策，完善好育秧、烘干、机具库棚、有机肥积造等配套设施，不断改善农业生产条件。

3. 完善现代农业经营体系

一是积极培育职业农民，促进其向新型农业经营主体转变。推进农业转型升级，必须要充分调动农民以及新型农业经营主体的生产积极性。要以培养生产精英型、专业技能型、社会服务型的新型职业农民为主线，大力开展涉农类学历教育、继续教育，从而满足农民实际需求。围绕发展区域经济和地方特色产业，选择有志于从事农业生产经营的务农青年、打工返乡农民以及大中专毕业生等新生劳动力来进行重点培养，让更多的城市要素流向农业农村。二是培育企业龙头主体，打造核心竞争力。紧紧围绕重点产业培育龙头企业，打造行业"排头兵"。引导龙头企业采取兼并、重组、参股、收购等方式，组建大型企业集团，推进龙头企业集群集聚发展。支持龙头企业跨区域经营，提升产品研发、精深加工技术水平和装备能力。三是加快培育多元化农业社会化服务组织，以服务规模的扩大来弥补耕地规模的不足。推广农业生产经营环节服务外包，开展种子种苗、集中育供秧、统防统治、肥水管理、农机作业等专业化服务。继续推进政府购买农业公益性服务机制创新试点和农业全程社会化服务试点。

4. 加快农业信息化进程

一是加强农业农村信息化网络基础设施建设，整合信息资源，建立省级统一的农业综合信息与管理平台，实现数据资源集成平台、数据交换与服务集成。构建农业信息监测体系，对全省粮食、蔬菜、生猪、家禽、水果等主要农产品的生产流通信息进行动态监测。二是加快"互联网+"现代农业发展，推动移动互联网、大数据、云计算、物联网、智能技术等全方位渗透到农业中，推动农业产前、产中、产后形成基于互联网的产业链分工与合作，用"互联网+"改变农业生产经营方式。三是推广应用农业生产信息化调控技术、农业地理信息技术，使现代智能管理手段逐步渗透到各个领域，大力发展智慧农业、大数据农业，提高农业的可控程度，逐步走向"精准农业"模式。

（五）积极发展新产业新业态

在多渠道经济发展新常态下，加快发展农产品加工业、休闲农业、会展农业、观光农业、科普农业等新产业新业态，促进一、二、三产业融合发展，拓展农业多功能，有利于引领和催生新的需求，有利于多渠道增加农民收入。

1. 积极促进一、二、三产业融合发展

一是坚持纵横拓展，着眼提高农业全产业链收益，促进产业融合发展。在推进农业标准化生产、打造优势农产品的基础上，促进农业生产、加工、销售、服务一体化发展，在纵向上着力延伸产业链。其重点是推进农产品加工业发展，促进农产品储藏保

鲜、筛选分级、清洗烘干、包装贴牌等产地初加工，推动农产品及加工副产物综合利用。二是强化平台支撑，搭建产业融合发展载体。加快建设现代农业产业园、农业科技园、返乡创业园、田园综合体，将其打造成为集聚资金、科技、人才、项目的重要载体和平台，要充分利用这些园区发展休闲旅游、农产品加工和农村电商等新产业新业态。三是拓展农业多种功能，推进农业与休闲旅游、教育文化、健康养生等深度融合，发展观光农业、体验农业、创意农业等新产业新业态。实施全省休闲农业和乡村旅游提升工程，加强休闲旅游标准的制定和宣传贯彻，开展示范县、美丽休闲乡村、特色魅力小镇、精品景点线路、重要农业文化遗产等宣传推介工作。大力发展农产品电子商务，推广"一村一品一店"模式。

2. 加快幸福美丽新村建设

一是坚持围绕产业建新村，建好新村促产业，以农村生活方式的转变带动生产方式的转变，着力构建传统与现代融合、现代文明与农村情趣交相辉映的新型农村形态。坚持多规合一，推广"小组微生"模式，体现田园风貌、体现新村风格、体现现代生活和方便农民生产，出台技术导则，明确规划选址、集约用地、产业发展等要求。在空间组织上，处理好山、水、田、林、路与居住组团的关系，保留生态基础。二是立足地形地貌、资源禀赋等，科学规划幸福美丽新村，优化升级产业基地，优先开展产业基地内基础设施、项目和新农村建设。推进特色农业与特色新村、特色山水、特色民俗有机融合，促进现代农业与新村建设、精准扶贫有机结合，以新村带产业、以产业促新村，带动农民持续增收。

3. 完善新产业新业态扶持政策

要因势利导，尽快出台关于新产业、新业态的扶持政策，明确政策导向，在工商登记、土地利用、品牌认证、融资租赁、税费政策等方面给予优惠待遇。创新政府涉农资金使用和管理方式，研究推广政府和社会资本合作，推动农村基础设施建设。统筹安排城乡建设用地，支持农产品加工、仓储物流、产地批发市场等辅助设施建设，农村闲置宅基地整理、土地整治等新增建设用地，优先用于农村产业融合发展。同时要强化政策延续性，进一步落实扶持政策。

（六）筑牢全省农业生态基础

良好的生态环境应成为四川农业的一张特色名片。要以环境资源承载力为基础，以自然规律为准则，以可持续发展为手段，推进农业生态保护与治理，建设环境友好型农业。

1. 加强耕地质量保护和提升

一是划定和保护永久性基本农田，落实最严格的耕地保护制度，确保基本农田落地到户、上图入库、信息共享。二是加快高标准农田建设，采取政府融资方式，整合社会资金，大力实施高标准农田建设提升行动，建成集中连片、旱涝保收、稳定高产和生态良好、设施完备、有利于机械耕作的高标准农田。三是开展土壤和产地环境综合整治，实施土壤修复工程，分区域开展退化耕地综合治理、污染耕地阻控修复、耕地质量监测等建设，提升土壤质量。开展耕地重金属污染综合治理试点工作，探索物理防治、生物防治、化学防治等可复制、可推广的耕地重金属污染综合防治技术。

2. 推动"一控两减三基本"

要按照"减量化、再利用、资源化"的原则，建立科学合理的农业资源利用体系，促进农业资源的高效和循环利用。一是控制全省农业用水的总量，划定用水总量的红线和利用系数率的红线，切实控制大小春作物"漫灌"用水，积极试行产粮大县的"喷灌工程"，有效减少土壤养分流失。二是开展农业面源污染防治攻坚，推进农业投入品减量增效，推广节肥、节药、节水和清洁生产技术，大力发展节水农业，实施化肥、农药零增长行动，推进畜禽粪便、农作物秸秆、农膜基本资源化利用与无害化处理。加强以农村沼气为重点的清洁能源建设，推广污水减量、厌氧发酵、粪便堆肥、沼肥还田等生态化治理模式。

3. 构筑农业循环经济发展体系

大力发展农业循环经济是建设农业生态文明的重要手段。倡导农业节约型生产模式和消费模式，在农业资源开采、生产消耗、废物产生和消费等环节，逐步建立农业资源的高效循环利用体系。实施种养业废弃物资源化利用、无害化处理区域示范工程，科学利用和处理农业废弃物，健全和完善种植业与养殖业之间的生态循环体系。继续深入推进畜牧业转型升级，巩固畜禽养殖污染治理成果，着力推进畜牧业绿色发展。按照农牧结合、种养平衡的原则，科学规划布局畜禽养殖，实施种养结合循环农业示范工程，扶持和引导以市场化运作为主的生态循环农业建设，实现种养有效结合。

参考文献

[1] 制造强国战略研究项目组. 制造强国战略研究·综合卷 [M]. 北京：电子工业出版社，2015.

[2] 国务院发展研究中心农村经济研究部课题组. 中国特色农业现代化道路研究 [M]. 北京：中国发展出版社，2012.

[3] 何传启. 中国现代化报告 2012——农业现代化 [M]. 北京：北京大学出版社，2012.

[4] 农业部课题组. 现代农业发展战略研究 [M]. 北京：中国农业出版社，2008.

[5] 张广胜，等. 美国农业 [M]. 北京：中国农业出版社，2015.

[6] 郭晓丽，付国伟. 国外高等农业教育支撑农村建设的经验及启示 [J]. 山东农业大学学报（社会科学版），2011，10 (7)：734-737.

[7] 郭晓鸣. 解决好农村发展的三个关键问题 [N]. 四川日报，2017-04-05 (006).

[8] 曹暕，李华. 以色列农业 [M]. 北京：中国农业出版社，2014.

[9] 徐宏源，张蕙杰. 荷兰农业 [M]. 北京：中国农业出版社，2015.

[10] 高强，赵海. 日本农业经营体系构建及对我国的启示 [J]. 现代日本经济，2015 (3)：61-70.

[11] 于宁宁. 日本农业转型：原因、特征与启示 [J]. 世界农业, 2014 (1): 27 -30.

[12] 任海洋, 张术环. 日本农业现代化发展的特点研究 [J]. 世界农业, 2013 (10): 55-58.

[13] 潘伟光, 徐晖, 郑靖吉. 韩国农业现代化进程中农业经营主体的发展及启示 [J]. 世界农业, 2013 (9): 44-49.

[14] 强百发. 韩国农业现代化进程研究 [D]. 杨凌：西北农林科技大学, 2010.

[15] 祝春秀. 深入推进农业供给侧结构性改革，着力提高四川现代农业发展质量效益和竞争力 [J]. 四川农业与农机, 2017 (1): 6-11.

[16] 涂建华. 绿色发展、融合发展：大力发展现代农业，加快推进四川向农业强省跨越 [J]. 四川农业科技, 2017 (1): 5-9.

[17] 刘平量. 关于把湖南建成"农业强省"的几点认识 [J]. 湘潭师范学院学报, 1996 (5): 70-74, 81.

[18] 罗丛霞. 黑龙江省如何实现由农业大省向农业强省的跨越 [J]. 农业系统科学与综合研究, 1996, 12 (2): 149-151.

[19] 胡荣华, 刘光平. 江苏农业强省实现途径研究 [J]. 江苏统计, 2000 (3): 18-20.

[20] 杨少华, 侯方高. 山东省跨入农业强省的标准及实现途径研究 [J]. 青岛建筑工程学院学报, 2001, 22 (3): 63-67.

[21] 孟枫平. 农业强省评价指标体系的研究 [J]. 农业技术经济, 1999 (4): 44 -47.

[22] 李晓燕. 农业强省评价指标体系及应用研究 [D]. 哈尔滨：东北农业大学, 2000.

[23] 丁俊杰, 许永花, 谢春芳, 等. AHP 在农业强省评价指标体系中的应用 [J]. 黑龙江八一农垦大学学报, 2004, 16 (2): 86-91.

[24] 康艺之, 万忠, 方伟, 等. 广东农业强省评价指标体系的建立及应用 [J]. 广东农业科学, 2010 (8): 305-306.

[25] 万忠, 林伟君, 康艺之, 等. 转变农业发展方式，建设现代农业强省——以广东省为例 [J]. 南方农村, 2011 (1): 4-8.

[26] 彭素, 胡新艳, 罗必良. "农业强省"的综合评价：以广东为例——基于探索性因子分析与聚类分析 [J]. 广东社会科学, 2012 (1): 59-67.

[27] 陈丽. 农业现代化几个前提的研究 [J]. 经济研究导刊, 2010 (5): 66-67.

[28] 许锦英. 现代农业发展方式的国际比较与借鉴 [EB/OL]. http://www.zgxcfx. com/Article/20878. html.

[29] 李丹. 以色列农业发展道路及其对陕西农业发展的启示 [D]. 西安：陕西师范大学, 2010.

第二篇　四川农业经营主体及其组织形式发展研究

　　随着我国工业化、城镇化进程的快速推进以及农村劳动力大量转移和现代农业的快速发展，我国的农业经营主体由原来小农户单一主体发展为普通农户与专业大户、家庭农场、农民合作社、农业企业等共同发展的多种主体，呈现多样化发展格局。党的十八大明确提出要培育新型经营主体，发展多种形式的规模经营，构建集约化、专业化、组织化、社会化相结合的新型农业经营体系。党的十八届三中全会提出要坚持家庭经营在农业中的基础性地位，推进家庭经营、集体经营、合作经营、企业经营等共同发展的农业经营方式创新。构建新型农业经营体系的关键在于培育多元化的农业生产经营主体，究竟哪种经营主体及组织形式更适合今后我国农业的发展方向，政府政策支持的取向与重点是什么，目前尚未形成统一认识。本研究拟通过对四川发展农业经营主体的实践分析以及梳理农业经营主体相关理论，对今后如何扶持发展农业经营主体，构建新型农业经营体系提供政策建议。

一、研究背景

　　目前，我国农业发展正处在极为重要的转折时期，农业经营制度也因此正在发生深刻变化，农业经营的主体也出现了新的变化，这种转折和变化将对我国农业的未来发展产生极其重要的影响。如何培育和发展各类农业经营主体，成为促进新阶段农业发展的重要任务。

（一）概念界定

1. 农业经营主体

　　农业经营主体是指直接或间接从事农产品生产、加工、销售和服务的个人与组织。作为农业经营主体，必须具备以下条件：一是有一定规模的土地、设备、资金等资产和一定数量的劳动力，二是有一定的经营知识、经验和能力，三是能自主经营、自负盈亏、独立承担法律责任。① 一般而言，农业经营主体主要包括传统的小规模自给或半自给农户家庭和专业大户、家庭农场、农民合作社、农业企业等经营主体。

农村集体经济组织产生于20世纪50年代初的农业合作化运动，是土地等主要生产资料共同所有、共同劳动、共同享有劳动收益的经济组织形式。农村集体经济组织既不同于企业法人，又不同于社会团体，也不同于行政机关，有其独特的政治性质和法律性质。因此，农村集体经济组织是否可以被归纳为一种农业经营主体，仍需进一步探讨。

目前，农业社会化服务组织发展也比较快，但其一般注册为合作社或企业，不应被单独归纳为一种农业经营主体。

2. 新型农业经营主体

2012年年底，中央农村工作会议正式提出培育新型农业经营主体的要求。对于新型农业经营主体范畴的界定，目前学术界尚没有统一的定义。本研究认为，新型农业经营主体是相对于传统的小规模自给半自给农户家庭经营主体而言的，是具有相对较大的经营规模、较好的物质装备条件和经营管理能力，劳动生产、资源利用和土地产出率较高，以商品化生产为主要目标的农业经营主体。新型农业经营主体主要包括专业大户、家庭农场、农民合作社、农业企业等。

3. 农业经营主体的组织形式

农业经营主体的组织形式主要指农业生产经营主体的内部组织以及主体与主体之间的衔接形式。其中，农业经营主体的内部组织以追求资源优化配置为目标；农业经营主体与主体的衔接以市场化手段为主，主要表现形式为不同农业经营主体之间的利益连接形式。

本研究所指的农业经营主体的组织形式主要指不同农业经营主体之间的组织方式，其核心为利益连接形式。目前，普通农户、专业大户、家庭农场、农民合作社、农业企业等之间的联系越来越紧密，农业生产的组织形式由以家庭为主体的农业生产组织形式转向"农户+基地+合作社""家庭农场+企业""农户+合作社+企业"等外在多种表现形式及股份合作、订单农业、土地入股等内在表现形式。

（二）农业经营主体及其组织形式演变的背景

1. 农产品尤其是粮食安全问题日益突出

随着我国农产品出现的结构性过剩以及农产品市场需求趋向多样化、规模化和标准化，缺乏运行效率的传统小生产模式与新大市场格局不匹配，农户"小而全"的经营，难以实现粮食等大宗农产品的规模效益，使我国农产品供给尤其是粮食安全受到了严重制约。同时，随着农村劳动力大量向城镇转移，农业劳动力结构性矛盾凸显，"谁来种地""如何种地"的问题日益突出，迫切需要发展新型农业经营主体，解决农业后继无人的问题。以四川为例，随着四川劳务经济的发展，呈现出农业劳动力老龄化和农村空心化的特征，而且70后都不种地也不会种地了，50后、60后也是靠习惯种地。农村劳

---

① 冯高强. 安徽省新型农业经营主体培育研究 [D]. 合肥：安徽农业大学，2013.

动力老龄化和空心化现象加剧，农业劳动力出现由富余向短缺的历史性转型，形成倒逼机制，迫使现代生产要素进入农村，为创新农业经营方式提供了机会。同时，农村老龄化和空心化也导致农民流转土地的机会成本下降，新型经营主体得以以较低的要素成本进入农业，为现代农业的发展创造了较好的条件。在供求因素的双重制约下，只有加快专业大户、家庭农场等新型农业经营主体的发展，更多地采用先进科学技术和生产手段，增加技术、资本等生产要素投入，才能提高经营农业的比较效益，确保农产品尤其是粮食安全。

2. 农村土地流转水平不断提高

家庭联产承包责任制作为我国一项长期坚持的农村基本经营制度，取得了重大历史功绩。但在实行家庭联产承包经营 30 多年后的今天，一家一户的家庭生产经营已经不能适应大市场的竞争要求，土地经营规模偏小和耕地的细碎化，一家一户的配套生产设施难以更新改进，同时也造成设备等的闲置浪费及生产技术水平徘徊不前，需要促使土地等生产要素向具有比较优势的新型农业经营主体流动和集聚，逐步实现农业适度规模经营，提高农业劳动生产率和资源配置效率。农村劳动力大量向城镇转移后，加快了农村土地流转。截至 2014 年年底，四川家庭承包耕地流转面积 1 482.3 万亩（约 98.82 万公顷），合同流转面积 825 万亩（约 55 万公顷），占耕地流转总面积的 55.7%，耕地流转面积占全省家庭承包耕地面积的 25.4%。随着土地流转的加快和规模经营的不断发展，以专业大户、家庭农场、农民合作社等为代表的新型农业经营主体在各地蓬勃涌现，为创新新型农业经营体制奠定了坚实基础。目前，全省土地流转突破了行政村界限，转入土地的经营者多为专业大户、龙头企业、家庭农场等新型农业经营主体。2014年，四川省土地流转流向农户的比重比 2010 年降低了 7.5 个百分点，流向专业合作社和企业的比重分别比 2010 年提高了 6.1 个百分点和 2.4 个百分点。① 土地流转面积的日益扩大，带动了农村生产要素的重新配置，促进了新型农业经营主体的发展。

3. 城乡产业融合发展的水平不断深化

城镇化是经济社会发展的必然趋势。随着城镇化水平的不断提高，城市带动农村，城乡产业融合发展的水平不断深化，也带动了农村各类生产要素的配置。到 2014 年，四川省的城镇化率为 46.3%；预计到 2020 年，四川省的城镇化率将达到 54% 左右，将有 700 万人实现城镇化。城镇化的核心是使大量农业转移人口融入城镇，享受与城镇居民同等的就业、医疗、住房、子女就学、养老等基本公共服务，使农村生产要素配置逐渐与城市一致，也间接促进了农业经营主体的发展和变化。随着城乡统一要素市场的建立，将有利于盘活农村的劳动力、土地和资本等主要要素资源，推进城乡要素的平等交换，增强城镇化对农村产业发展和农民增收的带动能力。

4. 经济发展进入新常态

经济发展新常态，是中央在科学研究当前国内外经济走势的基础上，对我国经济发

---

① 四川省社会科学院课题组. 新常态下四川"三农"发展形势研判及应对 [J]. 农村经济, 2015 (8): 3-9.

展阶段性特征做出的重大战略判断。在新常态下，一、二、三产业加速融合，农业已由自然经济再生产扩展到文化精神产品再生产，已由单纯食物生产发展到全产业链价值开发。随着现代农业的发展、社会主义新农村建设的加快以及农村劳动力的大量外出务工，农业的老龄化、兼业化、副业化趋势明显，农业发展面临严峻挑战，必须要转移到依靠科技进步和提高劳动者素质的方式上来。而培育专业大户、家庭农场、农民合作社和农业企业，可以利用现代农业技术和现代经营管理手段，有效填补传统农户经营的缺失，提升农业生产的专业化、标准化、规模化、集约化水平。随着消费的转型升级，需要实现农产品在产前、产中、产后各个环节的标准化生产，建立全过程、全产业链的质量管理，实现"从餐桌到地头"的农产品质量安全保障体系，这也需要发展新型农业经营主体。

二、四川农业经营主体及其组织形式的现状分析

近年来，随着四川现代农业和农村经济的快速发展，在传统家庭经营的基础上，专业大户、家庭农场、农民合作社、农业企业等新型农业经营主体快速发展。

（一）四川农业和农村发展的基本情况

四川省农业经济的快速发展，也为不同类型农业经营主体的发展创造了条件。2014年，全省实现农林牧渔总产值 5 888.1 亿元，比上年增长 4%；全省农民人均纯收入达到 8 803 元，其中，家庭经营性收入 3 571 元，占 40.6%；工资性收入 4 016 元，占 45.6%；转移性收入 964 元，占 10.9%；财产性收入 252 元，增长 2.9%。全省粮食播种面积 9 701.1 万亩（约 646.74 万公顷），产量 3 374.9 万吨；全省肉类（猪、牛、羊、禽）总产量 683.3 万吨，其中，生猪出栏 7 445 万头。全省农业复种指数 2.41。全省转移输出农村劳动力 2 472.2 万人。与此同时，四川省人地矛盾依然突出，全省现有耕地面积 5 988.8 万亩（约 399.25 万公顷），全省户籍人口人均耕地 0.66 亩（约 440 平方米），低于全国平均水平（按统计部门耕地数据计算）。

（二）四川省农业经营主体的发展现状

1. 普通农户仍然是我省农业经营的主体

家庭经营是我国农业生产的基础，对不同类型的农业生产经营都具有很强的适应性。家庭经营不仅适应以手工业劳动为主的传统农业，也能适应采用先进科学技术和生产手段的现代农业。特别是农户家庭经营在解决农民就业、粮食安全、提供原材料保障等方面具有不可替代的作用。农户家庭经营是新型农业经营主体的基础，更是产生各种新型农业经营主体的主要摇篮。2014 年，全省户籍人口 9 159.08 万人，其中农业户籍总户数 2 080.4 万户，第一产业就业人员占农业人口比重仍然接近 30%。从总体上看，我省分散的农户家庭经营仍然占较大比重。见表 2-1 所示。

表 2-1　　　　　　　　　四川省 2010—2014 年农业就业人员情况

年份	2010 年	2011 年	2012 年	2013 年	2014 年
年末户籍总人口（万人）	9 001.3	9 058.4	9 097.4	9 132.6	9 158.1
农业人口（万人）	6 646.1	6 595.7	6 585.4	6 500.2	6 465.1
第一产业就业人员（万人）	2 083.2	2 043.4	1 991.3	1 955.8	1 909.0
第一产业就业人员占农业人口比重（%）	31.3	31.0	30.2	30.1	29.5

2. 专业大户稳步发展

专业大户是指在农业某一领域从事专业化生产的农户，从种养规模来看明显地大于传统农户或一般农户，是初步实现规模经营的农户。专业大户有时也称为种养大户。在要素投入上，专业大户具有资本和劳动双重密集的特点，兼具家庭经营和规模经营的优势，主要提供初级农产品和加工原材料。2014 年，我省有种粮大户 1.3 万户，畜禽标准化养殖小区 21 889 个。目前，随着农村外出务工人数的增加，农村土地流转速度加快，全省农村土地不断向专业生产大户集中，专业大户不断发展壮大。

3. 家庭农场快速发展

家庭农场是以家庭成员为主要劳动力，从事农业规模化、集约化、商品化生产经营，并以农业收入为家庭主要收入来源的新型农业经营主体。从我省的实践看，家庭农场一般都是独立的农业法人，土地经营规模较大，土地承包关系稳定，主要从事种养业生产，生产的集约化程度、农产品的商品化程度和经营管理水平均较高。我省家庭农场快速发展，2014 年，全省有家庭农场 13 873 家，比 2013 年增加 121.4%；其中，已在工商部门注册的 9 223 户，比 2013 年增加 985.1%；全省家庭农场经营土地面积 133 万亩（约 8.87 万公顷），比 2013 年增加 118.8%；年农产品产值 29.4 亿元，比 2013 年增加 127.9%。从我省的情况看，家庭农场多产生于农村劳动力转移比较充分、农业生产服务较为完善的地区，其带头人多是从外出务工回来，眼界、思路开阔，能迅速接受外界信息，并转化为生产力。与专业大户相比，家庭农场是制度化、规范化的专业大户，具有较高的稳定性。

4. 农民合作社带动农户能力不断增强

农民合作社是农民自愿参加，在农村家庭承包经营基础上，同类农产品的生产经营者或同类农业生产经营服务的提供者、利用者联合起来的组织。农民合作社是自愿联合、民主管理的互助性经济组织。2014 年，全省各类农民合作组织达 5.5 万个。其中，在工商部门注册的农民合作社达 47 329 个，合作社成员数 287.6 万户，社均成员达 60 户，其中普通农户数 260.7 万个，专业大户及家庭农场成员数 10.6 万个；带动农户 589.9 万户，社员和带动农户占农户总数的 43.1%，共培育国家农民合作社示范社 462 家、省级示范社 1 030 家；统一组织销售农产品总值 410 亿元，实现可分配盈余 44.1 亿元，成员户均从农民合作社分得收益 1 333.74 元。农民合作社通过土地合作，把一家一户的农户集中起来，共同闯市场，能够帮助农户分享来自加工、销售、服务等不同产业链条节点的利润增值。目前，我省农民合作社在规模上逐渐向联合社发展，在管理制度上不断规范，正在走规模化、规范化发展之路。见表2-2所示。

表2-2　　　　　　　四川省2010—2014年农民合作社情况

年份	2010年	2011年	2012年	2013年	2014年
农民专业合作社（万个）	1.41	2.03	3.24	3.6	4.7
成员数（万户）	360	382	357.5	249	287.6
带动农户（万户）	1 119	1 150	860	544.2	589.9

5. 农业企业实力不断壮大

农业企业已成为我省现代农业的社会投资主体。2014年，全省各类农业产业化龙头企业8 506家，其中国家级龙头企业60家，省级龙头企业589家。农业产业化组织带动农户2 133.7万户，产业化经营组织带动农户面达到63%。农业企业在适应复杂多变的市场环境中具有较大优势，可以进行大规模、集约化、高技术农业生产，发挥市场的组织者和引领者作用。经营良好的龙头企业不止能带动一批相关产业的发展，还能促进产品延长产业链，最终形成一个具有区域经济特色的大基地、大产业、大市场。但农业企业存在与农民利益连接不紧密，与农民"抢地、争利"以及"非农化""非粮化"倾向，且其本身管理成本较高，不适合介入整个农业生产领域。见表2-3所示。

表2-3　　　　　　　四川省2010—2014年农业产业化龙头企业情况

年份	2010年	2011年	2012年	2013年	2014年
总量（家）	7 718	8 238	8 506	8 506	8 506
销售收入500万元以上（家）	3 223	3 529	3 786	2 790	3 040
销售收入1亿元以上（家）	482	587	661	728	765

（三）四川农业经营主体的组织形式发展现状

从组织形式看，我省农业经营主体有专业合作、股份合作、农业共营、土地经营托管、订单农业等多种组织形式。不同组织形式的创新，把千家万户组织起来，对接千变万化的大市场，让农民在农业规模化经营中更多受益。

1. 以家庭经营为架构的组织形式

这种组织形式以农户家庭经营为基础，主要包括普通农户、家庭农场和专业大户，通过土地租赁发生联系，一般是单独经营，相互之间是比较松散的关系，如"家庭农场+基地+农户""专业大户+基地+农户"等形式。

2. 以农户间合作与联合为架构的组织形式

这种组织形式以农户间的紧密合作与联合为主，主要包括"合作社+基地+农户"

"合作社+家庭农场+农户+基地""供销合作社+家庭农场+合作社"等形式，这种组织形式一般通过合同和订单的形式发生联系，是相对紧密的一种连接方式。

3. 以企业化经营为架构的组织形式

这种组织形式以企业化运行机制为主，以股份合作、订单等为主，相互之间表现为网络化关系，主要包括"龙头企业+合作社+农户基地""龙头企业+联合社+农户""农业共营制""六方合作"等形式，分红形式有按股分红、保底分红、二次分配等，是一种比较紧密的连接形式。成都市采用"土地股份合作社+农业职业经理人+社会化服务""大园区+小农场"等经营模式发展适度规模经营，取得了明显成效。宜宾市强化经营主体间的利益连接，构建"企业带动、农民参与、协会统筹、金融支持、保险兜底、政府帮助"农业产业化"六方合作"机制，使新型农业经营主体成员间的合作形式由单一的承包向土地入股、资金入股、技术入股等模式拓展。

(四) 四川省发展农业经营主体及组织形式的主要举措

1. 加大对新型农业经营主体的扶持力度

我省加大对新型农业经营主体的扶持力度，着力培育一批家庭农场、专业大户、农民合作社、农业产业化龙头企业等新型农业经营主体。一是扶持农民专业合作组织发展。省政府出台了《关于进一步推进农民专业合作组织发展的意见》，各地也出台了相应政策，安排财政资金、整合各方资源大力扶持。二是培育壮大农业产业化龙头企业。省政府出台了《关于支持农业产业化龙头企业发展，大力推进"两个带动"的意见》，从财政、金融、项目、用地、用电等方面加大了支持力度。三是加强新型职业农民培养。重点培育家庭农场、种养大户、职业经理人等懂技术、善经营、会管理的职业农民，加大对新型农业经营主体领办人、农村经纪人的培训力度。省政府制定了《四川省新型职业农民培育工作实施方案》，2014 年培训了新型职业农民 5.96 万人。成都市出台了农业职业经理人扶持政策，对其领办、新办农业生产基地等给予补贴，从 2011 年起已培育农村职业经理人 7 903 名，职业经理人可凭资格证书办理信用贷款。四是加强农业公益性服务体系建设，推进经营性农业服务体系建设，支持具有资质的经营性服务组织通过政府购买服务、定向委托、奖励补助等方式参与公益性农业服务。

2. 积极推进农村产权制度改革

解决好土地确权和土地流转问题，是推进新型农业经营主体发展的重要条件。作为全国三个试点省份之一，四川 2014 年在全省所有县（市、区）开展土地确权颁证。2009 年已出台了《关于稳步扩大农村土地承包经营权确权登记试点工作的意见》，各地全面开展确权登记工作，推广"多权同确"的做法，为实现规模经营和土地优化配置创造条件。2015 年省政府出台了《关于进一步引导农村土地经营权规范有序流转，发展农业适度规模经营的实施意见》，强调进一步规范有序流转，以放活土地经营权为重点，促进农业适度规模经营加快发展。该文件明确，到 2016 年年底前，全省基本完成土地承包经营权确权登记颁证工作；鼓励承包农户依法采取转包、出租、互换、转让及入股等方式流转承包地；加快发展多种形式的土地流转市场。当前对土地经营规模在 100 亩

（约6.67公顷）左右的应予以重点扶持，实现规模化种粮的地方，土地经营规模标准可适当放大。同时，对落实土地流转用地、用电、用水政策和财政扶持、金融支持提出具体安排。同步完善了省、市、县三级数据共享的全省土地承包管理信息系统网络，其中成都已建立了农村土地承包经营权管理系统，农村土地承包与土地流转、承包经营权证书基本实现了信息化管理。作为全国33个试点县之一，在泸县、郫都区开展农村集体经营性建设用地入市，实行试点，与国有建设用地使用权同等入市、同权同价，并提高被征地农民分享土地增值收益的比例。

3. 积极破解农业经营主体资金瓶颈

针对新型主体发展规模经营的资金需求，积极打造多种"不脱农、多惠农"的创新性金融产品。除了开展土地承包经营权流转抵押贷款试点，还积极探索开展了生猪抵押贷款、农产品订单抵押贷款、仓单抵押贷款、农业设施抵押贷款、农业职业经理人专属贷款等试点。2014年，我省与中国邮政储蓄银行四川省分行签署合作协议，在2014年到2018年的五年间，力争普惠金融对"三农"领域的信贷规模达到1 000亿元以上，支持1 000家农业产业化重点龙头企业，扶持1 000个农民示范合作组织，扶持5 000个家庭农场和种植业、养殖业大户等。成都建立了集体土地所有权、承包权、经营权"三权"分置机制，共计发放土地承包经营权和土地经营权抵押贷款1亿多元；在温江、什邡等9区县也开展了土地流转收益保证贷款试点，2014年年底已发放了贷款3.2亿元。2014年，选取了8家专业合作社，试点开展农村资金互助社，让农民办"自己的银行"，促进农业经营主体解决贷款难、融资贵等问题。

全省已开展中央财政补贴农业保险品种11个，包括水稻、玉米、能繁母猪、育肥猪、奶牛、油菜、马铃薯、青稞、牦牛、藏系羊、森林保险，涵盖了主要粮食作物和畜牧产品。在此基础上，我省还开展了具有地方特色的农业保险产品，包括烟草、食用菌、淡水养殖、中药、水果、小家禽、蔬菜、家畜、价格指数保险等9大类31小类。其中，价格指数保险已在成都、南充、资阳、遂宁、自贡、广元等地开展试点。

4. 深化农村集体经济体制改革

四川在全国率先出台《四川省农村集体经济组织成员资格界定指导意见》，成员资格取得包括初始取得、法定取得、申请取得三类。省政府制定了《四川省农村集体资产股份制改革试点方案》，在全省9个市州选取了10个区县进行首批试点。方案主要是理顺农村集体经济组织收益分配关系，核心则是保护农村集体经济组织及其成员的合法权益。该方案落实了农村集体经济组织成员对集体资产股份的占有权和收益权，在有条件的村组，还将探索对集体资产股份的有偿退出和继承权。为解决农村集体产权虚置问题，开展了对集体资产股份抵押权、担保权的试点，建立了与股份合作制产权管理相适应的法人主体，完善股东（成员）大会、监事会、理事会等法人治理结构。在成都市温江区等15个县（市、区）开展增加农民财产性收入改革试点，试点区域农民财产性收入占比总体达到8%以上。

5. 加快幸福美丽新村建设

2013年，我省出台了《关于建设幸福美丽新村的意见》，按照"全域、全程、全面小康"和城乡一体化发展的要求，从城市周边入手，以新农村建设成片推进示范县为平台，以县为主体，以行政村为单位，坚持基础设施、新型村庄、产业发展、公共服务和社会管理综合配套，建设一批业兴、家富、人和、村美的幸福美丽新村，带动县域新农村建设提档升级，推动加快形成城乡一体化发展新格局。2014年，四川省把建设幸福美丽新村写入全面深化改革的决定，全省完成幸福美丽新村规划建设试点452个。幸福美丽新村的建设，使更多的人愿意回到农村发展，也为农业经营主体发展提供了人才来源。

三、四川农业经营主体及其组织形式发展存在的问题

在新型农业经营主体快速发展的同时，也面临不少发展瓶颈与难题，影响了各新型农业经营主体功能的发挥。尽管我省新型农业经营主体取得了一些成绩，但从总体上看，受自然资源条件、经济发展阶段等原因的影响，专业大户、家庭农场、农民合作社、农业企业等新型经营主体普遍存在规模小、实力弱、运行不规范、经营管理水平偏低等问题，新型农业经营主体的土地、金融、社会化服务需求尚未得到有效满足。

（一）四川省农业经营主体及其组织形式发展自身存在的问题

1. 新型农业经营总体实力不强

我省新型农业经营主体尚处于发展早期，普遍存在规模较小、实力较弱、运行不规范、示范带动力不强的问题。如全省农民专业合作社入社成员仅有260万户，占农户总数的13.1%。全省仅有农民专业合作社4.7万家，平均每个村基本1家；现有种粮大户1.19万户，家庭农场13 873家，家庭农场大多不是很规范，种粮大户和家庭农场平均经营面积不足100亩（约6.67公顷）。全省各类农业产业化龙头企业8 506家，而销售收入上50亿元的仅有6家，缺乏有品牌、有影响的农业产业化龙头企业。

新型农业经营主体内部管理有待规范。以合作社为例，一些合作社成员（代表）大会、理事会、监事会流于形式，普通成员参与度低，民主管理意识差，一些农民合作社制定的章程和管理制度没有体现出其管理水平和产业发展特点。很多合作社与内部成员之间利益连接松散，主要是按股份比例分配盈余，导致农民成员不能有效获得加工、储运、销售等环节的利润。农民合作社权益的保护不够落实，一些合作社没有执行《合作社财务会计制度（试行）》，而是按照企业会计制度建立会计核算体系，农民成员的权益难以依法得到保护。再如家庭农场，无论是国家层面，还是省级层面，尚未出台统一的认定标准。

2. 农业经营主体人才缺乏

新型农业经营主体主要体现在新知识、新技术、新理念、新装备等方面的集成上，而这些恰是我省新型农业经营主体欠缺的，即新型农业经营主体知识技术欠缺和人才储备不足。种粮大户、合作社、农业企业特别是从事高效农业生产的经营主体，一方面强

烈需要提高自身素质，另一方面也求贤若渴。由于我省农民受教育程度普遍较低，加之农村劳动力大量外出务工，导致农业经营主体带头人在数量和规模上都严重不足，农业生产后备力量薄弱。目前，农村致富能人、农村科技示范户、返乡创业农民、大学生村干部与军转干部等成为农业经营主体的新来源，但存在数量分布不均、综合素质不齐等问题，供求矛盾突出。目前，新型农业经营主体的负责人大多为当地农民，他们文化程度低，缺乏管理经验，且生产主体成员年龄构成普遍高龄化，急需加强对经营管理人员和技术人员的培训，提高他们的专业技术水平和经营管理能力。部分农业经营主体虽然配备或聘请了农业技术人员，但大多还是凭经验搞种植养殖，接受专业技术服务的机会少。农业经营主体的经营管理能力不足，市场意识差，销售人才缺乏，不能构建起自己的销售渠道，发展空间有待于进一步拓展。

3. 农业经营主体的组织形式有待完善

龙头企业、合作社、农户三者之间的利益连接机制不够规范和紧密，一些合作社与成员之间还仅仅是买卖或买断关系，多数是以订单合同为主的购销关系，尚未形成真正意义上的利益共享、风险共担的利益连接机制。订单生产不规范，价格低时卖给龙头企业，价格高时卖给其他企业，订单履约率较低，还存在农民和龙头企业之间争利的问题，专业合作社连接龙头企业与农户的作用发挥不够。

（二）四川省农业经营主体及其组织形式发展外部存在的问题

1. 农村土地经营权流转市场尚未形成

农村土地制度是农村经济制度和社会组织结构的基础，土地流转既是农村微观组织变迁的推力又是拉力。目前，土地流转面临诸多困难，制约了新型农业经营主体的发展。从流转前看，农民承包地确权登记颁证工作尚未全部结束，农村土地产权主体模糊不清，使得土地流转利益主体被虚化。土地所有权、承包权、经营权各自有什么权利以及相关权利的边界及其实现形式还不是很清晰，未来土地集体所有权、承包权、经营权这三者之间的关系在面临利益分配和矛盾冲突时如何处置是一个突出问题。从土地转出的农户看，对农地流转有顾虑，担心流转后失地或田地收回后不再适合继续耕种。从转入方的规模经营主体看，土地租期较短，不能长期有效承包土地，导致其打消规模投资和加强基础设施建设的想法。土地的细碎化增加了转入方的成本。从流转过程中看，流转过程中信息不对称，流转双方获得信息的渠道很少。虽然各地都建立了土地流转程序、规范了流转合同文本，但在实际操作中仍存在着不规范的现象。

近年来，受价格刚性、当地习惯、农民对土地升值的预期等因素影响，土地流转价格不断攀升，土地流转价格呈过快非理性上涨趋势。租地经营的农业企业、家庭农场、种植大户等因追求高利润而倾向于非粮化经营和非农化经营，导致土地流转困难。土地流转价格过快的非理性上涨将进一步对规模经营主体成长和农业可持续发展形成明显制约，农业生产规模扩张的成本压力剧增，不利于新型农业经营主体的发展。

2. 农业经营主体融资难的问题仍未得到有效解决

由于新型主体经营规模较大，购买生产资料、农业机械，建设晾晒场地、仓储设施等需要投入大量资金，相应的资金需求也就更多，加之绝大多数为农户转型，大多处于起步阶段，经济基础薄弱，各类主体在生产经营中普遍面临资金短缺的难题。从调研结果看，贷款难、农业特色产业保险覆盖面小，是各类农业经营主体反映较多的问题，特别是季节性贷款短缺问题非常严重。规模化经营主体由于经营规模扩大，对资金的需求远远大于传统经营户，但涉农贷款"卡脖子"、经营大户融资难的问题日益突出。金融机构贷款需要抵押、担保，大多数专业大户、家庭农场、合作社和中小型农业企业由于缺乏有效的担保抵押物，加上申请手续繁复、隐性交易费用高等问题，很难从正规金融机构获得信贷支持；而小额信贷等扶持性贷款规模又较小，远不能满足其资金需求，严重限制了新型农业经营主体的发展壮大。四川省社科院对 135 个家庭农场的调查结果显示，有 112 个家庭农场表示愿意从正规金融机构获取贷款，但是仅有 38 个家庭农场表示它们能比较容易地从正规金融机构获得金融信贷，其比例仅为 28.1%。

在农业保险方面，自 2007 年开始实施中央财政农业保险保费补贴政策以来，补贴品种逐年增加、覆盖地区逐年扩大、保费补贴比例逐年提高，支付农民的灾害赔偿逐年增加。但总体上，农业保险覆盖面小、保障水平低、赔付水平低、农民参保积极性和地方政府支持农业保险发展积极性低等问题还比较突出。农业保险尤其是政策性保险、巨灾保险和再保险等远远满足不了新型农业经营主体发展的需要。[1] 近年来，农业极端天气灾害和重大动植物疫病频繁发生，且多具有突发性强、传播速度快、影响范围广、危害程度大等特点。由于新型农业经营主体投入大，一旦出现自然风险和市场风险，其遭受的打击可能就是毁灭性的，因此，亟须农业保险覆盖。

3. 农业经营主体的针对性扶持政策力度不大

目前，农业补贴政策体系仍以家庭承包经营为基础，针对新型经营主体的专项扶持政策还不多。以种粮补贴政策为例，现有种粮补贴不能有效刺激规模化种粮主体发展粮食经营的积极性。支农政策合力尚未形成，各种农业扶持资金多渠道下达，多部门掌握，资金分散，缺乏有效整合，难以协调抓重点、办大事。从总体上看，大多数惠农支持政策主要用于民生事业、农村基础设施建设和对传统农户的支持，对新型经营主体的扶持政策还比较少，需要进一步强化。政府扶持资金总量较小，扶持面不宽，且扶持项目资金分散、标准不统一、重点不突出、效果不明显，扶持政策还没有普惠到所有新型农业经营主体。特别是一些规模较小的专业合作社、家庭农场和农业企业，很难得到政府项目和资金的扶持。

由于家庭农场、专业大户等新型农业经营主体的认定标准不统一，导致自身运行不够规范，甚至存在"空壳""冒牌"现象。目前，对于家庭农场的认定和工商注册标准、专业大户的认定标准等缺乏统一规定，不论国家还是省上都缺乏统一而明确的具体界定，使得市、县两级对家庭农场、专业大户等的认定标准不好掌握。农业产业化龙头企业用地仍然较难。由于农业产业化龙头企业在创造地区生产总值和增加税收上不如工业企业，使得其用地指标远不如工业企业，无力与工业企业平等竞争，制约着农业产业

---

① 张照新，赵海. 新型农业经营主体的困境摆脱及其体制机制创新 [J]. 改革，2013 (2)：78-87.

化企业规模的进一步扩大。

4. 农业经营主体所需的社会化服务脱节

培育新型农业经营主体和建立完善新型农业社会化服务体系是构建新型农业经营体系的两个基本点。发展农业适度规模经营后，推进农业社会化服务体系建设，是新型农业经营主体快速发展不可或缺的重要条件。随着新型经营主体的迅速崛起，它们对农业社会化服务内容与形式提出了新要求。长期以来，以公共服务机构为主的农业社会化服务体系往往仅提供单项服务，已经不能满足广大农户的综合服务需求。对于家庭农场、种养大户、专业合作社等新型经营主体，社会化服务供需结构不合理的问题更加突出。新型农业经营主体随着经营规模的扩大，出于对生产稳定和利润最大化的追求，更愿意接受农业信息、市场营销、统防统治等专业化、社会化服务。而目前农业社会化服务组织不健全、定位不清晰，农业社会化服务组织数量偏少，服务功能较弱，关键服务项目缺失且服务能力较弱，难以满足不同类型经营主体的差异性需求，制约了经营主体生产效率的提高和发展。

在新型农业经营体系的培育和发展过程中，对农业生产的产前、产中和产后服务需求日益增长，但农机租赁、农资配送、劳务服务、粮食烘干、仓储物流、冷链物流等社会化服务组织建设仍然滞后，与新型农业经营体系发展的需要严重不适应，致使新型农业经营主体扩大生产的意愿不强、动力不足。如在粮食生产上，缺乏育秧、栽秧、烘干、收储等专业服务机构，种植效率不高，稻谷只能即收即卖，增加了成本又影响了收入。

四、农业经营主体及其组织形式发展的趋势判断

（一）农业经营主体及其组织形式发展必然的契合点

1. 我国现代农业发展的总体方向与面临的挑战

现代农业就是用现代经营方式、现代科学技术、现代管理手段和现代物质装备条件武装农业，集市场化、科学化、组织化、设施化、机械化、集约化、信息化、社会化等诸多特征为一体的农业发展模式。当前，适应新常态、推进现代农业发展，最紧迫的任务就是要大力推进农业发展方式转变和结构调整。转方式，重点是推动农业发展由数量增长为主转到数量、质量、效益并重上来，由依靠资源和物质投入转到依靠科技进步和提高劳动者素质上来。调结构，重点是根据市场需求变化和资源禀赋特点，科学确定主要农产品自给水平、生产优先顺序和区域布局，在确保"谷物基本自给、口粮绝对安全"的前提下，不断优化种养结构、产品结构、区域结构。

我国农业发展正面临农村"空心化"、务农老龄化、要素非农化、农民兼业化、农业副业化以及高成本、高风险和资源环境约束趋紧、青壮年劳动力紧缺的新形势。具体来看，我国现代农业发展面临的挑战有：一是农产品供需的结构性矛盾突出，需调整优

化农业生产结构。我国农业生产结构调整滞后于优质化、多样化和专用化的需求结构变化，牛羊肉、奶类、优质高端农产品等高品质产品供需矛盾加剧。二是国内农业支持政策困境初显，应充分发挥收入补贴、保险补贴等"绿箱"政策作用。支持和保护政策导致农产品接近价格"天花板"，WTO"黄箱政策"限制使国内农业生产补贴增加的空间受限。三是科技创新能力仍是现代农业发展的瓶颈，需进一步强化科技支撑能力建设，依靠创新驱动实现农业增产增效。四是农业发展面临巨大人才缺口。农村大量青壮年劳动力外出务工，农村"空心化"，农村实用型人才青黄不接。应加大农村人才培养力度。五是宏观经济步入新常态，导致农产品需求和出口下降，政府的财政收入增幅放缓，对农业和农村发展的支持力度下降，农民增收面临严峻挑战，需加快建立农民持续增收的长效机制。

2. 我国农村深化改革的总体方向

纵观我国农村农业发展的演进，深化农村改革始终是其发展的动力之源。党的十八届三中全会做出了全面深化改革若干重大问题的决定，为优化"三农"支持政策带来了良好机遇，全面深化改革降低了"三农"支持政策的实施成本。例如：政府简政放权，减少了政策环节；推进财政转移支付改革，地方自主权更大；土地整治指标流转等国土政策调整，使得用于农业补贴的资金和手段增多。我国农村深化改革的总体方向，一是引导土地经营权有序流转，二是构建新型农业经营体系，三是推进农村集体产权制度改革，四是推进农村金融体制改革。

3. "互联网+"将带动传统农业升级

国务院总理李克强在2015年政府工作报告中首次提出要制定"互联网+"行动计划，用互联网思维和模式改造传统产业、创造新兴产业的大潮在全国掀起。"互联网+"代表一种新的经济形态，即充分发挥互联网在生产要素配置中的优化和集成作用，将互联网的创新成果深度融合于经济社会各领域之中，提升实体经济的创新力和生产力，形成更广泛的以互联网为基础设施和实现工具的经济发展新形态。目前，物联网、大数据、电子商务等互联网技术被越来越多地应用在农业生产领域，并在一定程度上加速了转变农业生产方式、发展现代农业的步伐。近年来，大量的农民和合作社正踊跃变身网商，将自家或收购的农产品进行网络销售，以电子商务为载体的原产地农产品直销成为热点。互联网将重塑农产品流通模式，制约农产品流通的信息不对称问题将得到极大的消解。

（二）不同农业经营主体的发展定位

专业大户、家庭农场、农民合作社、农业企业等不同类型的经营主体，由于组织属性、产权属性、运行机制和分配关系不同，在农业生产中的比较优势各不相同，承担的角色不同，各具特色、各有优势，都有各自的适应性和发展空间，都是农业经营体系的有机组成部分，是相互补充、相互融合、相互促进的关系，并无高低、优劣之分。以工商资本进入农业为例，粮食作为大田作物的价格偏低，利润率较低，在利润最大化的驱动下，工商资本进入农业经营，自然会倾向于种植高附加值的经济作物、发展观光农业等领域，普遍有非粮化生产的倾向。

第一，从不同经营主体的适应性和发展趋势来看，传统的家庭经营农户是专业大户、家庭农场、专业合作社的主要孕育者，在未来发展中将逐步萎缩，适应范围仍然以一些劳动密集型大宗农产品种生产为主。

第二，专业大户、家庭农场将是我国未来商品粮和大宗农产品的主要生产者，是我国农业生产的基本主体。专业大户、家庭农场承担着农产品生产尤其是商品生产的功能，发挥着对小规模农户的示范效应，带动其向采用先进科技和生产手段的方向转变，增加技术、资本等生产要素投入，着力提高集约化水平。[1] 未来，家庭农场和专业大户生产经营将更趋专业化，每个农场和专业大户只生产一种或少数几种农产品，同时经营规模要适度。随着农民进城落户的步伐加快以及户均耕地的逐步增加，专业大户和家庭农场未来还有很大的发展空间，或将成为职业农民的中坚力量。同时，专业大户会逐渐向家庭农场转变，家庭农场在今后几年的发展速度将加快。

第三，农民合作社将是农业社会化服务的主要提供者和大宗农产品的主要生产者，具有带动农户、组织大户、对接企业、连接市场的功能，是连接各个农业经营主体的桥梁和纽带。在今后的发展中，农民合作社应成为引领农民进入国内外市场的主要经营组织，为其他主体提供产前、产中、产后服务的功能将进一步增强。

第四，农业企业是先进生产要素的集成，具有资金、技术、人才、设备等多方面的比较优势，将主要在农业产前投入品、产中服务、产后收储、加工和流通领域以及规模化养殖和农业资源开发利用领域发挥主体作用，在产业链中更多地发挥农产品加工和市场营销的作用，并为农户提供产前、产中、产后的各类生产性服务。但农业企业不宜长时间、大面积租赁农民土地直接耕种。[2]

在市场经济条件下，普通农户、专业大户、家庭农场、农民合作社、农业社会化服务组织与龙头企业之间由于产品或服务而形成相互交织的网络状合作关系，通过股份合作、订单生产等市场经济手段发生相互联系。其各自特点见表2-4。

表2-4   不同农业经营主体的主要特点比较

主体	经营规模	商品率	组织特征	是否法人主体	管理体制	带动能力	适宜领域
普通农户	一般	自给半自给	一家一户	否	自由	一般	半自给型生产
专业大户	较大	较高	少量雇工	否	一般	一般	适度规模粮食、经济作物、养殖
家庭农场	较大	较高	少量雇工	是	一般	一般	适度规模粮食、经济作物、养殖

[1] 张照新，赵海. 新型农业经营主体的困境摆脱及其体制机制创新 [J]. 改革, 2013 (2)：78-87.
[2] 张照新，赵海. 新型农业经营主体的困境摆脱及其体制机制创新 [J]. 改革, 2013 (2)：78-87.

表2-4(续)

主体	经营规模	商品率	组织特征	是否法人主体	管理体制	带动能力	适宜领域
农民合作社	大	高	5户以上	是	较规范	高	规模化粮食、经济作物、养殖，社会化服务、加工、产销
农业企业	大	高	股份制	是	规范	高	规模化养殖，设施化农业和示范性生产、加工、流通、销售

（三）未来农业经营主体的特征及其组织形式的发展趋势

1. 未来农业经营主体的特征

党的十八大报告明确指出，在坚持和完善农村基本经营制度的基础上，构建集约化、专业化、组织化、社会化相结合的新型农业经营体系。因此，不论是现在还是以后，新出现的经营主体均须具备适度规模和专业化生产、集约化经营、高度市场化、产权明晰规范运行等基本特征。[①]

2. 农业经营主体及其组织形式的发展趋势

在相当长时期内，农业经营主体的发展仍然是多元化发展趋势，但是不同主体之间的发展将逐步融合。从国内实践和发达国家农业发展历程来看，农业生产经营规模过大会造成土地生产率下降，家庭经营一直是农业生产经营的主体。因此，以家庭经营为基础的一般农户、专业大户和家庭农场仍将是我国农业经营主体的基本组成部分。传统的普通农户经营还将长期存在，但其生产规模小、市场竞争力弱、抗风险能力不强、收入偏低等问题也将长期存在，将逐步从商品生产者衰退为生计型小农。专业大户和家庭农场将会逐渐合二为一，二者的界限逐渐模糊。专业合作社和农业企业的发展方向是建立现代企业。

与此同时，不同农业经营主体之间的大联合将出现，合作社和企业、家庭农场等经营主体融合发展，彼此之间的联系将以建立在股份合作基础之上的复杂关系为主，在农业企业、家庭农场的基础上成立专业合作社或企业，几块牌子一班人马，以此拓展发展空间，提高市场竞争力。

农村集体经济组织近几年来发展较快，很有可能成为一种新型的农业经营主体。我国农村集体经济兼具经济功能和社会服务职能，但是现实中，农村集体经济组织不同程度地存在主体虚化、经济功能弱化与社会职能缺位现象，尤其体现为与农村集体、村委会、农民专业合作社、政府等组织的关系模糊。人们对于农村集体经济组织具体应担负哪些功能，如何协调其与农村集体、村委会、农民专业合作社、政府等组织的关系尚存在诸多分歧，需要进一步明确农村集体经济组织的功能定位。因此，需要尽快出台有关

[①] 张照新，赵海. 新型农业经营主体的困境摆脱及其体制机制创新 [J]. 改革，2013 (2)：78-87.

村经济合作社组织的条例，明确村经济合作社的法律地位、功能定位，明确村经济合作社的社员资格界定，规范村经济合作社的内部运行机制，确保村级集体经济组织成为独立、平等的市场主体。

供销合作社是为"三农"服务的合作经济组织，类似于农村集体经济组织，但更多显现的是其经济属性，因此，其今后的发展应是企业化方向。

五、加快农业经营主体及其组织形式发展的政策建议

发展农业经营主体，必须要做好顶层设计。顶层设计能够从最高战略层面对农村改革的整体思路、基本方向、总体路径进行设计，避免出现改革路径偏离总体目标，避免出现改革路径偏离总体目标，改革过程中各部门、地区、政策间冲突等问题。

农业经营主体的发展，必须要坚持家庭联产承包经营制度，坚持农村土地集体所有，土地承包关系不变，农民利益不受损。要围绕保障主要农产品基本供给、提高农业综合效益和增加农民收入，大力发展专业化生产、集约化经营和社会化服务。充分调动各类经营主体的积极性，走家庭经营、集体经营、合作经营、企业经营共同发展之路，构建农业经营主体多样化发展的新格局。

（一）因地制宜发展不同类型的农业经营主体

一是因地制宜扶持发展农业经营主体。不同类型的经营主体，在农业内部各个产业中比较优势各不相同，功能定位也各不相同，都有各自的适应性和发展空间。在实际工作中，要因地制宜，不能厚此薄彼，切忌拔苗助长，防止片面追求新型农业经营主体数量而忽视质量的倾向。要对中小型经营主体、适度规模的经营主体给予更多关怀和帮助，同时防止人为"垒大户"。对于外地招商引资进来的农业经营主体，应执行一视同仁的政策。

二是对于普通家庭经营农户，主要是对其加强实用技能和经营能力培训，提高其应对市场变化的能力，促进其向专业大户和家庭农场转变，同时继续保持原有补贴的发放不变。

三是对于专业大户和家庭农场，在强化其农业技术与经营能力培训的基础上，重点是增加生产性扶持，鼓励有一定规模、符合规定的种植养殖大户申领个体工商户或个人独资企业营业执照，成立家庭农场。制定培育发展家庭农场意见，统一家庭农场标准，推进家庭农场认定工作，建立家庭农场档案和数据库，实施动态化和信息化管理。培育示范家庭农场，鼓励以家庭农场和专业大户为成员，组建和改造农民合作社，开展合作经营、共担风险。

四是对于农民合作社，重点促进其规范健康发展，制定农民合作社的规范化建设标准，鼓励合作社建立自己的品牌，推进农民专业合作社由数量型向质量效益型转变，引导合作社提升发展质量和层次。支持农民合作社之间的联合与合作，对联合社进行引

导、规范，积极发展生产型联合社、销售型联合社、产业链型联合社、综合型联合社四种类型的联合社。完善合作社与成员之间的共同利益连接机制，提高社员的参与度。规范农民合作社信贷融资，支持有条件的农民合作社开展内部信用合作。

五是对于农业企业，鼓励其通过品牌嫁接、资本运作、产业延伸等方式进行联合。支持农业企业开展技术改造，推行 ISO、GAP 等认证。引导农业企业把利润空间放到"农外"，完善农业企业与其他农业经营主体的利益连接机制，推动农业企业与农民之间建立市场化的合作关系，让农户分享更多的农业增值收益。

六是积极发展农村集体经济组织，鼓励农民带股份进城。建立农村集体资产管理公司，盘活集体资产，开展资本经营。在产权清晰、管理规范、制度健全的集体资产经营体制基础上，积极探索集体经济组织的制度创新和集体资产以多种资本形式增值的新途径。

七是要注意防止流转土地非农化，引导工商企业规范有序进入现代农业，明确企业租地如果没有从事农业生产，农户和集体有权解除租地合同。鼓励工商企业投资农业农村基础设施建设，为农户提供产前、产中、产后服务。

八是建立农业经营主体的进入与退出机制。根据产业发展水平和生产要求，设置农业经营者资格认定、进入条件、退出机制。制定不同类型经营主体的认定条件和认定标准，采取自下而上的申报认定程序，加强对经营主体的资格认定管理。按照优胜劣汰原则，健全准入及退出机制。完善进入者和退出者的利益关系、进入者资格与能力的认定、进入者之间的公平竞争和择优、进入者经营行为和经营领域的控制机制。

（二）完善农村家庭承包经营基础上的土地流转政策

解决好土地流转问题是新型农业经营主体发展的前提。有效率的产权是经济增长的关键，要尽快制定有关农村土地流转的法律、法规，对农民土地权利的界定、使用权流转的补偿标准及收益分配等问题进行明确，尽快使农村土地流转步入法制化轨道。

一是探索农地"三权分离"，真正放活农村土地经营权。加快推进确权到户及颁证到户工作。针对不同地区农村土地自然条件和社会文化环境差异较大、难度不一、成本差别较大的特征，建立土地确权成本的分级分摊机制。加大对土地确权的政策支持力度，对确权成本较高的山区、丘区等区域，增加省、市级财政对确权工作的补贴，按确权面积补贴到县，缓解县级财政压力，提高其确权积极性。允许各地探索多种形式的确权模式。在新一轮土地确权中，鼓励各地根据实际情况探索"确权确地""确权不确地"等多种土地确权形式。引导各地有序开展确权工作，通过政策支持引导确权工作的开展，不单纯以确权面积为目标，而是将确权过程中是否出现上访事件、是否存在遗留问题等作为衡量确权工作优劣的标准。

二是建立完善的土地流转服务体系。土地流转服务能促进供求双方进行信息发布、价格发现以及流转合同的签订，可以节省交易双方的成本，促进新型农业经营主体发展。要依托现有的农村土地流转中心或政务中心，建立以县为中枢、乡为平台、村为网点的县域全覆盖农村土地承包经营权流转交易市场，建立土地流转监测制度，为流转双方提供信息发布、政策咨询等服务。加强土地流转合同管理,加强农村土地承包经营纠纷调解仲裁体系建设,健全纠纷调处机制,妥善化解土地承包经营流转纠纷。在充分确权的基础上,按照依法自愿有偿的原则,引导土地承包经营权向新型农业经营主体集中,因地制宜发展适度规模经营,避免出现片面追求流转规模,定指标、下任务,甚至变相强迫命令,求大、求快的倾向。引导农户与新型经营主体之间形成稳定的土地流转关系,对流转达到一定期限的农户,要加大政府奖励和补贴力度。

三是从土地出让金中安排一定比例的农村土地流转扶持资金,专项用于农村土地经营权流转指导、流转信息平台搭建和信息发布,以及农村土地流转服务组织培训和仲裁机构建设等。鼓励发展"定权不定地、定量不定位"的土地股份合作社,扶持合作社开展连片土地的基础设施建设。[①]

(三) 加快农村金融制度创新

一是创新农村贷款担保抵押方式。随着农业生产方式的变革,新型农业经营主体对金融支持的要求不断提高,而目前农村金融滞后是制约农业经营主体发展的重要因素。要开展自下而上的农村金融制度改革,通过充分授权的方式,鼓励试点区域在风险可控的范围内自主探索改革路径。加快土地经营权流转、细化财政定向支持新型农业经营主体机制。扩大抵押物范围,将新型经营主体流转土地的经营权以及应收账款、农副产品的订单、保单、仓单等权利,知识产权,以及权属清晰、风险可控的大型机械设备、林权、水域滩涂经营权、房屋、厂房等财产纳入抵(质)押范围。在财政贴息上,注重向一般规模经营主体倾斜,让较大规模经营主体走市场化发展道路。组建专业化的农村产权评估公司,为农村产权抵押融资业务提供评估保障。扶持发展一批农村产权担保公司和产权收购处置中介机构,对农村土地承包经营权流转及各类农贷抵押进行担保"兜底"。由政府出资设立农村产权融资风险补偿基金,明确专项基金补偿流程,对金融机构开展农村产权抵押贷款所产生的损失给予一定额度的补偿。

二是建立健全农业风险保障机制和小额贷款管理体系。支持村镇银行、小额贷款公司、担保公司、资金互助合作社等新型金融机构发展并加大支农力度,积极稳妥地发展农民合作社信用合作。通过税收减免、财政补贴等措施,积极扶持农业保险公司发展,鼓励农保公司与商业银行合作,开办保单抵押贷款业务,降低抵押贷款风险。进一步加大政策性农业保险推进实施力度,增加保险品种,将蔬菜种植、畜禽养殖等优势特色农业纳入保险品种范围,开发适应新型农业经营主体需要的保险产品,推动政策性农业保险由保成本向保产量保收益转变。

三是出台财政支持农业经营主体发展的专项金融产品。由各级财政发起,组建由金融机构、民营资本参与的农业经营主体发展专项基金,财政垫资一定授信总额的风险准备金,金融机构、民营资本提供放大一定倍数的授信,参与基金的农业经营主体按照申请授信的额度缴纳互助保证金后,即可以获得银行贷款,随借随还,循环使用。还可以

---

① 李少民. 支持新型农业经营主体财政政策研究 [J]. 地方财政研究, 2014 (10): 28-32.

通过上述主体建立风险补偿基金，放宽抵押担保条件，为农业经营主体发展农业生产提供信贷金融支持。

四是开展支农投资股权量化试点工作。选择优势特色产业，将项目的财政资金划出一定的比例，由农民或者农民专业合作社参股产业化龙头企业，增加农民财产（资本）性收益。用财政补贴合作社、基地建设，并与龙头企业共同出资组建新实体，让农民成为股东，破解农民参股龙头企业的难题。

五是扩大和创新农业保险的范围和种类。各地结合本地特色产业，不断扩大农产品保险的范围。创新农产品价格指数保险和农产品质量安全保险，降低新型农业经营主体的经营风险。

六是发展农村互联网金融。鼓励各大电商和企业开发农村金融产品和建立企业小额信贷公司，发展 P2P 模式，建立新的农村金融服务平台。对企业开展农户征信工作，给予一定的补贴。

（四）强化农村实用人才队伍建设

一是培育职业农民。建立职业农民资格认证制度，出台规范职业农民的培训、登记、考核、认定办法，对职业农民的技能实行等级认证管理。对领办、创办专业技术协会、合作社、家庭农场等，以及从事农业生产经营和承担农业生产外包服务的职业农民，从金融、税收、工商登记等方面给予政策支持。加强农业职业技能培训、农业创业培训和农业实用技术普及性培训，提高农业经营主体经营能力，着力打造高素质的经营型人才和技能型人才等人才队伍。

二是大力培育农业职业经理人。从建立培训和认定管理、交流聘用机制、制定落实扶持政策入手，开展农业职业经理人培育工作。明确农业职业经理人评定条件和评定程序，对取得农业职业经理人培训合格证，从事农业职业经理人工作一年以上，经营有一定规模，经当地政府部门和服务对象考核合格，可申请认定为农业职业经理人。借鉴工商企业的做法，建立农民合作社职业经理人持股计划，将职业经理人的管理效果与经营绩效挂钩、收入挂钩。

三是加大外部人才引进力度。要营造农业创业和就业的良好环境，完善从事现代农业创业补助政策，引导和鼓励投资农业的企业家、农村内部的带头人、返乡务农的农民工、基层创业的大学生成为新型农业经营主体。制订专项鼓励计划，对符合条件的中高等学校毕业生、退役军人、返乡农民工务农创业给予补助和贷款支持。

（五）加强农业经营主体扶持政策的针对性

加快发展新型农业经营主体，既要注重发展数量，更要注重规范化建设，着力把新型农业经营主体培育成为产权清晰、机制灵活、运行规范、管理民主的市场主体。要尽快建立健全家庭农场、农民合作社等新型经营主体的注册登记制度，明确认定标准、登记办法，确保其拥有合法的市场主体地位和明晰的产权关系。

一是加强和创新对新型农业经营主体的政策支持，增强其抗风险能力和可持续发展能力。对农业经营主体的扶持，重点在为农业经营主体提供配套服务，而不是干预主体经营过程。强化政策扶持，推动符合条件的涉农投资项目由各类新型经营主体承担和实施。改变原有的偏向大中型企业和低效率小农户的政策支持方式，更加注重精准导向，更多地支持土地向家庭农场、种养大户和专业合作社适度集中。应结合支持区域优势特色产业，以支持新型农业经营主体发挥示范带动作用为重点，加强多方面的支持。比如，加强对农业基础设施建设的支持，帮助新型农业经营主体增强抵御自然风险和强化食品安全的能力。依托重大项目推动农业经营主体与财政支农项目对接，形成以项目为载体的农业投入机制。允许并鼓励符合条件的新型农业经营主体参与实施小型农田水利建设等农村基础设施建设项目，赋予新型农业经营主体申报项目的主体地位，支持符合条件的新型农业经营主体参与财政支农项目的竞争立项，逐步提高新型农业经营主体承担的支农项目资金比例。明确规定高标准良田建设、现代农业生产发展、无公害农（水）产品生产基地建设、测土配方施肥等项目安排要倾向于由新型农业经营主体承担。

二是新增支农资金应向新型经营主体倾斜，向从事粮食生产的主体倾斜。在有条件的地方探索开展按实际粮食播种面积或产量对生产者进行补贴的试点工作，提高补贴精准性、指向性。从国家农机购置补贴中划出专门资金，对农机大户和合作社进行购机补贴。采取以奖代补的方式，对部分服务范围广、操作水平高、信用评价好的农机大户或者合作社，直接奖励大型农机具或重点作业环节农业机械。探索以农业补贴作为生产经营性贷款抵押物的信贷制度，以财政部门农业补贴数据库为基础，摸清农户每年的补贴收益，建立健全相关制度。采取贴息、补助、奖励等形式，支持新型农业经营主体开展种子种苗繁育、生产加工新装备的研发与引进、质量标准体系建设、农产品检验检测和可追溯体系建设、仓储冷链物流、物联网技术应用等，通过精深加工技术升级改造以及发展订单农业，延长产业链，提升农产品附加值。补助方式改为由农业经营主体先行筹资投入，待项目竣工验收合格后，由财政给予一定额度的奖励或补助。

三是调整补贴发放方式。将畜禽良种补贴和农机具补贴、测土配方施肥补贴等，向专业种养大户、家庭农场、农民合作社、中小型农业企业等适度规模经营主体倾斜。改变农业补贴的方式，保留农机具购置补贴，而将所有的其他补贴归并到一起，建立土地面积补贴，即每个农户获得的补贴，只与其土地承包经营的面积挂钩，而与种植的产品及其价格无关。

（六）强化农业经营主体的组织形式创新

以农户为基本经营单位构建合理而有效的农业生产组织模式，同样是我国改造传统农业，发展现代农业的关键。组织形式的创新要更注重各类经营主体通过要素契约建立更为紧密的利益关系，促进各经营主体之间要素的融合。随着生产的专业化分工，各新型农业经营主体主要采取合并、合资、合同、战略联盟等方式进行协作，实现各类农业经营主体的功能整合，形成利益共同体。

一是不断优化农业经营模式，探索和创新龙头企业与农户、家庭农场、农民合作社等新型农业经营主体紧密连接的组织模式和利益机制。支持和引导以新型农业经营主体为核心的多元化经营模式创新，支持"长期出租、固定租金（实物）、每年支付"这种"低位固化"的单一土地经营权流转模式向"订单生产""股份分红""二次返利"等多样化的方式转变，建立农民与合作社、龙头企业利益有机联系、风险共担的经营机制。

二是总结和推广"土地股份合作社+农业职业经理人+社会化服务""大园区+小农场"等农业经营机制和"千斤粮、万元钱"粮经融合模式，推动土地适度规模经营，提高经济效益。建立和完善紧密的利益连接机制，采取"企业+农民专合组织+农户"的利益连接模式，推行农户（家庭农场）、合作社、龙头企业相互参股，发展"订单"农业，采取"最低收购价""二次返利"等方式，使企业和农民形成紧密的利益共享、风险共担的经济利益共同体。

三是积极发展现代农业产业联合体。大力发展以农业企业为龙头、家庭农场和专业大户为基础、农民专业合作社为纽带的现代农业产业联合体，将它们有机地融合在一起，实现经营效益的最大化。按照市场主导、政府引导、企业引领、各类经营主体参与的原则，开展现代农业产业联合体试点工作。

（七）创新农业社会化服务体系

一是积极创造条件，促进一些生产服务环节从农业生产中尽快分离出来，大力推进农业生产服务的社会化、合作化、专业化，促进经营性服务、公益性服务结合，构建有效率的服务体系。要以家庭农场、专业大户、合作社等新型农业经营主体为重点服务对象，鼓励农业生产经营者共同使用、合作经营农业机械，积极引导各类新型农机服务组织发展，创新农机推广服务模式，实现规范化运作。

二是建立和完善农业公益性服务保障机制。应在农业基础设施建设、农业科技服务、农产品质量安全等方面为农业生产提供支持，不断提升农业科技水平和农产品质量。积极推广崇州市以土地股份合作社为核心，以新型农业科技服务、农业社会化服务、农业品牌服务、农村金融服务为支撑的"1+4"新型农业服务体系，促进农业发展方式转变。

三是建立健全市场化服务鼓励扶持机制。从种养业的全产业链着手，鼓励社会资本、企业进入农业服务领域，从事农机租赁、农资配送、劳务服务、粮食烘干、仓储物流、冷链物流等市场化服务，特别是粮食种植的育秧、栽秧、烘干、收储等全产业链，帮助种养大户、农民专业合作社、家庭农场等降低生产成本、提高经济效益。

四是采取政府订购、定向委托、奖励补助、招投标等方式，引导各类服务组织在技术推广、农资配送、机械作业、统防统治、抗旱排涝、信息服务、产品销售等方面提供社会化服务。

五是大力发展农村"互联网+"业态。积极发展农村新信息化和农村电子商务，设立村级服务站。鼓励大学生村干部、农村青年致富带头人、返乡创业人员和部分个体经营户成为农村电商创业带头人，带动专业大户、家庭农场主、合作社社员广泛成为拥有互联网思维、掌握信息化技术的市场主体。设立专项补贴撬动社会投资，推进物联网、云计算、移动互联、3S等现代信息技术和农业智能装备在农业生产经营领域的示范应用。

六、典型案例

（一）种粮大户黄明水

全国种粮大户黄明水，从 2001 年租种 64 亩（约 4.27 公顷）河滩地开始，通过不断提高生产技术和品种改良，其种植的水稻产量由最早的亩（约 667 平方米）产 400 多千克提高到 2014 年的 550 千克，小麦单产也从 300 千克提高到 400 千克。目前，黄明水的粮食种植规模扩大到 1 200 多亩（约 80 公顷），全部集中在广汉市连山镇境内；年收入达到 50 余万元。黄明水在 2006 年、2009 年获得"全国种粮大户"称号，2010 年被原农业部授予"全国种粮标兵"，2012 年 12 月作为"全国种粮售粮大户"代表在人民大会堂接受国务院的表彰。

在黄明水的带动下，当地 360 多户农民成立了粮食专业合作社，全社粮食种植面积超过 9 000 亩（约 600 公顷），总产超过 4 600 吨；黄明水带领合作社以集体采购农资、联手经营粮食加工企业等方式发展订单农业，并注册了"连锦"牌优质粮食商标。目前，黄明水经营面临的最大问题是其流转土地过于分散，涉及 5 个村社，其中最大的一片 284 亩（约 18.9 公顷），最小的一片仅 30 亩（约 2 公顷），田间最远距离 4 千米，不方便管理，增加了管理成本和经营难度。

（二）丹棱县家庭农场

丹棱县是典型的丘陵农业县，在全省率先设立每年 200 万元的家庭农场发展专项资金。在扶持家庭农场发展中，政府确立了"四有五化三效益"的发展目标，即农场建设时"有规模、有标牌、有场所、有配套"，经营管理中实施"生产集约化、管理科学化、营销网络化、技术标准化、产品品牌化"，最终实现"经济效益、社会效益、生态效益"三同步，促进了家庭农场的规范化发展。

在扶持家庭农场发展方面，一是简化审批程序。简化家庭农场的注册登记程序，设立家庭农场登记"绿色通道"，提供"一站式"服务。二是出台激励制度。政府印发了《发展家庭农场的实施意见》，制定了丹棱县示范性家庭农场认定管理办法和奖励办法，积极鼓励和引导种养业大户注册成立家庭农场，加强土地流转服务、人才培养服务和品牌建设服务。三是积极输血供氧。积极探索"一业一园""大园区、小业主"模式，构建"小农户、大产业"内涵式发展机制，着力发展以果、桑、茶、林为主的"一县四品"特色效益农业。目前，丹棱县家庭农场发展面临着县级财力薄弱，对家庭农场的支持力度不大，大部分家庭农场基础设施建设薄弱、土地流转难度大等问题。

截至 2014 年年底，丹棱县共注册家庭农场 142 家，总出资 15 000 万元，面积 2.15 万亩（约 1 433 公顷），从业人员 1 572 人。丹棱县全县家庭农场通过无公害农产品认证 8 个、绿色食品认证 4 个、有机食品认证 2 个、新注册商标 35 个。

（三）安岳县柠檬合作社

安岳县金大地柠檬专业合作社成立于 2007 年 12 月，位于岳阳镇水观村，注册资金 100 万元。合作社目前吸收农民种植户 3 018 户，其中现有柠檬标准化种植基地 3 800 亩（约 253 公顷），社员种植面积 8 360 亩（约 557 公顷），2008 年获得了四川省出入境检验检疫局的出口基地备案和欧盟质量体系认证，拥有自主经营出口权，2009 年获得了全国首个有机柠檬认证，并注册了"柠海"牌柠檬商标。合作社积极为社员提供柠檬储藏、加工、生产技术以及物资供应、销售信息等产前、产中、产后"一条龙"服务，形成了以合作社为依托、以柠檬产业为载体、以家庭承包经营为基础、以加工企业为纽带的合作经营模式。

在利益连接方面，安岳金大地柠檬专业合作社通过二次返利提高社员利益，以每 500 克高于市场价 0.20 元的价格收购社员柠檬鲜果让利于社员；在年度盈余分配时，按章程提取公积金、风险金后的可分配盈余，其中提取 40% 按社员出资比例进行返利，60% 按社员与合作社的交易量（额）进行返利；建立"风险基金"制度，向入股公司（思味特、瑜华）收取当年度盈利的 1% 作为合作社的风险基金；合作社年度可分配盈余中的 5% 作为风险基金，从而形成了风险共担、利益共享的利益连接机制，促进公司、合作社、农民多方共赢。目前，合作社发展面临扩大再生产所需资金短缺、抵御自然风险和市场能力较弱的难题，急需农业保险覆盖。

（四）四海食品公司

四川四海食品股份有限公司是 2008 年 6 月由四川省资阳市四海发展实业有限公司改制设立的一家中外合资企业，公司集优质生猪繁育、养殖、屠宰、分割、冷藏加工、鲜销连锁为一体，是中国大型现代化肉类食品综合生产加工企业、中国生猪屠宰行业六大企业和国家储备肉三大定点生产厂之一，是农业产业化国家重点龙头企业。公司具有年屠宰生猪 520 万头的生产能力，生产的"蜀娇"牌鲜冻分割猪肉荣获"中国名牌产品"称号，被原农业部认定为"无公害农产品"，"蜀娇"商标被认定为"中国驰名商标"。

2014 年，四海公司以种猪、技术、品牌、管理等生产要素入股，东庵等 5 家合作社以资产、现金、劳动力等资源入股，出资 2 300 万元组建福瑞农牧公司，建立了产权明晰、权责对等、管理高效的新型联合体，实行公司管理和按股分红。该公司预计年增总产值 1 696 万元，净利润 306.1 万元，就业人数 50 人，持股合作社成员户均增收 2 300 元。目前，企业发展面临着如何明晰企业和专业合作社的责权利关系，增强发展的协调性等问题。

（五）崇州农业共营制

崇州农业共营制模式的核心内容是以家庭承包为基础，以农户为核心主体，农业职业经理人、土地股份合作社、社会化服务组织等多元主体共同经营的新型农业经营体系。其重点包括三个方面：一是引导农户以土地承包经营权入股，成立土地股份合作社；二是以市场化方式聘请懂技术、会经营的种田能手担任职业经理人，负责合作社土地的生产经营管理；三是引导建立适应规模化种植的专业化服务体系，打造"一站式"农业服务超市平台，形成"土地股份合作社+农业职业经理人+现代农业服务体系"三位一体的农业经营模式。

随着合作社、职业经理人以及专业化服务体系等规模化、专业化、组织化运行机制的逐步完善，最终形成了崇州现代农业"1+4"发展模式，即：围绕一个土地股份合作社，通过农产品公共品牌引领，"专家大院"的农业科技支撑，"农业服务超市"的社会化专业化保障，农村基层融资平台推进，四位一体助推现代农业规模化、标准化发展。截至2014年年底，崇州已组建土地股份合作社361个，入社面积21.33万亩（约1.4万公顷），占全市耕地面积48.56万亩（约3.24万公顷）的44%；入社农户9.46万户，占全市农户（18.2万户）的52%。2013年全市土地股份合作社水稻平均亩（约667平方米）产561千克，比未入社农户平均每亩增加52千克，入社农户比未入社农户人均增收803元。在一定意义上，崇州实践展现的是一条农民以"离地不失地、离地不失权"方式实现的粮食和现代农业的发展之路。

参考文献

[1] 李光跃，彭华，高超华，等.农地流转促进适度规模经营的基本思考——基于四川省的调查分析 [J].农村经济，2014（7）：52-55.

[2] 刘洪彬，董秀茹，钱凤魁，王秋兵.东北三省农村土地规模经营研究 [J].中国土地科学，2014，28（10）：12-19.

[3] 吕火明，刘宗敏.论创新和完善农业经营体系的内容与措施 [J].决策咨询，2013（6）：23-28，49.

[4] 吕火明，刘宗敏.转变四川农业发展方式的困境与途径研究 [J].农业经济与管理，2011（6）：51-54.

[5] 赵颖文，吕火明.关于农地适度规模经营"度"的经济学理论解析 [J].农业经济与管理，2015（4）：13-20.

[6] 李晓，赵颖文.农村土地流转的制约因素分析及对策建议——基于四川省农村土地流转实证分析 [J].农业科技管理，2010，29（6）：74-77.

[7] 赵颖文，吕火明.粮食"十连增"背后的思考：现代农业发展中面临的挑战与路径选择 [J].农业现代化研究，2015，36（4）：561-567.

[8] 国务院发展研究中心农村经济研究部课题组.中国特色农业现代化道路研究 [M].北京：中国发展出版社，2012.

[9] 宋洪远，赵梅，等.中国新型农业经营主体发展研究 [M].北京：中国金融出版社，2015.

[9] 冯高强.安徽省新型农业经营主体培育研究 [D].合肥：安徽农业大学，2013.

[10] 四川省社会科学院课题组.新常态下四川"三农"发展形势研判及应对 [J].农村经济，2015（8）：3-9.

[11] 张照新，赵海. 新型农业经营主体的困境摆脱及其体制机制创新 [J]. 改革，2013（2）：78-87.

[12] 李少民. 支持新型农业经营主体财政政策研究 [J]. 地方财政研究，2014（10）：28-32.

[13] 赵鲲. 共享土地经营权：农业规模经营的有效实现形式 [J]. 农业经济问题，2016（8）：4-8.

第三篇　四川农业适度规模经营研究

随着新型城镇化的深入推进和现代农业的快速发展，传统农村土地小规模、分散化经营模式已经难以适应我省农村经济社会发展的新趋势和新要求。现代农业发展中所面临的种田人手不足且日趋高龄化、土地撂荒和粗放经营、规模化农业所需的土地集中和农民不愿放弃土地、农业机械化和农业技术推广受阻等一系列问题与矛盾愈来愈突出，推进农业适度规模经营和构建农业新型经营体系成为实现土地资源有效配置、农业增效、农民增收和促进农业现代化的重要路径。为此，课题组对全省农业适度规模经营情况进行了摸底调研，通过深入分析四川省农业适度规模经营发展现状和地方典型案例，探究多类型农业规模经营与多元化服务体系之间的关系，为把握好我省农业规模经营的适度性和多样性，处理好服务外包与内部化、服务公平与效率、确保农民权益等提供对策建议。

一、农业适度规模经营的内涵

随着人们对农业规模经营认知的逐步加深，对其内涵的界定也从单一的土地规模扩张研究发展到考虑多种生产要素资源的综合影响，而随着经济的发展和市场环境的日趋复杂化，促使学界对农业适度规模经营的研究范围也在不断拓展延伸。本研究认为农业适度规模经营是一个动态概念，与之对应的规模经营的实现路径与方式也是一个动态的、不断完善的过程，各类经营主体必须综合考虑自身资源状况、经济基础、经营主体素质和生产经营性质以确定符合当地实情的经营规模。

鉴于四川农业生产经营的实践，对于农业规模经营的理解，首先要突破农地规模扩张的局限性思维，并结合规模经济与范围经济两种理论综合分析。农业规模经济体现在通过适度扩大供给相对稀缺的资源以提升要素配置效率，或提升分工专业化和合作组织化水平来降低农业生产经营成本以实现规模效益；农业范围经济则体现在把农产品生产拓展到其他关联产品的生产领域，或将农业产业与其他关联产业有机融合，促成外部市场内部化，在生产过程中要素资源共享，成本互补与分摊，从而实现一体化经营效应。

二、四川农业适度规模经营的现实条件及其主要特征

(一) 四川农业适度规模经营的现实条件

自 2009 年中央提出开展农村土地承包经营权确权登记颁证工作以来，农村土地流转速度和规模呈现出双加速局面。2013 年的中央一号文件强调，"引导农村土地承包经营权有序流转，鼓励和支持承包土地向专业大户、家庭农场、农民合作社流转，发展多种形式适度规模经营"。党的十八届三中全会要求，"加快构建新型农业经营体系，鼓励承包经营权在公开市场上向专业大户、家庭农场、农民合作社、农业企业流转，发展多种形式规模经营"。2016 年 10 月，中共中央办公厅、国务院办公厅下发了《关于完善农村土地所有权承包权经营权分置办法的意见》，对引导土地经营权有序流转、发展适度规模经营、推动现代农业发展和增加农民收入提供了制度基础。四川全省各地开展了形式多样的农地规模经营改革试验，除转包、出租、互换、转让之外，土地入股、土地托管等流转新形式也在各地如火如荼地开展起来，并催生出崇州"农业共营制"、彭山"土地信托"、邛崃"合作联社"等现代农业经营新模式。

一方面，四川推进农地适度规模经营的基本条件日渐趋于成熟。一是越来越多的农业劳动力转移到非农产业部门，极大地降低了农地需求，为农地规模经营腾出了大量的土地资源。二是农民增收渠道发生根本性转变，工资性收入对农民的增收贡献率长期占据五成以上，通过农业生产促农增收的重要性明显减弱。三是严重老龄化的小农自给模式正逐渐瓦解，新型农业规模经营主体以及新兴的农业社会化服务主体数量在不断壮大，强有力地推动了农业适度规模经营多样化发展。2016 年，四川省农村土地流转面积达 1 970.3 万亩（约 131.35 万公顷），占家庭承包经营面积的 33.85%，相比于 2011 年的 1 074.4 万亩（约 71.63 万公顷），增幅达 83.39%，2011—2016 年土地流转面积年均增速达 12.89%（见图 3-1）。四川土地流转市场加速发展，促进了土地的集约利用和规模化经营，为农业适度规模经营的有益探索积累了丰富的实践经验。

另一方面，随着城镇化和工业化的快速推进，农村土地规模经营越来越凸显出四方面难题。一是农村劳动力大量外流，农业内部劳动力和资本要素供给不足，抑制了土地利用，出现土地荒芜和弃耕。二是分散经营带来的土地细碎化与农村产业结构调整要求的现代农业规模生产、集中连片经营存在矛盾。三是外部资本下乡动机不纯带来的"圈地"嫌疑，使得农户不愿意将其承包的土地轻易流转给外来者，难以实现土地要素与资本要素的有机结合。[①] 四是农民对土地的依赖程度不再强烈，绝大多数农民已转向以代际分工为基础的"半工半农"的家计模式，一定程度上进一步固化了土地细碎化经营格

---

① 刘卫柏，彭魏倬加."三权分置"背景下的土地信托流转模式分析——以湖南益阳沅江的实践为例 [J].经济地理，2016，36 (8)：134-141.

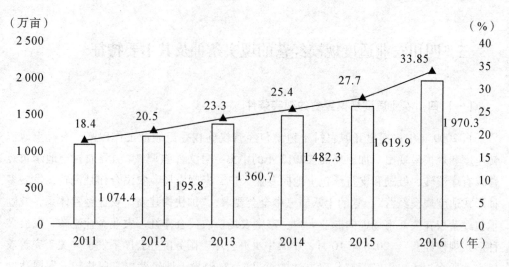

图 3-1 四川土地承包经营权流转面积及其占总承包面积的比例

局,抑制了农地经营规模的快速发展。① 2015 年,四川省农地经营规模在 10 亩(约 0.667 公顷)以下的农户数量达 1 933.2 万户,占农户总数的 91.89%,远远低于全国平均农户规模化经营水平,甚至低于重庆农户规模化经营水平。加之四川农业兼业化、休闲化现象大量存在②,农户小规模分散经营依然是农业生产的最主要形式。随着农村市场化改革的不断深化,农户参与市场竞争的机会及其市场谈判能力愈来愈趋于下降,农产品生产供给与市场消费需求脱节,农业服务成本不断抬高,小户分散经营格局又进一步推高了农业人力资本、农业基础设施建设运营费用以及农技推广成本。

更为紧迫的是,尽管普遍意识到农业适度规模经营是推动农业现代化的客观要求和必然趋势,但我省人多地少、耕地资源后备不足的问题十分突出,丘陵、山地和高原面积占到全省土地面积的95%,近60%的耕地集中在丘区。因此,欧美国家及国内部分大平原地区"大资本、大规模、大机械"的农业规模经营模式在我省并不适用。见表 3-1 所示。

表 3-1 四川与全国部分省(市)农户经营耕地规模分布情况比较(2015 年)

地区	10 亩以下	未经营耕地	10-30 亩	30-50 亩	50-100 亩	100-200 亩	200 亩以上
全国(万户)	22 931.7	1 656.6	2 760.6	695.4	242.3	79.8	34.5
比重(%)	80.74	5.83	9.72	2.45	0.85	0.28	0.12

---

① 李光跃,彭华,高超华,杨祥禄. 农地流转促进适度规模经营的基本思考——基于四川省的调查分析 [J]. 农村经济,2014(7):52-55.

② 据四川省农业厅公布的数据,2015 年,四川省农业兼业户数量达 387.4 万户,占农户总数的 18.95%; 非农业兼业户数量为 209.3 万户,占农户总数的 10.24%。

表3-1(续)

地区	10 亩以下	未经营耕地	10-30 亩	30-50 亩	50-100 亩	100-200 亩	200 亩以上
江苏（万户）	1 399	160.2	87.7	16.1	6.5	3.4	1.2
比重（%）	83.57	9.57	5.24	0.96	0.39	0.20	0.07
山东（万户）	2 052.2	158.4	160.2	18.6	3.9	1.4	0.8
比重（%）	85.67	6.61	6.69	0.78	0.16	0.06	0.03
河南（万户）	1 827.1	31.8	222.1	40.6	11.3	3.9	2
比重（%）	85.43	1.49	10.38	1.90	0.53	0.18	0.09
重庆（万户）	679.9	56.9	31.2	5.6	1.6	0.7	0.5
比重（%）	87.57	7.33	4.02	0.72	0.21	0.09	0.06
四川（万户）	1 933.2	59.2	84.5	19.9	4.7	1.5	0.9
比重（%）	91.89	2.81	4.02	0.95	0.22	0.07	0.04

［数据来源］农业部农村经济体制与经营管理司，等. 中国农村经营管理统计年报（2015）［M］. 北京：中国农业出版社，2016.

注：1 亩≈666.67 平方米。

（二）四川农业适度规模经营的主要特征

1. 农地流转形式日趋多元化，其中土地入股形式最具发展潜能

课题组调研发现，四川全省土地流转形式以转包、出租为主，但近年来，土地入股、托管等形式渐露端倪，目前出租已取代转包成为推动农地规模经营的最主要流转形式。相比于 2011 年，2016 年四川家庭承包耕地出租面积从 437.70 万亩（约 29.18 万公顷）增至 978.28 万亩（约 65.22 万公顷），占比从 40.74%提升至 49.65%；转包面积从 430.15 万亩（约 28.68 万公顷）增至 622.82 万亩（约 42.26 万公顷），但占比从 40.04%降至 31.61%；出租、转包面积合计占家庭承包耕地流转总面积的 81.26%。同期，土地入股面积增势明显，从 45.89 万亩（约 3.06 万公顷）增至 140.87 万亩（约 9.39 万公顷），其占比从 4.27%增至 7.15%；互换面积从 44.41 万亩（约 2.96 万公顷）增至 49.93 万亩（约 3.33 万公顷），但占比从 4.13%降至 2.53%；转让面积有所下降，从 61.49 万亩（约 4.10 万公顷）降至 61.33 万亩（约 4.09 万公顷）；土地托管服务面积增至 27.7 万亩（约 1.85 万公顷）。见图 3-2 所示。值得注意的是，尽管土地股份合作目前尚不占主流，但发展较快，既能确保农民土地承包权，又能最大限度地保证农民参与土地经营的知情权和决策权，促其分享产业增值收益，在推动农地规模经营发展方面具有较大潜能。出租、入股、互换面积增长较快，充分体现出中央鼓励多种形式（土地流转、土地入股、土地托管）发展农业适度规模政策在四川实践的效果。

2. 农地流转去向日趋多元化，但绝大多数耕地仍由承包户经营

农地流转去向仍然以农户为主，流转入专业合作社和企业的比重紧随其后。总的来

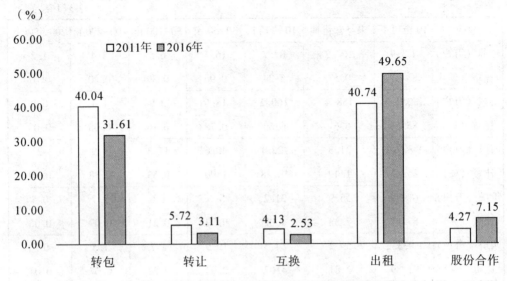

图3-2 2016年与2011年四川省农地流转形式比较

看，尽管土地流转的受让主体日益多元化，但大部分承包耕地仍然由承包户经营管理。据统计，2016年四川省流转入农户的耕地面积为928.97万亩（约41.93万公顷），相比于2011年，增加327.86万亩（约21.86万公顷），但占比从55.95%降至47.15%；流转入专业合作社的耕地面积从131.50万亩（约8.77万公顷）增至421.01万亩（约28.07万公顷），占比从12.24%增至21.37%；流转入企业的耕地面积从188.40万亩（约12.56万公顷）增至345.02万亩（约23万公顷），占比从17.54%微降至17.51%。

尽管近年来四川省承包耕地流转面积的年均增速在10个百分点以上，但承包农户的土地经营主体地位并没有根本性改变。第一，大部分耕地仍由承包农户持有。2016年，全省57.61%的耕地由承包农户自己经营，在已经实现流转的1/3的承包耕地中，流入承包农户的比例仍然接近5成，达47.15%。总体来看，承包农户经营的承包耕地比例仍然在7成以上。在四川部分丘区或山区，这一比例甚至高达9成以上。第二，通过土地经营权流转形成的规模经营形势发展较快，促成的土地集中规模经营分布呈现两极化趋势。2016年，全省流转耕地面积在10亩以上的占据流转总面积的59.34%；其中，流转300亩以上的规模比重最高，达16.66%；其次是10~29亩的规模比重，占13.83%；而50~99亩和100~199亩的规模比重，分别为8.16%和8.04%；200~299亩的流转比重最低，仅6.23%（注：1亩≈666.67平方米）。

3. 农地流转非农化现象较突出，助推土地流转价格持续攀升

据统计，2015年，四川省流转用于种植粮食作物的面积为521.95万亩（约34.80万公顷），占流转耕地面积的比重仅为32.22%，耕地非粮化比例明显高于全国平均水平和国内部分农业大省的耕地非粮化比例（见表3-2），可见四川耕地非粮化现象十分突出。另据课题组对省内的典型性调查，通过出租、股份合作等形式流转的耕地中，受土地租金、机械投资、人工费用以及粮食补贴分配等影响，9成以上不种粮食，直接危及

全省粮食安全。还有一些业主把流转的土地用于发展经济作物种植、养殖业，甚至挖塘养鱼、建设休闲山庄、开办"农家乐"等，改变了土地的农业用途，致使流转土地难以复耕。[①] 课题组在对四川流转土地的家庭农场主进行调查时发现，土地租金通常占据经营总成本的5成以上，而种植1亩（注：1亩≈666.67平方米）蔬菜的收入相当于种植5~7亩粮食作物的收入，对于粮食等主要农作物的经营者而言，规模越大，经营成本和经营风险相应越高，更是难以获取预期收益。随着工商资本大举介入土地流转，土地流转非粮化与非农化的隐患将日益凸显。

表3-2 2015年四川与部分省（市）流转用于粮食作物面积与非粮化比重

指标	全国	江苏	河南	重庆	四川
粮食作物面积（万亩）	25 331.44	1 425.95	2 430.77	536.45	521.95
非粮化种植比重（%）	43.31	53.92	37.47	63.09	67.78

［数据来源］农业部农村经济体制与经营管理司，等.中国农村经营管理统计年报（2015）［M］.北京：中国农业出版社，2016.

注：1万亩≈666.67公顷。

4. 旧有农业经营模式基本改变，不同程度的规模经营得以实现

从课题组在四川省的实地调研来看，虽然7成以上承包耕地仍然由承包农户自己经营管理，但家庭经营靠天吃饭、靠人力畜力的旧有模式已经基本改变。目前，较为普遍的经营模式分为两种，一种方式是在合作组织带动下形成的较为紧密的规模经营形式，如"专业合作社+农户""公司+农户""公司+专业合作社+农户"等。在这种方式中，承包户通过加入专业合作社等形式，以"生产在家、服务在社、销售在司"的方式，实现了统一购买农资、统一机械化作业、统一对外销售，把承包的分散生产经营活动转变为可以应用现代农业生产装备的机械化生产、规模化经营。[②] 截至2016年年底，四川省农民专业合作社有74 048家，其中被农业主管部门认定为示范社的达7 881家，带动农户数超过1 000万户，占承包农户总数的49.12%。另一种方式是在社会化服务组织带动下形成的较为松散的规模经营形式。在这种方式中，承包农户与农机作业、植物保护、农资供应、产品营销等社会化服务组织签订购买、销售、托管、代耕等协议的形式，利用新型经营主体拥有的现代农业生产装备，完成承包耕地部分的田间作业和产前产后经营活动。以从事农业服务业的专业合作社为例，据统计，2016年全年，四川全省共有3 519家农民专业合作社从事农业社会化服务，其中农机服务社1 742家，植保服务社883家，土肥服务社94家，金融保险服务社88家。

---

① 李光跃，彭华，高超华，杨祥禄.农地流转促进适度规模经营的基本思考——基于四川省的调查分析［J］.农村经济，2014（7）：52-55.
② 赵鲲，刘磊.关于完善农村土地承包经营制度发展农业适度规模经营的认识与思考［J］.中国农村经济，2016（4）：12-16，69.

三、四川农业适度规模经营对"三农"转型的效应与地方经验

（一）四川农业适度规模经营对"三农"转型的效应分析

如何判定什么样的农业经营规模才是适度的，才是有利于"三农"发展的？我们认为可以从农业规模经营对"三农"转型的效应方面进行评价与思考。当前农户户均土地经营规模普遍较小，影响农户产出效益的主要因素还是农地规模，因此，农地流转与农业、农民、农村发展关系最为直接与密切。就四川农业大省而非农业强省的实际省情而言，人多地少和耕地后备资源不足的矛盾非常突出，优化土地资源配置、提升土地利用效率，成为推进农业可持续发展的重要条件。为此，可以选择农地流转面积作为规模经营的表征性指标，借鉴匡远配等[①]的弹性分析方法测评四川省农业适度规模经营对"三农"转型的效应。

1. 农业规模经营对农业转型的效应的评判

现有大部分研究认为，合理有序的土地流转有利于保护耕地资源、推进土地集约化经营、保证农产品有效供给和粮食安全，加速现代农业转型升级步伐。因此，农业产业结构、粮食安全、农业生产效率、农业机械化发展、农业社会化服务水平等方面成为衡量农地流转效率的重要内容。可以农地流转对地区农业生产总值占地区生产总值比重、粮食总产量、农业劳均产值、农业机械总动力和农林牧渔服务业增加值比重的弹性来衡量2010—2015年期间，四川农地流转对农业转型的效应。见表3-3和图3-3所示。

表3-3　　　四川省农地流转对农业转型效应的弹性（以2010年为基期）

年份	农地流转面积（万亩）	地区农业生产总值/地区生产总值	粮食总产量	农业劳均产值	农机总动力	农林牧渔业服务业增加值比重
	X	Y_1	Y_2	Y_3	Y_4	Y_5
2010	975.8	—	—	—	—	—
2011	1 074.4	-0.173 99	0.211 22	0.090 92	0.850 04	0.326 369
2012	1 195.8	-0.234 40	0.062 90	0.077 022	0.692 02	0.094 150
2013	1 360.7	-0.447 90	0.156 16	0.029 328	0.508 64	0.305 333
2014	1 482.3	-0.342 01	-0.040 31	-0.015 72	0.585 95	0.565 150
2015	1 619.9	-0.113 21	0.216 73	0.023 843	0.632 87	1.075 519

注：1万亩≈666.67公顷

---

① 匡远配，陆钰凤.农地流转实现农业、农民和农村的同步转型了吗？[J].农业经济问题，2016（11）：4-14，110.

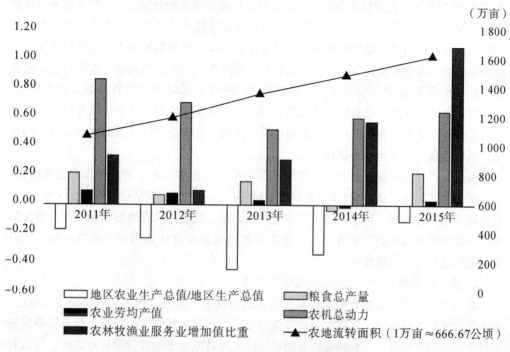

（万亩）

图 3-3　四川省农地流转对农业转型效应的弹性

图例：
地区农业生产总值/地区生产总值　　粮食总产量
农业劳均产值　　农机总动力
农林牧渔业服务业增加值比重　　农地流转面积（1万亩≈666.67公顷）

　　农地流转基础上的规模化经营是农村经济社会转型的必然趋势，农地流转解困留守农业和农业劳动力低效问题，推动农业现代化快速转型发展。从表 3-3 中可见，农地流转对农业转型的多维效应具体表现为：①农地流转与农业产业结构调整。2010 年以来，农地流转对 Y_1 的弹性均为负值，表明四川农地流转明显推动了地区农业生产总值份额的下降，顺应了产业结构演进规律。而其弹性系数绝对值小于 1 且递减，原因在于：一是土地流转过程中的被干预、被流转现象仍然存在，导致农地流转速度明显快于农业产业结构调整速度；二是农业生产体系的转型速度明显要快于农业服务体系的转型速度。②农地流转与粮食增产。2010 年以来，农地流转对粮食总产量 Y_2 的弹性基本为正，表明四川农地流转能够带动提升粮食生产专业化、集约化水平，推动以种粮大户、合作社为代表的新型经营主体成为粮食稳产增产的重要推动力。但其弹性系数值小于 1，原因在于：一是四川农业依然未能实现适度规模经营，难以形成明显的规模经济效益；二是农村留守劳动力以老弱病残妇幼居多，只能支撑起分散、粗放的小农经营模式，粮食持续增产压力不断提升；三是与种植经济作物相比，种植粮食的比较效益一直偏低，粮食生产对地方财政贡献又小，制约了地方政府和农民发展粮食生产的积极性，加之工商资本不断介入，非粮化倾向仍在蔓延。③农地流转与农业劳均产值。2010 年以来，农地流转对农业劳均产值 Y_3 的弹性基本为正，但弹性系数值处于递减趋势。它表明农地流转推动了四川农业生产经营方式和组织形式不断改善，一定程度上提升了农业产业整体素质，但受农业比较效益持续走低以及农资产品价格不稳定等因素影响，农业劳动生产率增速表现出趋缓态势。④农地流转与农机化水平。2010 年以来，农地流转对农机总动力

Y_4 的弹性均为正，且弹性系数值较高，表明农地流转带来的规模经营促使农机和现代农业综合配套技术广泛应用，推动四川农业机械化快速发展。若能进一步提升四川农业机械的适配性和应用性，强化农机具补贴政策效率和降低农业机械成本，还能加速提升农地流转效率。⑤农地流转与农业社会化服务。2010年以来，农地流转对农林牧渔业服务业增加值比重 Y_5 的弹性均为正，且增势明显，特别是2015年的弹性系数高达1以上，说明农地流转在实现土地规模经济性的同时，对优质高效的农业社会化服务也产生了强烈的需求，意味着农业生产经营活动通过进一步卷入外部分工以及社会化分工网络的扩展，可以实现"服务规模经济性"①。

据此，可见四川省在农业适度规模经营的推进过程中，农业资本化作用逐渐增强，农业增长方式正朝着资本+技术密集型方向转变；农业生产组织呈现出规模化、专业化、合作化等制度性特性，预示着农业转型进入深化期。但是，以农地细碎化经营为特征的生产方式仍然未能得到明显改善，正呼唤着新型农业经营体系引领下的资本化、规模化、组织化与合作化新路径。

2. 农业规模经营对农民转型的效应的评判

农地流转改变了农地资源配置模式与劳动力投入方式，直接影响农民的增收效应，改变了农民的生活方式。在促农增收方面，出租、转包、托管、信托等农地流转模式能形成一定的财产性收入。农地流转有助于解决农民进城后土地经营的后顾之忧，提高农民的工资性收入，改变农民家庭经济收入方式，为农村人口向城镇迁移和人口市民化创造了条件，促成社会阶层结构变化。因此，农村就业结构、劳动力迁移规模、农民增收渠道、转移人口市民化等方面是农地流转对农民转型效应的重要体现，可以农地流转对乡村非农就业人员比重、农村居民工资性收入占比、农村转移劳动力和农民市民化率的弹性来衡量2010—2015年期间农地流转对农民转型的效应。见表3-4和图3-4。

表3-4　　　四川省农地流转的农民转型效应的弹性（以2010年为基期）

年份	农地流转面积（万亩）	乡村非农就业人员比重	农村转移劳动力	工资性收入占比	市民化率	农村居民恩格尔系数
	X	Y_6	Y_7	Y_8	Y_9	Y_{10}
2010	975.83	-	-	-	-	-
2011	1 074.4	0.267 99	0.240 68	0.198 20	0.385 86	-0.416 34
2012	1 195.8	0.079 58	0.439 10	0.262 79	0.136 71	0.116 751
2013	1 360.7	0.153 77	0.121 15	0.229 37	0.320 43	-0.518 53
2014	1 482.3	0.181 84	0.078 49	0.208 97	0.225 12	-0.964 65
2015	1 619.9	0.009 57	0.029 20	0.176 19	0.435 89	-0.170 73

注：1万亩≈666.67公顷

① 熊鹰，彭迎，陈春燕，李晓. 粮食适度规模经营的探索实践与思考——以四川省邛崃市"合作联社+种植大户"模式为例 [J]. 农业科技管理，2016，35（6）：57-60.

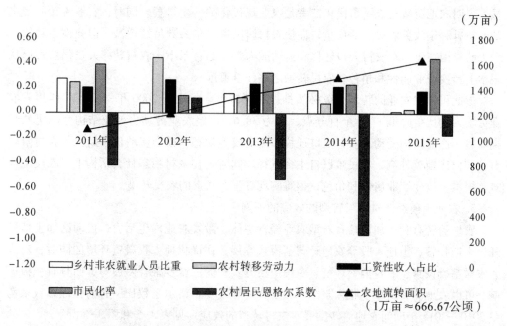

（万亩）

乡村非农就业人员比重　　　农村转移劳动力　　工资性收入占比
市民化率　　　农村居民恩格尔系数　　农地流转面积
（1万亩≈666.67公顷）

图3-4　四川省农地流转对农民转型效应的弹性

　　农地流转直接影响农民收入，同时，将改变农地资源配置与劳动力的投入方式，影响农业投资的增收效应，进而改变农民家庭经济收入方式，导致农民分层和分化，促成社会阶层结构变化和农村社会整合的新范式。从表3-4和图3-4中可见，农地流转对农民转型的多维效应具体表现为：①农地流转与乡村非农化就业。农地流转助力乡村劳动力非农化就业，进而推动农村就业结构与经济结构转型。2010年以来，四川农地流转对乡村非农就业人员比重 Y_6 的弹性系数值均为正，但年度波动性较大。其原因在于：四川农村转移劳动力占据乡村非农就业的8成以上，随着经济下行压力加大，农村转移劳动力数量增速逐年趋减，抑制了乡村非农就业人员比重的有效提升。②农地流转与农村转移劳动力。2010年以来，土地流转对农村转移劳动力数量 Y_7 的弹性系数值均为正，表明农村转移劳动力数量持续增长，但数值逐年递减的原因在于，四川农村在为城镇化发展不断提供劳动力资源的同时，全省农村劳动力开始逐渐步入"刘易斯拐点"，并引致劳动力价格攀升和农业生产成本上涨。③农地流转与农民收入结构。2010年以来，农地流转对农民工资性收入比重 Y_8 的弹性系数均为正，表明农地"三权"主体的分离能够助力农民从土地的束缚中解放出来，通过兼业行为提高家庭非农收入。但弹性系数值小于1且逐年递减，表明农民增收形势依然严峻：一方面，随着土地产权制度改革的深化，农民对土地财产权的预期提升，转出农地意愿有所下降；另一方面，经济进入新常态之后，城镇化对农村转移劳动力吸纳能力有限，难以实现进城务工劳动力及其家庭向城镇的完全转移，农民工资性收入增速下滑导致农户兼业化状态凝固，愈来愈表现为"人动地不动"的发展态势。④农地流转与农业人口市民化倾向。2010年以来，土地流转对农民市民化率和农民恩格尔系数均表现为正效应，特别是 Y_9 的弹性系数增势较明显，表明农地流转与农民市民化二者是农业现代化的共生过程。同时，农地流转所带来的收益有利于改善农民生活质量，促使农村居民恩格尔系数持续递减。但弹性系数值小于1的原因在于，在农村人口迁移和流动成为常态的背景下，农村转移人口仍然难以从根本上转变职业属性和角色，农民转型之路任重道远。

据此可见，农业的转型升级必然推进农民转型。相比于 2000 年，2015 年四川省农业劳动力的比重降低了 18 个百分点，仅为 38.6%，但农业劳动力就业结构变动仍然长期滞后于产业结构变动。农村人口迁移和流动成为常态，社会流动机制助推了农村阶层分化和村庄精英外流，农民难以自主性选择。同时，在乡村稳态社会结构下，农民工很难从根本上改变职业属性和角色，很难实现真正意义上的农民转型。

3. 农业规模经营对农村转型的效应的评判

农地流转有利于加快培育新型农业经营主体，激发农业内生活力，推动诸如土地信托、土地托管、土地入股等农地经营新模式发展，在优化地方投融资环境的同时，对改善农村基础设施、农村消费环境、农民生活方式和促进城乡融合发展等方面具有积极影响。可以农地流转对城乡收入差距、城镇化率和城乡恩格尔系数比三者的弹性系数来衡量 2010—2015 年期间农地流转发展对农村转型的效应。见表 3-5 和图 3-5 所示。

表 3-5　　四川省农地流转的农村转型效应的弹性（以 2010 年为基期）

年份	农地流转面积（万亩）	城镇化率	城乡居民可支配收入比	城乡居民消费支出比	二元对比系数
	X	Y_{11}	Y_{12}	Y_{13}	Y_{14}
2010	975.83	—	—	—	—
2011	1 074.4	0.406 54	-0.390 78	-0.542 9	0.197 02
2012	1 195.8	0.359 67	-0.060 62	-0.392 67	0.159 13
2013	1 360.7	0.228 23	-0.175 04	-0.336 68	-0.339 97
2014	1 482.3	0.348 91	-0.148 97	-0.321 23	0.080 56
2015	1 619.9	0.323 41	-0.124 78	-0.302 03	0.208 64

注：1 万亩≈666.67 公顷

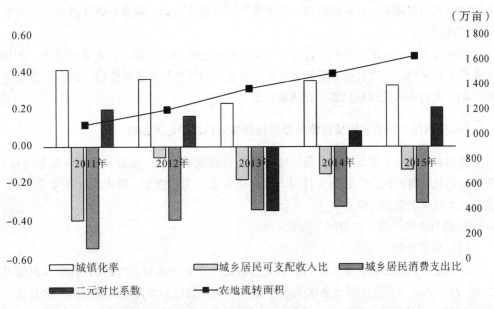

（万亩）

城镇化率 城乡居民可支配收入比 城乡居民消费支出比 二元对比系数 农地流转面积

图 3-5　四川省农地流转对农村转型效应的弹性

农地流转带来的产权结构和生产方式的改变必然带来深远的社会影响。从表 3-5 和图 3-5 中可以看出，农地流转对农村转型的多维效应具体表现为：①农地流转与城镇化进程。农地流转与城镇化进程关系密切。2010 年以来，农地流转对城镇化率 Y_{11} 的弹性系数均为正，表明农地流转和农业剩余劳动力转移明显加速了四川城镇化进程。其弹性系数值小于 1，原因在于：四川农村剩余劳动力存量仍然较大、农村劳动力结构性失衡，土地城镇化明显快于人口城镇化，制约了劳动生产率提升和产业结构转型的速度。②农地流转与城乡居民可支配收入比。2010 年以来，农地流转对城乡居民可支配收入比 Y_{12} 的弹性系数均为负，说明农地流转一定程度上有利于缩小城乡居民收入差距。但其弹性系数绝对值小于 1，且趋于递减，表明四川农民增收面临着较为严峻的发展态势。一方面，受宏观经济形势影响，农民工资性和转移性收入增长均受到抑制；另一方面，城市工商资本大举进驻农业，容易造成与农民争利的局面，农民难以分享合理收益；同时，农地流转中的权力寻租问题仍然突出，赋予农民长期而有保障的土地财产权依然困难重重。③农地流转与城乡居民消费支出比。2010 年以来，农地流转对城乡居民消费支出比 Y_{13} 的弹性系数均为负且波动较为均衡，表明近年来农地流转对城乡居民消费差距的影响是正向的，农村居民消费水平和生活质量正逐步向城市居民靠近。④农地流转与二元对比系数。2010 年以来，农地流转对二元对比系数 Y_{14} 的弹性系数基本为正，表明农地流转在助力农业规模化、集约化经营的同时，很大程度上解放了农村剩余劳动力，有效推动了农村二、三产业和农村城镇化发展，对于统筹城乡发展具有积极效应。但其弹性系数值小于 1，原因在于：受农村地区融资难度大、人力资本匮乏、区位条件和经济基础较差等现实因素影响，四川城乡二元结构特征仍然较为固化。

据此可见，农地流转带来的规模经营在一定程度上改变了农村社会的基础，培育了农村的巨大消费需求，城乡居民收入与消费差距有缩小趋势，城乡一体化进程和农村转型加快推进。

总体而言，农业适度规模经营对于调整农村产业结构、转移农村剩余劳动力、加快农业产业化进程、提高农业效益和农产品市场竞争力等发挥着重要作用，但在"三期叠加"期，农村现代化转型仍然存在诸多困难。

（二）四川农业适度规模经营与新型经营体系构建的地方经验

新型农业经营主体是助推农业适度规模经营的重要力量，培育新型农业经营主体，要以集约化、组织化、社会化为目标，诱导企业家能力、资金、技术等生产要素集聚，改善农业经营规模经济性。

1. 四川崇州"农业共营制"模式

（1）背景介绍

崇州是四川成都的农业大县和粮食主产区之一，常住人口 67 万人，其中农村劳动力 36.95 万人，这其中的外出务工人员多达 73.4%，农村劳动力大规模流出，农村务农劳动力基本是 60 岁以上的农民，农村"谁来务农"、农业"谁来经营"和"谁来服务"农民问题严峻。

（2）实践做法与成效

经过多年探索，崇州现已形成了以家庭承包为基础，以农户为核心主体，农业职业经理人、土地股份合作社、社会化服务组织等多元主体共同经营的新型农业经营模式，被称为"农业共营制"模式。

——尊重农民意愿，建立土地股份合作社。按照农户入社自愿、退社自由、利益共享、风险共担的原则，引导农户以农村土地经营权作价量化入股，组建土地股份合作社。截至 2016 年 5 月底，崇州市土地股份合作社达 246 个，入社面积 31.6 万亩（约 2.11 万公顷），占耕地面积的 60.8%，入社农户达 9.23 万户，适度规模经营率接近 70%。

——培育职业经理人，推动农业生产专业化。崇州市大力开展以农业职业经理人为重点的新型职业农民培育行动，并建立完善相关资格认证、政策扶持等制度，着力解决"谁来种地"和"科学种田"的问题。截至 2015 年年底，全市新型职业农民 6 712 人，其中农业职业经理人 1 887 人。据地方统计，农业职业经理人经营的水稻种植平均每亩增产 10%，生产资料投入与机耕机收成本下降 15%。

——建立"一站式"服务超市，强化农业社会化服务。崇州市按照"政府引导、资源整合、市场参与、多元合作"原则，分片区建立农业服务超市，搭建农业技术咨询、农业劳务、全程机械化、农资配送、专业育秧（苗）、病虫害防治、田间运输、粮食代烘代储、"粮食银行"等一站式全程农业生产服务平台，实现适度规模经营对耕、种、管、收、卖等环节多样化服务需求与供给的对接。如图 3-6 所示。

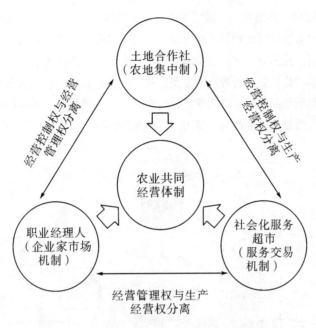

图 3-6　四川省崇州市"农业共营制"模式机理图

（3）经验与启示

——新型农业经营主体推进农业适度规模经营的重要性。崇州"共营制"案例中，农业职业经理人和农业专业服务组织作为两类新型经营主体，在推进农业适度规模经营发展进程中发挥了积极作用。前者有效改善了农业的知识分工与生产决策效率；后者促进了农业技术分工，带动了产前与产后服务效率的明显提升。

——催生了农业适度规模经营的新路径。崇州"共营制"优化了农业资源配置，实现了现代物质技术装备、企业家能力等先进生产要素与经营方式的高效对接，突破了传统农业适度规模经营依靠扩大土地规模的单一性，进一步强调了农业企业家才能和农业社会化服务的重要性，增强了农业可持续发展能力。

2. 四川蒲江"工商资本+商品契约"模式

（1）背景介绍

2013 年 3 月，联想佳沃对中新公司进行全资收购，成立佳沃（成都）现代农业有限公司。通过引入更先进的技术、管理等生产要素，佳沃公司对原有猕猴桃种植方式进行更新调整，探索了工商资本进驻猕猴桃产业的发展新范式，促使猕猴桃种植标准化、规模化程度有效提升，产品质量安全实现了全程控制，参与合作的农户亩均增收达到 20% 以上。

（2）实践做法与成效

联想佳沃采取多种经营模式，与家庭农场、专业大户、专业合作社等签订授权种植收购协议，并实施"6 个统一"发展战略，即统一品牌授权、统一农事标准、统一农资农具供应、统一全程品控、统一报销和统一协助融资来实现全产业链控制和种植环节利益的共享。

——采取加盟型连锁模式，探索"龙头企业+家庭农场/专业大户"新模式。佳沃与家庭农场、专业大户等签订授权种植收购协议，带动规模农户开展产业化经营。公司负责提供技术指导、实行品控监管、统一收购鲜果；规模农户自行流转土地并按操作规范进行种植。佳沃每月向农户提供农事管理技术方案，并要求农户如实记录农资等使用情况，据此追踪果品质量、推测果品产量。收获季，公司统一收购农残标准、果实外形、含糖量等方面合格的鲜果，有效确保产品品牌、品质、品种和品控的"四管统一"。见图3-7所示。

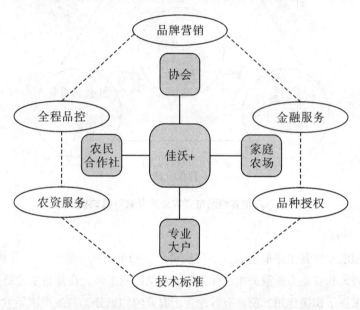

图 3-7　佳沃公司"加盟型连锁种植"模式

——组织散户抱团发展，探索"公司+农民合作社+小农"新模式。佳沃与农民合作社联合，采取承包、代种、统一服务等方式，合理有效地将散户土地集中起来，推进抱团式发展。对于积极转让土地经营权的农户优先雇用，让其进入公司成为工人。农民出让土地经营权，公司支付其保底地租，并以合同形式长期固定，农民还可以获取公司超产分成，农民愿意加入公司参与生产的还可以获取季节性务工收入，从根本上解决了农民的后顾之忧。针对散户数量多、难以有效培训和监管的问题，公司对合作社的技术人员进行培训和指导，通过网格化督导管理方式，检查种植农户投入品的使用和记录情况，有效确保了小农生产出的商品果的品质。

——发挥工商资本的促进作用，引入现代农业生产模式。佳沃公司凭借雄厚的资本实力进入猕猴桃产业，带来了先进的现代农业生产要素，引领农民转变传统种植方式，有效提升产业整体素质和核心竞争力。一是示范带动作用，吸引农户参与猕猴桃标准化、产业化发展。二是培育质量意识。佳沃公司按照市场化运营模式，要求参与合作的农户等按照规定标准进行生产，并通过契约机制激励农户规范自身种植行为。三是控制自建基地规模，防止与民争利。佳沃自建基地从 10 000 亩（约 666.67 公顷）缩减至 4 000 亩（约 266.67 公顷），集中力量打造精品示范园，既有利于降低经营成本、控制风险，方便管控与科技示范推广，又能避免大规模工商资本进驻农业挤占农民就业空间和抑制其他经营主体成长。

（3）经验与启示

蒲江猕猴桃产业要走上高端化路线，所需要的资金、技术及品牌等门槛较高，单靠农户分散生产经营能力是远远不够的，而佳沃公司利用其雄厚的工商资本在这些领域拥有更多可以移植的专业化知识、技术，投资规模化经营更具优势、更易成功。佳沃公司通过与农户、家庭农场、合作社等抱团合作，大力推广标准化生产，有效提高了农产品产出率和品质安全性，并利用其资金和技术优势，开拓农产品国内外市场，形成了一套完善的市场运行机制，实现了资本增值。

3. 四川眉山"土地信托"模式

（1）背景介绍

2015年，眉山市东坡区以"政府主导、农民自愿、市场运作、产业连片、规模发展、风险控制"的经营模式，成立国有独资的农村土地流转服务有限公司，开展农村土地"信托流转"模式，实现了当地农村土地规模化经营，培育壮大了"四大新型经营主体"，参与信托流转的农民的收入得到了显著提高，推动了当地农村经济发展，为农业适度规模经营发展提供了有价值的参考实例。

（2）实践做法与成效

第一，以当地政府直接介入的方式成立国有独资的农村土地流转服务有限公司，即"土地信托公司"。第二，土地信托公司使用信托基金支付土地使用权转让费，从委托方（农民）手中获取土地。第三，土地信托公司对受托土地进行整治。第四，土地信托公司通过招标、竞拍方式确定受让方（外来业主），获取土地信托收益。第五，土地信托公司将获取土地信托收益的一部分返还给土地流转信托基金，以便循环使用。第六，土地信托公司依托其信托平台进行投融资。第七，土地信托收益分配，主要用于进一步壮大信托公司实力、建设农村公共服务设施和提高农民社会保障能力。当然，对这种模式也存在诸多反对的声音。由于政府介入力度过强，利益寻租、政府信用持续性以及土地非粮化、非农化问题仍难以有效规避。但考虑到目前我国还不具备具有专门技术、从事土地信托中介服务的相关非政府组织机构，因此，由政府牵头设立具有公信力的"准土地信托中介公司"应是一种符合农村地区实际情况的选择。见图3-8所示。

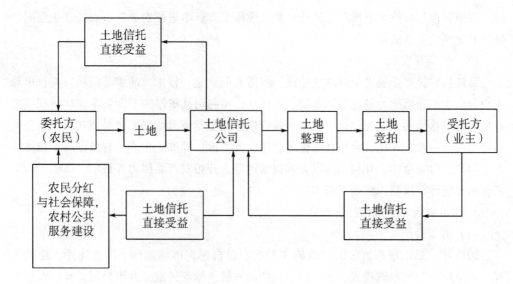

图3-8 四川眉山土地信托流转运作流程图

眉山市东坡区通过政府主导的土地信托流转模式，在破解土地流转困境方面成效显著：

——促进农业规模经营，提高了农业规模经济效益。土地信托流转后实现了土地的集中成片，通过引入大户和企业经营实现了农业生产的规模化、集约化。以眉山市东坡区为例，目前，东坡区农村土地流转存量面积达到26万亩（约1.73万公顷）、流转率达到36%。全区还成立了农业产业和服务组织、农机租赁公司和劳动服务公司，为委托方和受托方提供社会化服务。

——促进农村剩余劳动力转移，切实增加农民收入。当地农民将土地流转后，不出远门在本乡镇专业大户、家庭农场等务工，既领取土地流转收益，又有务工报酬，有效解决了"谁来种地、怎么种地"等一系列问题。

——促进农业投入的增加，提高了农业综合生产能力。土地信托流转后，更有利于社会资本进入农业市场，进一步夯实农业基础。受托方可以摆脱土地流转期限短和融资难困境，在完善农村基础设施建设、加强农民社会保障方面发挥更大作用。

——培育了新型经营主体。土地信托流转的成功模式可以吸引在外经商的企业家、大学生返乡承包流转土地，加入农业规模经营创业行列，一些受托方还成立专业合作社、家庭农场，成为推动农业产业化的中坚力量。

4. 地方经验小结与启示

适度规模经营若能满足不同经营主体的发展诉求，其引导下的农业适度规模在产权细分角度、专业化分工角度、利益分配角度方面均能表现出较为趋同的发展优势。

（1）产权细分角度

不同的产权细分和交易方式对应不同的交易成本，由此将形成不同的市场交易规模和分工经济发展路径。在坚持土地集体所有制不改变、农村土地承包权长久不变的原则下，唯一可以运作的只有农地经营权，因此通过农地经营权的产权细分，将"小而全"的农户纳入分工经济由此实现分工深化和报酬递增，是扩大农业经营规模、推进农业经营方式创新的重要方向。① 如图 3-9 和图 3-10 所示。

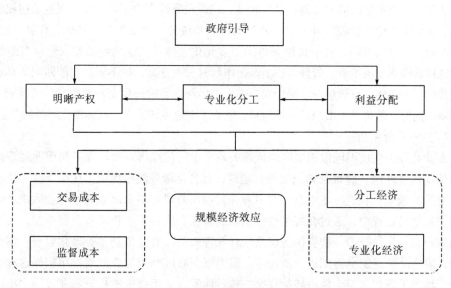

图 3-9 农业规模经营理论框架

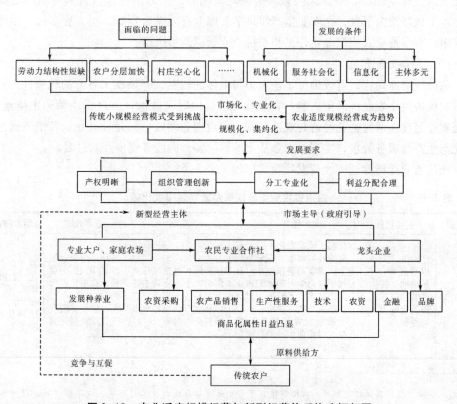

图 3-10 农业适度规模经营与新型经营体系构建框架图

---

① 胡新艳，朱文珏，罗必良. 产权细分、分工深化与农业服务规模经营 [J]. 天津社会科学，2016 (4)：93-98.

无论是崇州农业经营主体的"共建共营"制度、蒲江工商资本推动下的适度规模经营模式还是眉山市东坡区的"土地信托"模式，均是在坚持农户主体地位、家庭承包权的基础上，盘活了土地经营权，并通过经营权的进一步细分与重新配置，形成合作社、农户、职业经理人、家庭农场、社会化服务组织等多元化主体共同经营的新型农业经营组织体系。这样就实现了决策者、管理者、生产操作者的三重分离，将不同的权能匹配给具有比较优势的行为主体，有效解决了单个农户进入市场所面临的外生交易费用高、谈判能力弱等问题，同时有效确保了农户的主体地位，防止了土地流转非农化或非粮化问题的产生。

（2）专业分工角度

专业化分工促使不同组织之间的依赖关系实现迂回经济效果。如崇州职业经理人的发展促成代营外包（管理与知识交易）模式，社会化服务超市促成了代耕外包（技术与劳务交易）模式，促进了农业分工与专业化。佳沃公司在与家庭农场、专业大户、合作社抱团发展的过程中，通过在每个村建立猕猴桃综合服务室、技术物资服务室，安排专员为农户提供生产技术、物资供应以及综合管理服务，有效推进了标准化管理、集约化经营，农产品质量安全得到进一步保障。眉山市东坡区利用地方政府信用担保这种公共资源，增强了农户参与土地流转的意愿，较好地解决了工商资本投资农业过程中土地细碎化及谈判成本较高、道德风险较大等问题，同时，土地信托经营机构可利用自身优势，以土地经营为平台，在农业生产与科学管理上有效整合资源，引入更多社会主体参与其中，有序推动农业产业化分工和农村产业结构调整进程。

（3）利益分配角度

从微观层面而言，有效确保了各个参与主体的权益，并调动了各方的积极性。一是助推农民脱离小农经济局限，参与社会化分工，同时又能保证其经营决策的主体地位；二是职业经理人通过企业经营与规模经营，实现创业增收；三是社会化服务组织通过专业化与生产性服务外包，实现了农业从土地规模经营向服务规模经营过渡。

四川省农业适度规模经营发展模式比较见表3-6。

表3-6　　　　　　　　四川省农业适度规模经营发展模式比较

类型	主要特征	优势	劣势	适用区域	地方案例
土地集中型	以家庭为单位，从事独立的生产经营和结算，一般具有较为丰富的经验。	有利于激励农户不断探索新的栽培技术，探索节约生产成本的耕作方法；有利于自愿学习最新的农业生产技术，不断加大对自己的人力资本投资；有利于采用农业机械生产作业，对农业生产的投资积极性较高。	因产权和自然风险的影响，土地流转中各方关系较为复杂，农户和大户的权益难以得到全面保障。	分户进行农业生产的比较效益低，规模化经营的效益空间较大，能够实现现代化或机械化的地区	眉山"土地信托"模式安岳"土地再流转"制度①

---

① 安岳"土地再流转"制度：柠檬种植业主首先通过与当地农户签订合同，以每亩（666.67平方米）300千克稻谷的价格获取土地经营权；再以300元/亩（666.67平方米）的价格将土地部分经营权再次流转给蔬菜种植户或以100元/亩（666.67平方米）的价格将土地部分经营权回转给农户；从柠檬业主手中承包土地的业主或农户可在柠檬树下种植蔬菜、毛豆等较为矮小且不影响柠檬生长的作物，促使土地每个部分经营权都能得到最大限度的利用，实现土地经营权流转效益最大化。

表3-6(续)

类型	主要特征	优势	劣势	适用区域	地方案例
统一服务型	依托社会化服务组织,实现农业生产经营某个或某些环节的规模化	降低土地耕种成本,农民外出务工实践增多,有利于增加农民收入。	土地规模经营并未真正实现,土地集中开发受到限制。	农业社会化服务体系较健全、政府引导监督机制较为完善的地区	崇州"共营制"模式
合作型	农户之间形成了紧密的利益链条,有完善的制度体系和利益分配机制,既有专业种植经验丰富的社员,又有具备现代经营意识的社员。	通过推行土地股份合作制实现农业生产联合组织,解决土地规模集中的难题;适当卷入外部分工和社会化服务,提升生产组织化和专业化水平;将农户及其他组织主体结合起来,增强抵御市场风险的能力。	农户与委托方存在委托代理问题,农民权益无法有效保障;合作社资金短缺,融资渠道不畅,贷款利息过高;人才缺乏,尤其缺少农业技术方面的人才。	有大户或经纪能人牵头,且相关产业形成了显著规模和良好的发展基础	邛崃"合作联社+农业大户"经营模式①
企业型	凭借雄厚的资金实力、灵活的经营机制和科学的管理方式,通过市场机制实现种养规模化、标准化和产业化	具有较强的资金实力,有利于加大对农业的投入,便于公司积极投身于农业基础设施建设和农业机械设备的添置,加快了农业机械化进程;具有较高的科技优势,有利于农业结构调整和农业新产品应用、辐射带动周边乡镇农户增收。	与所有农户达成流转协议实现土地成片经营较为困难;公司经营的市场风险和自然风险均存在。	农业产业化发展基础较好地区	蒲江佳沃猕猴桃园

四、路径选择与政策建议

(一)农业适度规模经营要因时因地推行差别化模式

农业规模经营应因时因地制宜,结合地方区域特征和农地流转主体意愿,从比较效益出发,推行差别化模式,提高规模经营效益。农地规模经营要根据不同地域、不同地形地貌特征、不同种养业特性、农村劳动力转移情况、农业机械化程度以及区位经济水平等,确定不同区域适度规模经营的适宜区间,重点支持在适度规模经营适宜区间的新型农业经营主体,坚决摒弃农业现代化基金主义"大农场""大机械""土地大流转"的认知误区。② 如成都平原地形平坦、土壤肥沃、经济发达、资本量充足,农户对土地和农业的依赖性相对较弱,耕地流转意愿较强,在土地成本和人工成本增速较快的现实

---

① 邛崃"合作联社+农业大户"模式:首先,引导农户以土地承包经营权入股,吸纳家庭农场、专业种植大户、专业种植合作社入社,形成集产、加、销于一体的合作联社;其次,聘请懂技术、会经营的种田能手担任职业经理人,负责合作联社内的生产经营管理;最后,整合公益性农业服务资源和社会化农业服务资源,建立新型农业社会化服务体系,实现适度规模经营对耕、种、管、收、卖等环节多样化服务需求与供给的对接,即"农业专业合作联社+职业经理人+农业社会化服务"的"三位一体"经营模式。

② 赵颖文,吕火明.农业现代化与城镇化关系的理论考察、现实困境及其原因探究 [J].农村经济,2017(6):109-115.

背景下，可推行资本或技术要素替代土地和劳动力的发展模式，逐步推广"家庭农场化"或"工厂化"农业适度规模经营模式，并创新发展专业化农业服务体系。推进集中成片的标准化、规模化农产品生产基地和农业园区建设，加快优质粮油、蔬菜、伏季水果、茶叶、猕猴桃、食用菌等优势特色产业和高端种业、设施农业发展，借助成都平原市场、科技、信息和资本优势，全面提升农业机械化、信息化、品牌化水平，走高端农业和农业高端之路。同时，积极推动一、二、三产业联动融合发展，促使农村剩余劳动力向二、三产业有效转移，进一步提升农民非农收入水平。

而对于我省山地丘陵区而言，受土地分散、位置偏远、基础设施较差、交易成本高等条件限制，土地经营规模普遍偏小，耕地流转意愿相对较弱。因此，推动山地丘陵区农业适度规模经营，首先要积极开发适应其地形地貌特征的中小型、便携式农业机械，以及适合丘陵山区特色产业生产与加工的农业机械，加速提升丘陵山区农机化水平，同时大力推进农业生产服务的社会化、合作化和专业化，有序稳妥地推行"小规模家庭农场"模式；对于贫困山区而言，其经济严重滞后，土地细碎化程度高，可以继续保留其小规模分散经营模式，在确保农民基本生存需求的基础上，通过三产适度融合开发带动农业经营效益提升。

（二）农业适度规模经营要以确保粮食安全为基本前提

在经济发展新常态下，土地流转规模在新型城镇化推动下将呈现出进一步扩张态势，农业农村投资的巨大潜力将吸引工商资本大举介入"三农"领域，但由此引致的"非粮化""非农化"现象加剧和农业生态环境破坏问题必须引起高度重视。特别是耕地非粮化会持续加大四川省作为粮食主产区保障粮食安全供给的压力。目前，四川在推进农地流转进程中，"非粮化"和"非农化"倾向明显，凡流转土地规模较大的经营主体，基本都有社会工商资本背景。这表明实现保障粮食供给安全的公益目标难以寄望于强势资本经营主体，传统家庭经营基础上发展起来的适度规模经营主体才是确保粮食安全的中坚力量，粮食规模经营支持政策应更多地倾向于"家庭经营+适度规模"而非大规模甚至超大规模的资本经营模式。[①] 因此，政府应着力加强对家庭农场、专业大户等能够保障粮食安全生产的适度规模经营主体的扶持，要在提高粮食种植收益上大做文章，如提高对种植粮食的经营主体的补贴和奖励，并在基础设施建设、金融信贷、农资供求、社会化服务、技术培训、市场信息等领域提供必要扶持与优惠。同时，政府应结合市场情况，制定合理的粮食最低保护价，适度调控生产资料的市场价格，保障农民种粮收益，防止出现"谷贱伤农"的现象，不能让"土地流转后继续种粮"成为一句空话。

（三）农业适度规模经营要搞好农地流转配套改革措施

农地规模经营的根本出发点和落脚点是发展现代农业和促进农民增收。在推进农地

---

① 尚旭东，朱守银. 粮食安全保障背景的适度规模经营突破与回归［J］. 改革，2017（2）：126-136.

流转进程中，政府须切实做好农业发展规划，在引导土地流转和规模经营向优势产业集中的同时，兼顾好农户权益，解决好农民出路问题，推动农村劳动力向城镇转移。在新型城镇化的带动与引领下，政府要继续推动地区二、三产业发展，积极提升农村劳动力职业素质技能，引导农村剩余劳动力的非农化转移。同时，针对非农就业带来劳动力雇佣成本提升问题，一方面，政府要积极探索构建服务体系充足、供需匹配的新型农业社会化服务体系，推进农业分工深化，有效降低规模经营成本和拓展土地规模经营维度。另一方面，农地规模经营主体自身应充分利用其在资金获取和新技术应用方面的优势，推动农业生产和土地经营朝着土地和劳动集约、资本和技术密集方向发展。① 政府要进一步明晰土地所有权，丰富使用权内容，强化其收益权能和处分权能，让农民可以从土地承包经营权流转中获取合理收益。在确保农民合法权益的前提下，探索"市场引导流转、政府培育市场"的土地流转机制，支持创建农地流转交易平台，培育通过市场调节农地流转的长效机制。此外，政府要按照推进城乡基本公共服务一体化要求，加大农村社会保障投入力度，加快建立多层次、广覆盖的农村社保体系，逐步弱化土地福利与社保功能，解除土地转出者的后顾之忧。

（四）农业适度规模经营要支持"共享经营权+社会化服务"模式②

共享土地经营权将产生巨大的农业生产性服务业市场，商机无限。一方面，从具体省情、农情出发，以新型主体带动农户共享土地经营权的规模经营形式具有广阔的发展前景，应当作为发展规模经营的重要途径予以大力倡导和支持。要认真总结全省各地实践经验，健全相关扶持政策。对采取购买服务等方式与新型主体共享土地经营权的承包农户给予相应的政策优惠；对按新型经营主体通过共享土地经营权带动的农户数量、提供的服务规模给予相应的补贴；在农机购置、仓储设施建设等方面，对服务规模达到一定标准的新型经营主体给予更多的优惠措施。另一方面，从既解决农业问题又解决农民问题的长远目标着眼，应重点鼓励承包农户之间共享土地经营权。一方是将要退出的大量兼业农户，一方是专心务农的规模经营户。要鼓励和支持农机大户、家庭农场等规模经营农户通过提供服务、领办合作社等多种形式带动兼业农户，既满足老年农民的恋农情结，也要在共享中逐步培育扎根农村、稳定可持续的新型经营主体。同时，鼓励供销合作、邮政储蓄等社会机构发挥组织资源、资金等方面的优势，为承包农户提供各类社会化服务。

（五）农业适度规模经营要注重把握好新型主体与传统农户的关系③

发展规模经营离不开新型经营主体。培育新型农业经营主体，要坚持农村基本经营

---

① 刘洪彬，董秀茹，钱凤魁，王秋兵.东北三省农村土地规模经营研究［J］.中国土地科学，2014，28（10）：12-19.
② 赵鲲.共享土地经营权：农业规模经营的有效实现形式［J］.农业经济问题，2016（8）：4-8.
③ 宋洪远.培育新型农业经营主体发展适度规模经营［N］.21世纪经济报道，2014-05-12（023）.

制度和家庭经营主体地位，以承包农户为基础，以家庭农场为核心，以农民合作社为骨干，以龙头企业为引领，以农业社会化服务组织为支撑，加强指导、规范、扶持、服务，推进农业生产要素向新型农业经营主体优化配置，创造新型农业经营主体发展的制度环境。同时，要把握好新型主体与传统农户的关系，实现小农户与现代农业发展的有机衔接。

参考文献

[1] 刘卫柏，彭魏伟加."三权分置"背景下的土地信托流转模式分析——以湖南益阳沅江的实践为例 [J]. 经济地理，2016，36（8）：134-141.

[2] 李光跃，彭华，高超华，杨祥禄. 农地流转促进适度规模经营的基本思考——基于四川省的调查分析 [J]. 农村经济，2014（7）：52-55.

[3] 赵鲲，刘磊. 关于完善农村土地承包经营制度发展农业适度规模经营的认识与思考 [J]. 中国农村经济，2016（4）：12-16，69.

[4] 匡远配，陆钰凤. 农地流转实现农业、农民和农村的同步转型了吗？[J]. 农业经济问题，2016（11）：4-14+110.

[5] 熊鹰，彭迎，陈春燕，等. 粮食适度规模经营的探索实践与思考——以四川省邛崃市"合作联社+种植大户"模式为例 [J]. 农业科技管理，2016，35（6）：57-60.

[6] 胡新艳，朱文珏，罗必良. 产权细分、分工深化与农业服务规模经营 [J]. 天津社会科学，2016（4）：93-98.

[7] 刘洪彬，董秀茹，钱凤魁，王秋兵. 东北三省农村土地规模经营研究 [J]. 中国土地科学，2014，28（10）：12-19.

[8] 尚旭东，朱守银. 粮食安全保障背景的适度规模经营突破与回归 [J]. 改革，2017（2）：126-136.

[9] 吕火明，刘宗敏. 论创新和完善农业经营体系的内容与措施 [J]. 决策咨询，2013（6）：23-28，49.

[10] 吕火明，刘宗敏. 转变四川农业发展方式的困境与途径研究 [J]. 农业经济与管理，2011（6）：51-54.

[11] 赵颖文，吕火明. 农业现代化与城镇化关系的理论考察、现实困境及其原因探究 [J]. 农村经济，2017（6）：109-115.

[12] 赵颖文，吕火明，刘宗敏. 关于推进我国农业适度规模经营的几点思考 [J]. 农业现代化研究，2017，38（6）：938-945.

[13] 赵颖文，吕火明. 关于农地适度规模经营"度"的经济学理论解析 [J]. 农业经济与管理，2015（4）：13-20.

[14] 赵鲲. 共享土地经营权：农业规模经营的有效实现形式 [J]. 农业经济问题，2016（8）：4-8.

[15] 宋洪远. 培育新型农业经营主体，发展适度规模经营 [N]. 21世纪经济报道，2014-05-12（023）.

第四篇 "互联网+农业"战略发展研究

一、引言

　　农业是国民经济的基础，也是保障经济持续健康发展的"压舱石"。当前农业产业链系统效率低下，我国农业现代化程度依然很低，农业产业链面临着内忧外患。概括起来，整个农业产业链系统包括农资供应、农业金融、农业生产以及农产品的流通加工消费等环节，物质流、资金流以及信息流贯穿其中。应对当前农业所面临的内外压力和挑战，必须加快转变农业发展方式，从主要追求产量增长和拼资源、拼消耗的粗放式经营，尽快转到数量质量效益并重、注重提高竞争力、注重农业技术创新、注重可持续集约发展上来，走产出高效、产品安全、资源节约、环境友好的现代农业发展道路。

　　2015年3月李克强总理在政府工作报告中首次提出"互联网+"之后，"互联网+"成为社会热议的话题，也在最传统的产业领域——农业领域引起了极大反响。作为中国最大的实体产业，农业兴则国家兴，"互联网+"模式开创了大众参与的"众筹"模式，正重塑着农业产业链中的每一个环节。一是"互联网+"促进专业化分工、提高组织化程度、降低交易成本、优化资源配置、提高劳动生产率等，正成为打破小农经济制约我国农业农村现代化枷锁的利器；二是"互联网+"通过便利化、实时化、感知化、物联化、智能化等手段，为农地确权、农技推广、农产品营销、农村金融、农村管理等提供精确、动态、科学的全方位信息服务，正成为现代农业跨越式发展的新引擎；三是"互联网+"通过结构优化、业态优化和市场优化，以生产为重心的传统农业正逐步向产业服务化方向转型升级，从空间、时间、成本、安全、理念、个性六个维度上开创了"三农"发展新格局，推进了农业产业的自我改造与自我提升。2015年5月，国务院印发《关于大力发展电子商务加快培育经济新动力的意见》（简称"电商国八条"），提出要加强互联网与农业农村的融合发展，并配套了20亿元专项资金用于农村电商基础设施建设。这对于农资、农产品电商行业的发展发挥了积极的推动作用。2015年7月，国务院又先后印发了《国务院关于积极推进"互联网+"行动的指导意见》和《关于加快转变农业发展方式的意见》，对"互联网+农业"的内在动力和根本途径都做了系统描述，把数据的透明性和流动性提升为内在动力的核心要素。这一系列对于"互联网+农业"融合发展的重要论断和政策，充分说明了互联网在推动农业农村经济稳步健康发展中必将起到至关重要的作用。"三农"问题历来是国家重点关注的问题，农业在我国国民经济发展中至关重要。近年来，我国农业经济稳步发展，新农村建设及农民生活都有很大改善。但我国农业面临的挑战也很多，如部分农产品生产过剩、国内农产品生产成本较高、来自国外农产品的进口冲击，等等。在互联网时代，农业面临的机遇与挑战并存。机会在于传统农业向信息化、规模化和智能化转型，最终实现农业与互联网的紧密结合。因此，如何将互联网技术及相关资源引入农业发展中，以解决当前农业生产经营中存在的问题，并对农业经营机制进行创新，是值得我们深入思考和着力研究的重要课题。2004—2016 年中央一号文件中有关信息化政策见表 4-1。

表 4-1 2004—2016 年中央一号文件中有关农业信息化政策

年份	政策内容
2004	提出"中央和地方安排专门资金，支持农民专业合作组织开展信息、技术、培训、质量标准与认证、市场营销等服务；有关部门要密切跟踪监测和及时通报国内外市场供需、政策法规和疫病疫情、检验检疫标准等动态，为农产品出口企业提供信息服务"
2005	第 5 部分"加强农村基础设施建设，改善农业发展环境"中提到"加强农业信息化建设"
2006	第 4 部分"加强农村基础设施建设，改善社会主义新农村建设的物质条件"中提出："要积极推进农业信息化建设，充分利用和整合涉农信息资源，强化面向农村的广播电视电信等信息服务，重点抓好'金农'工程和农业综合信息服务平台建设工程"
2007	提出"从农业信息技术装备、农业信息资源、信息服务平台建设、公用农业数据库、信息基础设施建设等方面加快农业信息化建设"
2008	第 4 部分"着力强化农业科技和服务体系基本支撑"中将"积极推进农村信息化"作为主题，强调要"按照求实效、重服务、广覆盖、多模式的要求，整合资源，共建平台，健全农村信息服务体系"。同时又要求"推进'金农'、'三电合一'、农村信息化示范和农村商务信息服务等工程建设，积极探索信息服务进村入户的途径和办法"
2009	提出"大幅度增加国家对农村基础设施建设：加快推进农业机械化，发展农村信息化"
2010	提出"推进农村信息化，积极支持农村电信和互联网基础设施建设，健全农村综合信息服务体系"
2011	在信息化建设方面提出"推进水利信息化建设"，夯实农田水利基础设施
2012	提出"促进农业技术集成化、劳动过程机械化、生产经营信息化""充分利用广播电视、报刊、互联网、手机等媒体和现代信息技术，为农民提供高效便捷、简明直观、双向互动的服务""加快农业机械化""充分利用现代信息技术手段，发展农产品电子商务等现代交易方式"
2013	提出"促进工业化、信息化、城镇化、农业现代化同步发展，着力强化现代农业基础支撑，深入推进社会主义新农村建设"。"加快用信息化手段推进现代农业建设，启动'金农'工程二期，推动国家农村信息化试点省建设。发展农业信息服务，重点开发信息采集、精准作业、农村远程数字化和可视化、气象预测预报、灾害预警等技术"

表4-1（续）

年份	政策内容
2014	第11条"推进农业科技创新"中，提出"建设以农业物联网和精准装备为重点的农业全程信息化和机械化技术体系"。第12条标题中提出"加快发展现代种业和农业机械化"。第13条中提出加强覆盖全国的市场流通网络建设，加快邮政系统服务"三农"综合平台建设，同时启动农村流通设施和农产品批发市场信息化提升工程，加强农产品电子商务平台建设
2015	第3条："建立全程可追溯、互联共享的农产品质量和食品安全信息平台。"第5条："支持电商、物流、商贸、金融等企业参与涉农电子商务平台建设。开展电子商务进农村综合示范。"第10条："运用现代信息技术，完善种植面积和产量统计调查，改进成本和价格监测办法。"第12条："加大对乡村旅游休闲基础设施建设的投入，增强线上线下营销能力，提高管理水平和服务质量。"第15条"深入推进农村广播电视、通信等'村村通'工程，加快农村信息基础设施建设和宽带普及，推进信息进村入户。"
2016	第3条："统筹协调各类农业科技资源，建设现代农业产业科技创新中心，实施农业科技创新重点专项和工程，重点突破生物育种、农机装备、智能农业、生态环保等领域关键技术。……大力推进'互联网+'现代农业，应用物联网、云计算、大数据、移动互联等现代信息技术，推动农业全产业链改造升级。大力发展智慧气象和农业遥感技术应用。"第12条："加快健全从农田到餐桌的农产品质量和食品安全监管体系，建立全程可追溯、互联共享的信息平台。"第14条："促进农村电子商务加快发展，形成线上线下融合、农产品进城与农资和消费品下乡双向流通格局。加快实现行政村宽带全覆盖，创新电信普遍服务补偿机制，推进农村互联网提速降费。加强商贸流通、供销、邮政等系统物流服务网络和设施建设与衔接，加快完善县乡村物流体系。实施'快递下乡'工程。鼓励大型电商平台企业开展农村电商服务，支持地方和行业健全农村电商服务体系。建立健全适应农村电商发展的农产品质量分级、采后处理、包装配送等标准体系。深入开展电子商务进农村综合示范。加大信息进村入户试点力度。"第24条："引导互联网金融、移动金融在农村规范发展。"

[数据来源] 张辉，孙素芬，谭翠萍. 2004—2014年我国农业信息化发展及趋势研究 [J]. 安徽农业科学，2014（35）：12582-12584以及笔者自己整理的资料。

四川是农业大省，发展现代农业，培育农民增收新型业态，亟须通过创新驱动做大做强。"互联网+农业"是加快利用现代信息技术转变农业发展方式，促进农业产业现代化转型升级的重要手段。经过数十年发展，四川省在农业信息化建设方面已取得了长足的进步，农业物联网技术在农业生产、经营、管理与服务等领域的应用日渐深入，涉农电子商务在农村正悄然兴起，农村电子政务目前也在加速推进中，为农业增收增效提供了更为广阔的空间。国家提出"互联网+"战略，对四川来说既是机遇也是挑战。四川作为农业大省，信息技术产业相对落后，要想在"互联网+"的道路上走得正、走得稳且走得远，需要对"互联网+农业"发展中面临的主要挑战保持清醒认识、高度关注和审慎思考。

二、"互联网+农业"背景介绍

(一)"互联网+农业"的概念

"互联网+"是指充分利用移动互联网、大数据、云计算、物联网等新一代信息技术与互联网平台,促成互联网与传统行业的深度融合,创造出新产品、新模式与新业态。① "互联网+农业"即指将互联网思维渗入现代农业发展理念,充分利用信息通信技术以及互联网平台助推农业现代化,从生产、组织、营销、管理、金融、服务等各环节彻底改造和提升传统农业产业链,以提高农业组织化程度、降低农产品交易成本、优化农业资源配置,实现"互联网+农业"的深度融合创新,形成更广泛的以互联网思维为导向的农业经济新业态,并助力打破传统农业发展的局限性,做好现代农业的"接二连三",挖掘更大的创新创业空间,促成政府、企业、社会组织与农户多赢格局。② 需要强调的是,"互联网+农业"并不是将互联网硬生生地嵌入传统农业产业,或是将二者简单叠加,而是要充分挖掘互联网在社会资源配置中的优化与集成作用,成功地将社会创新要素与各类资源、资本引入驱动农业现代化发展的轨迹之中,极大地提升现代农业的综合生产能力与产出效益。

Citespace Ⅲ是陈超美博士用 Java 语言开发出来的引文网络分析软件,通常以时间为变量从研究前沿到理论基础来探索一个学科热点的发展机制,演绎出这一领域研究热点的变化过程。图 4-1 是基于 CNKI 数据库,利用 Citespace Ⅲ制作出的"互联网+农业"

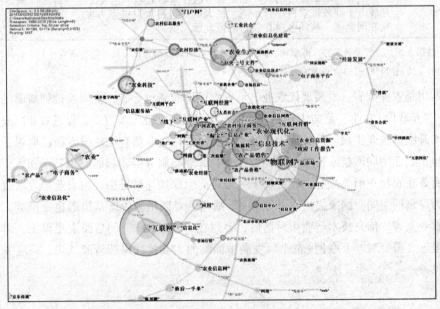

图 4-1　基于 Citespace Ⅲ的农业信息化发展文献知识图谱(示意)

---

① 杨鹏玲. 关于"互联网+农业"发展的几点建议 [N]. 中国经济时报,2015-10-30.
② 李道亮. 农业现代化如何从"互联网+"发力 [J]. 人民论坛·学术前沿,2016 (10):89-94.

研究领域文献知识图谱。基于文献计量软件 Citespace Ⅲ 生成的"互联网+农业"关键词共线可视化图谱，揭示了国内该研究领域内的热点主题分布情况。可以看出，在"互联网+农业"研究主题内，学者们的关注点主要分布在农业物联网、互联网营销、农村电子商务、农业转型、产业融合、农业信息化、农产品物流（最后一千米）等领域，同时，对于农业信息服务、农业信息共享、精准农业、农村电子政务等新兴领域的关注度也在逐渐增强，这在一定程度上表明，"互联网+农业"融合发展的大方向与大趋势愈来愈趋于鲜明化。

（二）"互联网+ 农业"下现代农业的基本特征

农业作为中国最传统的产业，在向现代产业转型发展的过程中面临着诸多挑战，农产品过剩、农业生产成本持续攀升、国内外农产品价格倒挂、农业资源约束日益趋紧等问题不断凸显。但随着互联网技术向农业领域的不断渗透，一方面"互联网+农业"正带动农业专业化分工、提高农民组织化程度、降低农产品交易成本、优化农业资源配置、提高农业劳动生产率；另一方面，"互联网+农业"通过便利化、实时化、感知化、智能化等手段，为农技推广、农村金融、农村管理等提供精确、动态、科学的全方位信息服务。[①] 所以，"互联网+农业"是一种革命性的产业模式创新，为农业创新和农民创业打开了新的发展空间。[②] 具体来讲，"互联网+农业"下的现代农业具备了以下 5 个方面的基本特征：

1. 彻底改变信息不对称现象，实现全过程的产品体验

互联网时代用户注重体验，单纯的产品供应已无法满足人们日益增长的需求，而围绕产品形成的体验则可以实现用户对所需产品的全方位沟通和体验。将农产品本身与配套服务捆绑可以创造出更高的附加值，如农产品个性化定制，农产品质量安全溯源和农产品生产过程的实时监控。此外，农业虚拟化产品如假日农场生活定制、农产品虚拟化生产与销售体验等也可以大大满足都市居民对农业多功能性需求与农产品多元化消费升级的要求。

2. 开拓全网覆盖的新型销售模式，个性化服务大规模分散用户

与传统农产品销售模式相比，"互联网+"思维下的农产品销售模式可以实现全网覆盖的新渠道模式，如网上团购模式、订单农业模式、"抢先购"营销模式、品牌营销模式和O2O多平台营销模式等。[③] "网上团购"平台可以在短期内将所有农产品全部销售出去，在销售时间上具有较强的优越性，可在短期内解决农产品滞销问题。"订单农业"模式中用户先下订单，农户再根据用户的实际需求采摘，采用集约化物流模式，可减少农产品的物流运输成本，减少因过早采摘农产品使农产品长时间滞留乃至腐烂、变质等

---

① 吕火明，赵颖文，刘宗敏."互联网+农业"深度融合的对策思考 [J]. 农业网络信息，2017（5）：37 -43.

② 李敏."互联网+农业"视域下河南省现代农业发展研究 [J]. 创新科技，2015（6）：17-19.

③ 柳彩莲. 论"互联网+农业"的新经营策略 [J]. 中国集体经济，2015（19）：63-65.

造成的经济损失。"抢先购"电商营销模式，让消费者提前尝鲜，而且事先讲好销售价格，可消除各种销售纠纷。特色农产品通过建立自己的销售旗舰店，从最初的农产品销售，到后来的品牌树立，直至品牌影响力的扩大，逐渐获得了消费者的信赖，可让更多消费者再次购买，进而建立品牌忠诚度，还可吸引更多新顾客。"O2O多平台营销"更是通过互联网信息技术构建的多个商务贸易平台，实现了全方位实时服务于大规模分散的农产品用户。

3. 构建农业综合信息"云平台"，充分实现资源要素数据化集成

传感器、物联网、云计算、大数据以及互联网，打破了粗放式的传统生产模式转而迈向集约化、精准化、智能化、数据化，农业因此获得了类工业的产业属性。① 以云计算和大数据为支撑，整合各类农业信息资源，构建农业数据"云平台"，集结了农业生产、农技推广、农产品营销、农民培训、农业社会化服务等农业各环节信息资源，促使农业产业链线上线下的耦合度得到空前提高，搭建起一个中央与地方、农技员与农民、农民与市场之间高效便捷的信息化桥梁，极大地拓展了未来农业经营模式的想象空间（如图4-2所示）。它可以促使"互联网+精准农业"成为农业生产新特色，"互联网+经

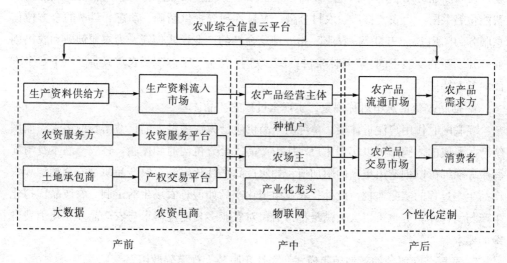

图4-2　农业经营模式发展趋势图

［资料来源］环球网财经频道. http：//finance. huanqiu. com/roll/2015-03/5958492. html？from = mobile.

营主体"成为农业新生代力量，"互联网+电商"成为农产品销售新模式，"互联网+土地与资源"实现农业适度规模化效益，"互联网+资本与金融"推进农村金融服务均等化发展，"互联网+技术与人才"成为农业发展新范式，"互联网+法律与体制"实现农业管理的新模式。

---

① 王蕊. 农业经济发展实施"互联网+"战略途径研究［J］. 农业经济，2016（3）：26-27.

4. 实现传统农业在线化改造，重塑农业互联网生态圈①

当互联网和农业深度融合后，互联网带来了新的数据、信息以及新的技术手段，使得农业产业链的各个环节、农业领域的各个市场有了更多的工具、条件和可能性来进行创新，实现了农业五大传统行业的在线化改造（见表4-2）。目前已经涌现出了几种明显的商业模式创新，如城乡流通渠道变革、农产品电商（生鲜电商）、农业大数据、农业物联网、休闲农业互联网平台等。"互联网+农业"将重新打造农业互联网生态圈，通过互联网信息技术突破时空限制，实现信息的适时沟通，利用开放和对称的信息流打通农业的各个环节，从而促进农业技术知识、农业政策、农业科技、农业生产、农产品市场、农业经济、农业人才等各方面信息的有效传递。

表4-2　　　　　　　　**传统五大农业产业在线化改造方式汇总**

产业	改造方式
种植业	重点推广节水、节药、节肥、节劳动力的物联网技术
畜牧业	在规模化、标准化养殖场推广应用精准饲喂、在线监控动物疫情、二维码识别等物联网技术
水产业	将物联网设备、技术应用于养殖水产实时监控、工厂化养殖监测、专家在线指导等
农机化业	着力提高农机装备信息化水平，加大物联网和地理信息技术在农机作业上的应用
农产品加工业	支持龙头企业带头发展电子商务，带动一、二、三产业联动融合发展，同时大力发展乡村旅游和休闲农业的电子商务

5. 驱动农民快速转型，"新农人"正发展成为农业产业新主体

农民长期处于弱势地位，缺乏议价能力。近年来，农产品价格上不去，农资、人工成本却不断上升，农户走到了崩溃的边缘，结果是：农田被抛弃、农业发展被扭曲。"互联网+农业"这场变革在促使农业产业改革的同时，也在推动农民自身成长与转变，互联网渗入下的"新农人"在这场变革中应运而生。广义上的新农人涵盖了具有互联网思维，能够运用其他崭新理念、思维方式和产销模式，带着创业梦想上路，志在创新农业、改变农民、改造农村的各类人士，终将成为农业形态变革的领头人。2014年2月，阿里研究院就正式发布了《中国新农人研究报告（2014）》。报告提出，新农人②群体的形成是互联网赋予"三农"的必然产物。新农人在改变农业生产和流通模式、拉动农民创业就业、保障食品安全、推动生态环境保护、建立新型互联网品牌等方面，都扮演了极其重要的角色，他们是农民中的新群体、农业的新业态、农村的新细胞。

（三）"互联网+农业"下的具体功能体现

当下，生态、安全、高效的农业生产方式是现代农业的目标模式，信息智能技术及

---

① 李敏."互联网+农业"视域下河南省现代农业发展研究［J］.创新科技，2015（6）：17-19.
② 注：阿里研究院认为，新农人的定义有狭义和广义之分。狭义的新农人，指的是以互联网为工具，从事农业生产、流通、服务的人，其核心是"农业+互联网"。广义的新农人，指的是具备互联网思维，服务于"三农"领域的人，其核心是"'三农'+互联网"，从事非农产业的农村网商也被涵盖在内。

设备在农业生产中的应用，无疑为实现这一目标提供了有力的武器。但需要明确指出的是，"互联网+农业"应基于农村产业化的健康有序发展，从而进一步解决农村家庭经营的多样性价值与精准对接市场的复杂性要求之间的矛盾性问题。

"互联网+农业"助推农业现代化发展的具体功能体现在：一是在农业生产领域，将物联网技术运用到农业生产领域，实现农业精确化生产，促使劳动力、劳动工具和土地要素发生本质性改变，提高农业智能化生产水平。从生产环节彻底改造农业，使农业自动化、精准化、可追溯，减少人力成本，实现农产品标准化生产。通过各种无线传感器实时采集农业生产现场的光照、温度、湿度等参数及农产品生长状况等信息，再将采集的参数信息汇总整合，最后通过智能系统进行定时、定量、定位处理，及时精确地遥控指挥相关农业设备的开启或是关闭，真正实现农产品生产的可控化。二是在农业流通领域，创建廉价且高效的销售入口。以农产品电子商务的形式体现，建立农产品网络销售平台，可以使用户足不出户、舒适便捷地选择自己心仪的产品。同时，作为一种新型销售模式，电商也是促进本土特色农产品实现优质优价的最有效途径之一。还可以利用各类社会化媒体及通信工具为农产品提供便利的营销入口，微博、微信、QQ 及 SNS 等都是免费的资源，营销成本可以大幅度降低。三是在农业社会化服务环节，如互联网带来了融资方式的转变，有效提升了农村农业金融服务效率。当前我国互联网农村金融服务主要集中在小额信贷和农业保险方面。[①] 四是在农产品质量安全溯源上，利用"二维码+云计算"倒逼农产品质量安全保障。通过在农产品供应过程中对产品的各种信息进行记录和存储，从而建立起农产品原产地可追溯和质量标识制度。在积极落实《农业部关于加强农产品质量安全全程监管的意见》，推进农产品质量安全管控全程信息化基础上，构建基于"互联网+"的产品认证、产地准出等信息化管理平台，推动农业生产标准化建设；积极推动农产品风险评估预警，加强农产品质量安全应急处理能力建设。五是在农业农村政务管理方式上，以电子政务建设推进政府管理创新，提高政府办事效率和水平，为村民提供优质、透明、高效的村务和涉农信息服务。农业部门信息化水平明显提升，政务信息资源建设和共享水平显著提高，部省之间、行业之间业务协同能力明显增强。应进一步实现农业行政管理、农产品质量安全、农业市场监管、农村三资管理和农村电子政务的全面信息化，有效提升农业行政管理效率及服务"三农"的能力和水平。

三、我国"互联网+ 农业"发展现状

（一）我国"互联网+农业"战略的发展基础

近年来，我国农村的经济发展水平和互联网环境不断得到改善，据官方统计数据（如图 4-3 和图 4-4），2013 年我国农村居民纯收入达到 8 895.9 元，我国农村网民数量

---

① 柳彩莲. 论"互联网+农业"的新经营策略 [J]. 中国集体经济, 2015 (19): 63-65.

超过 1.77 亿，农村互联网普及率达到 28.6%，从 2012 年开始，农村网民的增速超越城镇网民，城乡网民规模差距不断缩小，农村互联网发展已经初具规模。与此同时，中央连续出台多个涉农政策和市场激励来推动互联网时代下的农业发展，为"互联网+农业"的推广夯实了基础。[①]

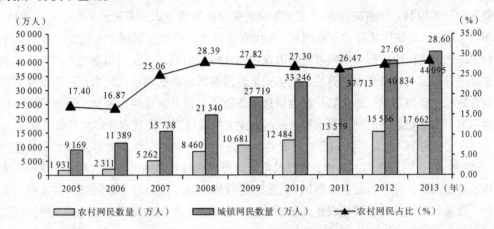

图 4-3　2005—2013 年城镇和农村网民规模对比

[数据来源] CNNIC.

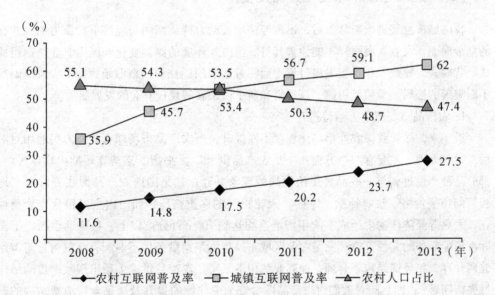

图 4-4　2008—2013 年城镇与农村互联网普及率比较

[数据来源] CNNIC.

2015 年 3 月 5 日上午，在第十二届全国人民代表大会第三次会议上，国务院总理李克强在政府工作报告中强调，要制定"互联网+"行动计划，推动移动互联网、云计算、

---

① 代成斌，黄玉珊．互联网+农业：以信息化促进农业现代化 [J]．世界电信，2015 (5)．

大数据、物联网等与现代制造业结合，促进电子商务、工业互联网和互联网金融健康发展，引导互联网企业拓展国际市场。7月1日，国务院印发《国务院关于积极推进"互联网+"行动的指导意见》（国发〔2015〕40号），对"互联网+农业"的内在动力和根本途径都做了系统描述，把农业数据的透明性和流动性提升为农业发展内在动力的核心要素。7月30日，国务院印发《关于加快转变农业发展方式的意见》（国办发〔2015〕59号），指出要加快开展"互联网+"现代农业行动，鼓励互联网企业建立农业服务平台，加强产销衔接；推广成熟可复制的农业物联网应用模式，发展精准化生产方式；加快推进设施园艺、畜禽水产养殖、质量安全追溯等领域物联网示范应用；加强粮食储运监管领域物联网建设；强化农业综合信息服务能力，提升农业生产要素、资源环境、供给需求、成本收益等监测预警水平，推进农业大数据应用，完善农业信息发布制度。

在"互联网+农业"深刻影响着农业产业各环节的同时，众多上市公司也纷纷进行"互联网+农业"的布局。其中，农产品电子商务、农村互联网金融、农村电子政务三大领域颇受关注，成了当前"互联网+农业"的最热领域。而随着互联网技术的发展、应用、普及，如何将互联网和农业更好地融合，成为农业产业自我改造与自我发展的现实需要。①

（二）我国"互联网+农业"发展的必要性

我国经济发展进入新常态后，出现经济增长动力持续减弱与经济下行压力加大并存的复杂局面，农业发展同样不能独善其身。国内外环境的深刻变化和国内农业长期粗放式经营模式，导致农业转型发展过程中面临着新老问题交织、新旧矛盾交汇、风险困难不断集聚的格局，亟须新思路、新视野和新手段来破解现代农业的发展瓶颈。

1. 农产品市场竞争力亟待提升

近年来，尽管我国农业市场化程度不断提升，但农产品市场综合竞争力仍然相对滞后。究其原因，主要有四个方面：一是农产品供求"紧平衡"态势在短期内难以缓解，部分品种产量过剩与一些品种供给短缺的现象并存；二是国内农产品面临着成本"地板"与市场价格、政府补贴、库存"天花板"的多重挤压，如国内主要粮食作物及棉花、大豆等经济作物生产成本的年均增速均达到10个百分点以上，甚至远远超出了国际市场配额外的完税价格；三是农业区域布局与资源禀赋条件不匹配，北粮南运与南水北调并存，粮经饲结构不合理，种养业结构不紧密，农产品供求关系出现较严重的结构性失衡问题②；四是随着人们对农产品质量安全关注度的提升及居民食物消费结构的升级换代，农产品市场格局从卖方市场转为买方市场，农产品"卖难"和短缺交替出现，提升农产品市场竞争力的诉求日益强烈。

2. 传统农业经营模式的制约性增强

长期以来，我国以分散的小农经营格局应对大规模的市场变化和资源调配，农业比

---

① 叶迎. 国外互联网农业人才培养对中国的启示 [J]. 世界农业, 2015 (10): 195-197, 213.

② 钟真, 孔祥智. 经济新常态下的中国农业政策转型 [J]. 教学与研究, 2015 (5): 5-13.

较收益持续下降，农民务农热情也日渐低迷。随着农村劳动力老龄化、农村"空心化"、农业兼业化和副业化等现象的蔓延，传统农业经营模式的弊端日益加剧，弱者务农现象突出且普遍，小农在农业产业链利益分配中的比较劣势愈加凸显。小农只注重生产而不注重市场，不懂营销和管理，经营理念传统落后，造成农业生产成本持续上涨，农产品价格低位运行，加之农民组织化程度偏低，农产品市场流通服务设施体系不健全，连锁经营、订单农业等营销方式滞后，进一步加深了农产品供需市场之间的矛盾，深刻反映出传统农业营销模式与现代化工业营销模式脱节的问题，旧有的农业经营模式与产业组织体系已经远远不能满足现代农业经营发展的要求，迫切需要新的经营理念、经营方式来应对新时期的挑战。

3. 农业资源偏紧和环境恶化制约突出

农业面源污染加剧、耕地质量下降、农业资源趋紧等问题，严重制约了我国生态环境的改善和农业的可持续发展。多年来，我国单位农田的氮肥施用量远远超出了世界发达国家。据原农业部公布的数据，2015 年我国水稻、玉米、小麦三大粮食作物化肥利用率为 35.2%，农药利用率接近 40%，土壤质量降低、水土流失加剧。农民表现出极大的"化肥依赖症状"：一方面，年轻人常年外出务工，留守的老年劳动力受体力和财力等影响，难以做到对土地精耕细作，只能依赖化肥维持粮食产量；另一方面，大量施用化肥、农药造成耕地品质不断下降，为了稳产增产，又不得不施用更多功效更强的化肥、农药，从而形成了恶性循环。此外，水体富营养化、土壤盐碱化、重金属污染、畜禽粪便污染、地下水污染、草原生态退化等环境问题也越来越突出，生态存在严重透支的威胁，危及农产品质量安全，甚至人体健康。①

4. 农民持续增收难且面临较严峻形势

当前，从农民增收渠道来看，我国农民收入中，工资性收入已取代农业经营性收入，成为助力其增收的最重要途径，越来越多的农民放弃小规模家庭生产经营，转向非农产业。随着经济发展步入新常态，尽管工资性收入仍然是促民增收的主渠道，但受制于宏观经济环境的影响，农民外出务工人数和务工收入增长出现"双递减"现象，农民人均纯收入增速从 2010 年的 10.9%下降至 2015 年的 7.5%，在经济下行压力持续加大的形势下，推动农民持续增收的难度也将随之不断提升。综上可见，新时期农业发展面临着诸多难题与挑战，迫切要求农业发展以更加积极主动的姿态去适应经济新常态，以应对发展农业现代化的新诉求。如何在新常态背景下推动农业现代化步伐，在保障粮食安全的同时促进农民持续增收，成为当下亟待破解的重大课题。也正是因此，"互联网+农业"应运而生。

（三）我国"互联网+农业"的主要融合模式

近年来，"互联网+农业"在推动我国现代农业转型发展和促进农业跨界融合方面发

---

① 赵颖文，吕火明. 粮食"十连增"背后的思考：现代农业发展中面临的挑战与路径选择 [J]. 农业现代化研究，2015（4）：561-567.

挥了积极的作用，突出体现在解决农业信息不对称传播、创新涉农经营模式、拓展农业多功能属性、提升农业智能化水平、优化市场资源配置等方面。总体而言，在助推农业现代化发展上，"互联网+农业"的融合模式大致表现为以下五个方面：

1. 互联网与农业产业技术革新融合模式

物联网是推动"互联网+农业"的重要技术支撑，物联网技术在农业全产业链中的应用，有利于加快转变农业发展方式，实现绿色发展和资源永续利用，促进农业更科学地发展。在农业生产领域，物联网技术对于精准农业的发展起到了积极的推动作用，它通过各种无线传感器实时采集生产现场的光照、温度、湿度、气压等参数和获取动植物生长状况信息，再通过智能系统定时、定量、定位处理，及时精准地遥控农业设备的开启或关闭，实现农业生产的可控化；在农产品安全预警领域，物联网技术结合大数据分析技术，通过整合农业、遥感、气象、水利、物价、统计等相关部门基础数据，制作出科学性较强的病虫害诊断模型、作物生长模型、生物灾害预警监测模型、施肥方案决策模型等，尽可能地为动植物生长提供最佳的生长环境；在农产品质量安全监管方面，物联网技术助力实现农业资源与环境、农业生产与农产品流通等环节信息的实时获取与数据共享，为农产品质量安全可追溯体系的搭建提供了强有力的技术支撑。

2. 互联网与农产品流通营销融合模式

目前，互联网与农产品流通营销的融合模式主要表现为以下四方面：一是互联网融入农产品物流行业，有利于改变传统农产品供应链体系中的很多落后环节，极大地缩短了原有的冗长的农业产业利益链条，推动农产品物流交易扁平式发展，有效解决农产品流通过程中成本高企、物流损失大、信息交流不畅等问题。二是互联网融入农产品营销环节，农村电子商务的兴起将成为农业现代营销模式的最重要推手，通过建立农产品网络营销平台，或积极创建微博、微信等廉价甚至免费的高效销售入口，冲破条块分割的农产品市场格局，大大降低了农产品营销成本，提升了销售利润。三是互联网的介入有利于提升农产品品牌知名度，"互联网+农产品营销"顺应了电商时代的营销规律，颠覆了传统农产品营销模式，冲击并倒逼农产品标准化、规模化和品牌化转型。四是基于物联网技术建立起的"互联网+"的产品认证、产地准出等信息化管理平台，有效强化了农产品风险评估预警，极大地提升了农产品质量安全的应急处理能力，为农产品安全流通保驾护航。

3. 互联网与农村金融服务改革融合模式

农村金融是整个金融改革中最为薄弱的环节，农民贷款难的问题长期得不到妥善解决，农村金融机构覆盖率低，农村金融服务供不应求，金融供需缺口巨大。"互联网+农村金融"更加强调市场导向的农村金融改革，鼓励社会资本进入"三农"领域，开创了大众参与的"众筹"模式，为农户提供更多的增信服务，为解决农村市场主体贷款难问题提供了强有力的资金支撑。当前我国"互联网+农村金融"服务主要体现在两个方面：一是小额信贷。小额贷款的农村互联网模式是通过互联网聚集借款人以及投资人，再通过相关风险控制体系筛选有能力的借款人以及投资人,促成交易的P2P模式。① 二是农业保险。通过运用互联网的信息采集功能和大数据分析能力,农业保险赔付率高的问题将可以得到显著改善,近年来互联网技术在农业保险定损上的应用已经在我国多地得到了推广,特别是卫星遥感检测技术在定损过程中的应用,对于种植面积的确定、作物生长检测、自然灾害对作物的影响等提供了很好的承保依据。

4. 互联网与农业市场资源配置融合模式

目前,互联网与农业市场资源配置的融合模式主要有:一是借助互联网资源、资金和渠道优势,创新构建农业数据资源平台、农业生态环境监测平台、农产品电子商务交易平台、农村精准对口帮扶平台等,积极推动互联网企业与农业产业化龙头企业、农民专业合作社、家庭农场等新型经营主体对接,有效整合业务链、价值链、产业链,构建现代农业经营体系。二是利用互联网的链接效应,构建包括土地、资本、劳动力、技术、各类社会化服务等在内的要素一体化市场,着力提升农业要素资源的配置效率,加快释放农业要素配置红利,降低农业市场的交易费用和监管成本。三是互联网能助力农业多功能属性的拓展,以农村一、二、三产业之间的融合渗透和交叉重组为路径,加速推动农业产业链延伸、农业多功能开发、农业门类范围拓展,打造农业"六次产业化"新业态。四是在助力城乡统筹和新农村建设方面,互联网有助于消除城乡之间的信息不对称,提供跨区域的创新服务,推动城乡间公共资源的均衡配置,为实现文化、教育、卫生等公共稀缺资源的城乡均等化构筑新平台。

5. 互联网与农村政务服务管理融合模式

针对现有农村政务服务信息共享程度低、可办理率不高、群众办事不便等难题,"互联网+农村政务"衍生出的农村电子政务管理模式成为提升基层公共服务的重要举措,也是"互联网+"在农村基层工作的创新之举。一是"互联网+"的介入让基层行政管理更加民主化。政府通过在官网发布政务信息,网络收集社会公众意见,最大限度地汲取民众意见,并以此作为行政决策依据。二是互联网也让行政管理更加透明。通过推行公开透明服务,既降低了制度性交易成本,又加深了社会公众对政府行政管理行为的理解程度。三是电子政务的发展有利于推进实体政务向网上延伸,整合业务系统,统筹服务资源,促成线上线下融合,提供渠道多样、简便易用的政务服务体系。四是通过整合电子政务服务平台,促进条块联通,实现政务信息资源的多方共享,特别是农业行政管理、农产品质量安全、农业市场监管、农村三资管理和农村电子政务的全面信息化共享,能够有效提升农业行政管理效率及其服务"三农"的能力。

(四) 我国发达地区"互联网+农业"发展经验

1. 上海市"互联网+农业"发展现状

"十二五"期间,在上海市委、市政府大力推动下,上海加快转变农业发展方式、增强农产品供应保障能力、提升农业产业化水平,在农业科技进步、保障地产农产品质

---

① 柳彩莲. 论"互联网+农业"的新经营策略 [J]. 中国集体经济, 2015(19): 63-65.

量安全、推进国家现代农业示范区建设等方面取得了较突出成绩。总体来说，上海市"互联网+农业"的实践成效突出表现在六个方面，即构建新型农业经营主体、发展精准化农业生产、提升网络化服务水平、完善农产品质量安全追溯机制、打造农业物联网应用示范工程、开展农产品电子商务应用示范。

一是构建新型农业经营主体，推动农业适度规模经营。上海积极培育新型农业经营主体，大力发展粮食生产家庭农场，支持粮经结合、种养结合、机农结合等模式的家庭农场发展，逐步建立起"农民合作社+家庭农场""农业龙头企业+农民合作社+家庭农场"等多种经营模式，引导发展农民专业合作联社。截至 2014 年年底，上海农民组织化水平达到 77.1%，农产品品牌销售率 61.4%。在新型农业经营主体快速有序发展的基础上，构建了新型农业经营管理平台，具体涵盖家庭农场信息管理系统、农民合作社信息管理系统、农产品可追溯信息管理系统等多个子系统平台，整合农业领域技术、生产、管理、品牌、渠道等各类资源，对农业生产经营情况、经营成本与利润、涉农补贴等信息进行跟踪监管与动态分析，确保信息高效、透明和无障碍传递，以进一步指导农业专业化、组织化与规模化发展。

二是大力推进农业物联网技术，发展精准化农业生产。上海市目前主要以三类农产品（水稻、绿叶菜、动物及动物产品）、四个环节（生产、加工、流通、销售）安全监管为重点应用领域开展农业物联网应用示范。如通过设施农业智能控制管理系统，增强农业生产可控性，提高资源利用率和生产率；通过农机综合指挥调度信息管理系统，利用无线传感、卫星定位导航与地理信息系统等技术，开发和部署农机作业质量监控终端与调度指挥系统，实现农机资源管理、田间作业质量监控和跨区作业调度指挥，提高农机化管理水平，农机定位误差控制在 1 平方米范围内，实现了精准无误的播种、收割；采用 WebGIS、移动 GIS 和航空遥感技术推动农业布局规划动态管理，完成 204 万亩（约13.6 万公顷）永久基本农田数字化上图，严格落实耕地保护和节约用地制度，并在此基础上形成《上海市农用地分类体系》《上海市农用地数字化作业规范与技术流程》以提升农业产业化、标准化经营水平，推进都市现代农业发展。

三是构建农村综合信息服务平台，提升农村网络化服务水平。上海市着力构建三个涉农监管平台，即涉农补贴资金监管平台、农村集体三资监管平台和农村土地承包经营权管理信息平台。涉农补贴资金监管平台主要将涵盖 45 项涉农政策（项目）的补贴资金在全市 1 391 个涉农行政村予以公示；农村集体三资监管平台对全市 9 个涉农区县、6个中心城区、126 个乡镇、1 711 个村、22 595 个生产小组的三资数据予以公示，极大地促进了农村基层的党风廉政建设；农村土地承包经营信息管理平台，负责收集和发布土地流转信息，政策咨询、资信审查、洽谈协商，合同签订、合同鉴证，调处纠纷，档案归档等工作。截至 2014 年年底，上海市农村集体承包地流转面积为 106.7 万亩（约7.11 万公顷），流转率达 62.66%，耕地流转率、土地流转合同签订率均位居全国第一。

四是完善农产品质量安全可追溯机制，确保"居民舌尖上的安全"。上海市自 2004年起就开始利用二维码、智能识别和实时网络传递等互联网技术，开发全市农产品监督信息管理系统。目前已将该系统分别应用于动物及动物产品和地产绿叶蔬菜的安全可追溯管理上，如实时监控和记录生猪从养殖到屠宰的全过程，绿叶菜生产过程中的播种、施肥、用药、灌溉、采收、农药检测等信息，并通过电子化田间档案与加工、出口、运输、销售等环节数据相关联，实现农产品全产业链质量安全可追溯，确保居民的饮食消费安全。

五是打造农业物联网区域应用示范工程。上海市围绕都市现代农业发展需求，以企业为主体，以产业发展需求为导向，构建了具有本地特色的物联网云平台。该平台整合接入了各业务条线 60 多个系统与平台，按照"组装集成建平台，推广平台促应用"的思路，构建"一个中心、三个系统"（农业数据中心、综合展示系统、应用管理系统、远程指挥调度系统）基于云计算架构的开放性平台。同时，探索农业物联网可视化、可操作、可持续的推广模式，逐步构建农业物联网技术体系、应用体系、标准体系、组织体系、制度体系和政策体系，并在各示范基地与示范企业推广应用，促进农业经营主体利用农业物联网技术节本增效。

六是开展农产品电子商务应用示范。上海市以产业联盟形式建立农产品供应商、采购商、农联组织、农业协会和涉农服务机构之间紧密的利益共同体，依托集交易撮合、信息查询、委托采购、拍卖招标、网上结算、物流管理、品质评定和折扣管理、第三方审核仲裁等功能为一体的电子商务平台，把传统农业生产与市场终端"多对多"的流通闭环，转变为供应商到配送中心再到终端"多对一对多"的流通生态圈，解决了大量物流车辆在城市内无序运转的难题。此外，上海市还与苏宁云商平台、阿里村淘合作，推进农产品进城与农资下乡双向流动。目前，上海市农产品电子商务示范典型模式有强丰农庄（无人售菜机交易模式）、特产中国（1 号店生鲜电商经营模式）、菜管家（第三方交易平台模式）、"农家乐"旅游（农业休闲旅游电子商务模式）、同脉食品（网站与实体门店相结合模式）等。

上海市"互联网+农业"发展模式可归纳为表 4-3。

表 4-3　　　　　　　上海市"互联网+农业"发展模式归纳

四项工程	服务内容	实施项目	政策支持
1. 智慧农业创新工程	农业智能装备	农业智能装备技术创新和产业化应用推广	《上海推进智慧城市建设 2014—2016 年行动计划》（沪委办发〔2014〕31 号）上海市 2015—2017 年国家现代农业示范区建设三年行动计划《关于上海农业物联网发展的实施意见》（沪农委〔2013〕45 号）
	生产管理决策	农业生产管理决策和控制技术研发	
	共性技术服务	农业物联网云平台内容拓展与服务提升	

表4-3(续)

四项工程	服务内容	实施项目	政策支持
2. 农业电子商务促进工程	网络化经营	"百镇千村"农产品电子商务示范	《关于大力发展电子商务加快培育经济新动力的意见》(沪府发〔2014〕77号)《关于加强本市鲜活农产品流通体系建设实施意见的通知》(沪府发〔2012〕10号)《上海市主要农产品价格信息采集与监测实施办法(试行)》(沪农委〔2014〕4号)
	产销对接	新型农业经营主体管理与服务平台	
	市场信息服务	上海农产品价格监测与服务平台	
3. 农业电子政务管理工程	网上办事	市农委网上办事政务大厅建设	《上海市网上政务大厅建设与推进工作方案》(沪府办〔2015〕36号)《上海市食品安全信息追溯管理办法》(沪府令33号)
	信息公开	市农委政府数据资料的编目与共享	
	安全监管	地产农产品安全监管与服务平台	
	数据资源服务	上海农用地管理与服务平台	
4. 农业信息服务示范工程	进村入户	村级信息服务站功能拓展和服务延伸	《市农委、市财政局关于本市推进"美丽乡村"建设工作意见的通知》(沪府办〔2014〕17号)
	便民服务	上海农业新媒体移动服务平台	
	信息管理	上海农业科技服务云平台	
	智慧村庄	上海"美丽乡村"管理与服务平台	
		上海智慧村庄建设试点与推广示范	

2. 广东省"互联网+农业"发展现状

与上海相比,广东省"互联网+农业"的发展更加依赖于政府的强力推动。广东省按照"顶层设计、统筹管理、深度融合、全面提升"的工作要求,建成了高效统一的"六个一"农业信息化保障体系,即"一个数据中心、一个综合平台、一套协同机制、一套支撑体系、一个保障队伍",用"一盘棋"的思路推进全省农业信息化建设。2013—2015年,广东省每年投入5 000万元用于全省农业信息化建设。广东省农业信息化建设着力点在重塑农业全产业链上,突出体现在以下四个方面的内容上:

一是以"互联网+管理"提升农村与农业电子政务效率。建立广东农业综合业务管理平台、农业厅网上办事大厅、农业政务OA系统,加快推进农村互联网资源普及,扎实推进农业网上办事,加强网络信息与安全保障,推进农业执法在线管理、农业生产调度与应急指挥联网统防统治、农业农村改革公共信息平台建设,提升农业电子政务效率。目前,农业综合业务管理平台已经整合了农业机械、投资项目、科技教育、畜牧业、种植业等不同主题数据资源,实现了应用系统集成平台、数据资源集成平台、数据交换与服务集成平台。通过创建广东省农业厅网上办事大厅,优化网上办事流程,提高了进驻率、办理率、对接率和满意率。截至 2017 年年底，农业厅 62 项行政审批事项全部进驻网上办事大厅，网上办理率达到 100%，平均办理事务时间为 12 天。通过创建涉农补贴资金监管平台，可以查询全省涉农补贴信息，提升农业补贴信息的透明性和公平性。目前平台已覆盖农村低保收入住房困难户改造补贴、农机购置补贴、农资综合补贴和农作物良种补贴四大内容。

二是以"互联网+经营"构建现代农业产业化经营体系。首先，结合云平台、物联网、二维码标签等信息技术构建农产品溯源管理平台，利用互联网、手机终端、扫描移动终端等设备渠道提供溯源管理平台内的产品认证、追踪溯源等服务。通过该平台，实现了对涉农企业的生产种植到农产品销售的全供应链溯源监控，实现了全省食用农产品全程可追溯管理。其次，建立全省农业经营主体综合数据库，对省级农业龙头企业、省级菜篮子基地、省级农民专业合作示范社、"三品一标一名牌"生产企业实行经营主体登记，建立电子档案，实现了全省农业企业、合作组织、家庭农场等新兴农业经营主体信息的动态查询、产业经营现状展示，实现了企业经营数据一站式管理，明晰了企业的行业竞争力。最后，在农产品销售环节，大力推进农产品电子商务。2014 年全省电商交易额增长 30%，全省网上零售额增长 70.7%，同比高出全国 14.5 个百分点。

三是以"互联网+生产"推进互联网与农业生产融合创新。加快推进种植业精准化生产、畜禽业智能化养殖，推广智能化节水型农业，推进基地可视化与物联网应用、现代种业数据化、机械装备协同网络化、培训在线化等云平台建设与服务推广。首先，通过构建农业生产调度与可视化汇聚平台，实现了动态数据监控、调度指挥、多系统接入、实时交流等多种功能模块，并面向农业厅各业务实现农业可视化管理，与农业部门实现对接，实现全省 21 个地市、121 个县区农业部门全覆盖。其次，构建了广东农业舆情监测系统，对全国 3 500 多个新闻媒体、社交网站等互联网全网数据以及广东全省涉农网站进行监测采集，实现了基于人物、事件、地域等关联维度的舆情监测任务定制功能，实现了 7×24 小时全天候的采集与监控功能。再次，构建农业信息监测体系，以 300 家规模化农业生产基地、40 家农产品批发市场以及市县级农业部门为主体构建全省农业信息监测体系，通过稳定维护并扩建，充分发挥农业大数据对农业部门和生产者的决策支撑作用，让农业部门和农业生产经营者可以快速、直观地掌握全省农业生产和流通的发展动态。最后，建立专家会商制度，发布农业生产和市场运行情况月报、季报、半年报、年报，为农业部门和生产者提供农业生产辅助决策分析服务。

四是以"互联网+服务"全面推进信息进村入户。广东全省范围内建有 1 200 个"八有"惠农信息社，支持企业经营、青年创业、公共服务等多种服务模式协同发展，落实"一条专线全网通、一批应用下乡去、一批田头连上网、一个体系共决策、一批青年成创客、一批产品触电商、一批农资全程管、一批技术广应用、一批金融惠'三农'、一本手册享服务"十项服务进村入户，构建"政府引导、市场驱动、企业主动、服务到位、农民受益"的可持续发展模式。扶持一批农业信息化示范市、县、点，重点开展信息进村入户、三资管理、电子商务、物联网等领域的示范应用，带动提升全省农业信息化发展水平。

（五）我国"互联网+农业"战略推进中面临的现实难题与挑战

尽管"互联网+农业"是借助信息化技术推动传统产业提质升级的全新命题，是助推现代农业发展和促进农民增收的重要手段，蕴含着重大的战略契机，并拓展了发展空间，已经在全国范围内如火如荼地开展，然而在缺少顶层设计和宏观指导的现实背景下，"互联网+农业"很容易形成一哄而上、各自为政的局面，不利于"互联网+"与"三农"各个领域的整体推进和协调发展，"互联网+农业"由此也会演变为泡沫概念。我们看到，在实践过程中仍存在不少障碍和难题，值得社会高度关注和审慎思考。

1. "互联网+农业"概念的界定上存在分歧与偏差

尽管近年来"互联网+农业"建设在政府推动下高潮迭起，但不少社会公众对于"互联网+农业"内涵的认知仍不明晰，加上政府对其具体发展模式缺乏明确的指导与建议，导致社会实践中很容易出现偏差和导向错误。一是盲从倾向。如很多涉农企业在互联网浪潮的冲击下，未能切实考虑自身的运营条件和所处的市场环境，盲目跟风"互联网+"，忽视其运营的出发点和落脚点，造成企业发展陷入恶性竞争。二是将"互联网+"等同于电商化发展倾向。很多民众甚至地方政府简单地把"互联网+"等同于走电商化路径，造成电商企业遍地开花，特别是在农业领域，不恰当的电商化营销模式更是容易背离农业的基本属性和政策初衷。三是高成本堆积倾向。有的地方政府和农业经营者片面地认为通过互联网基础设施的改造升级即可以推动实现"互联网+"的成功转型，忽视了配套社会化服务的重要性，导致"互联网+"在农业全产业链领域难以有机融合。同时，高昂的堆积成本不仅会推高农产品终端消费价格，也会进一步抑制居民的消费热情。

2. "互联网+"与现代农业深度融合的难度较大

农业是一个综合性的复杂系统，其发展涉及社会、经济、政治、文化、环境等各个方面，与此对应的农业问题也相互交织、错综复杂。"互联网+"在向农业渗入与融合的进程中，存在两个客观现实：第一，三次产业之中，农业距离互联网最远；相较于其他产品，农产品从田间到餐桌的产业链节点最多。首先，农村地区互联网基础设施薄弱已成为"互联网+农业"发展的一个巨大障碍，目前仍有4万多个行政村未通宽带，还有七成以上的农民不熟悉互联网操作；农村公共信息服务平台建设滞后，且农业数据资源的利用效率极低、数据分割与分隔严重，信息技术转化为现实生产力的任务异常艰巨。其次，农业产业化程度低下导致市场对互联网的需求不足。一方面，农业经营组织体系不发达，农产品的生产、加工、销售、储运等均不具规模，且各环节之间相互分割，造成农业活力不足，难以通过互联网打通信息传递的"最后一千米"；另一方面，互联网、物联网等农业技术尚不成熟，小农户分散生产经营的格局与高度智能化和市场化的"互联网+"模式难以有效对接。第二，农业作为高风险弱质产业，自然风险因素对整个产业的影响不容小觑。尽管"互联网+"在加速农产品流通和推动农业产业结构调整方面发挥着积极作用，但是受制于农业自然风险的不可控性，农民仍可能被迫选择违约行为，反而阻滞了"互联网+"的深度融合。另需指出的是，农民作为互联网领域的弱势群体，互联网知识匮乏，面对多变的互联网环境，难以认知和获取有效的信息渠道，只能被动应对，"互联网+现代农民"的发展路径更是大打折扣。

3. 冷链物流建设仍是农产品"触网"的主要障碍

受农产品季节性强、易腐烂变质、流通环节多、交易效率低、农村交通设施欠发达等因素影响，农产品冷链物流一直是生鲜农产品互联网应用实践中最重大的难题。许多农产品尤其是不少特产鲜货集中在偏远山野，外运困难，即使借助网络营销宣传也难以将产品售出，等于是有网无路。而外地对原产地农产品信息获取不畅，缺乏了解，又近乎求购无门。最受农产品冷链物流滞后影响的是当前"互联网+农业"领域内最受热捧的农产品电商。据相关统计，2015年国内农产品电商数量达4 000余家，但均存在趋同投资、重复建设、成本高、标准不一等问题，导致竞争无序、亏损经营，建站与关站并存，4 000余家中仅有1%盈利，7%巨亏，88%略亏，4%持平。生鲜农产品物流基础设施建设严重落后，农产品保鲜技术、储存能力、配送力量参差不齐，特别是冷链物流能力不够，农产品流通效率低、成本高、损耗大。据相关统计，果蔬等农副产品在采摘、运输、储存等物流环节中的损失高达30%，加之农产品标准、保障标准、配送标准、验收标准、质量标准等农产品标准体系的建设不健全不完善，网售农产品"劣币驱逐良币"现象普遍存在，且仍在快速蔓延。

四、四川"互联网+农业"建设现状

（一）四川农业信息化总体建设情况

四川是农业大省，但不是农业强省，农业的现代化以及农村经济发展迫切需要信息技术发挥支撑作用。近年来，四川农业信息化水平得到了较快提升，但总体水平仍然不高，农业信息服务体系不健全，信息传输不畅，不能适应农业和农村经济发展的需要，农业信息服务的"最初一千米"及"最后一千米"的问题均未能得到有效解决。[①] 因此，引入"互联网+"思维，对于深入开展四川省农业信息化建设研究具有重要的理论与现实意义。

强化农业信息服务、推动农业信息化建设是四川省委和省政府在农业建设方面的重中之重，是四川农业实现跨越式发展的重要举措。农业信息服务体系建设被四川省列为三大农业体系建设的核心，信息网络建设也是省政府工程规划中的1号工程。当前，以中国电信和中国移动为代表的电信企业所推动的商业信息服务和省政府主导的、依靠财政保障支持的公益性信息服务相互配合、齐头并进，共同作用于农村地区，共同推动农业信息化建设。应当说，四川省农业信息化建设正朝着网络化、多元化、社会化的方向发展。

---

① 胡玉福. 四川农业信息服务体系建设研究 [D]. 雅安：四川农业大学，2013.

经过近 30 年的发展，四川省农业信息化建设取得了一定的成效，一是省农业厅和市（州）农业部门均设立了专门信息机构，80% 以上的县（市、区）设立了农业信息站，建成乡、村级信息站点 4 700 余个，专职农业信息人员已有 600 余人；二是各级农业部门基本建成政务内网、政务外网和互联网三类网络系统，基本实现信息安全保障和信息资源共享；三是实施了"金农"工程，构建了 12316"三农"热线、农业应急指挥中心等重要信息系统和数据中心，服务于农业行政管理初见成效；四是各级农业部门通过农产品电子商务、农技宝、手机短（彩）信等多种手段，开展各具特色和有针对性的农业信息服务。①

近年来，四川省进一步认真贯彻国家关于加快实施"互联网+"行动计划的战略部署，主动适应经济发展新常态，强化以"互联网+"为代表的现代信息技术的应用示范，加快推进四川现代农业发展。2015 年 5 月，四川省正式确定《2015 年"互联网+农业"发展思路与工作重点》，6 月，省政府办公厅下达《关于印发四川省 2015 年"互联网+"重点工作方案的通知》（川办发〔2015〕55 号），将"互联网+农业"放在重点工作第二位，力图通过信息化手段实现资源的有效配置，推动农业转型升级和管理方式的创新与变革。

然而，在四川省这样一个城乡差异较大、地理环境较为复杂的省份，"互联网+农业"战略工作推进着实任务艰巨。尤其是和发达省份相比，四川省农村信息化水平仍处在较为初级的阶段，农村信息化建设投入严重不足，还远不能适应城乡统筹和谐发展的要求。因此，需要具体分析四川省农业信息化建设的发展现状，找出四川省在推进"互联网+农业"过程中将遇到的现实的与潜在的问题，并就具体问题的成因展开深入分析与探讨。

（二）四川省"互联网+ 农业"分类推进情况

1. 借物联网推进农业生产精准化管控

四川省各地积极运用新技术、新设备，推进现代农业生产精准化。如成都市的高标准良田现在大多都可以实现物联网信息化管理，根据测土进行自动化配方施肥，大大降低了人力和物力的支出。眉山市通过推行"互联网+云计算"，建设室外气象自动监测系统，对示范区内的温度、湿度、降雨量、土壤墒情、病虫害等情况进行监控，根据粮食作物各个生长阶段情况，对水分管理、追肥时间、施药用量、病虫害等进行数字化控制。广元市苍溪县通过开发 ERP 智慧农业管理系统，实现了农业生产科学管控和高端生态农产品的"私人定制"。该系统主要由传感器、无线采集器、智能网关、无线控制器、RFID 标签和读写器、摄像头、LCD 大型拼接屏、无线接收手机（APP）等基本部件组成。绵阳江油市在推进国家现代农业示范区建设和省级现代畜牧业重点县建设过程中，用现代信息技术、管理理念改造传统农业，引入各种先进技术设备，普及应用智能控制系统，使各种农业生产智能设备得到推广使用，建成新安猕猴桃、八一蔬菜、九岭折耳

---

① 叶枕希. 四川农业信息化发展趋势分析与思考 [J]. 四川农业科技, 2015 (4)：5-6.

根、白玉水果、塔九路果蔬、大康百合花6个万亩现代农业示范区，三一、阳光、小英、贵禄、瑞洋、新希望等多个万头猪场，来恩、藏王寨、亿家园等多个10万只蛋鸡养殖场，已基本达到信息自动采集、作业智能控制、监控智能视频化，摆脱了农业靠天吃饭、凭经验种植养殖的传统模式，使现代农业走上了工厂化生产、精细化生产的道路。

2. 以电商促进农产品销售转型升级

四川省农产品电子商务产业起步相对较晚，但是发展迅猛。截至2014年年底，四川省农产品电商交易额达到180亿元，涉足农产品电商和农业专业电商平台近100家，涉农电商管理、销售、网络维护、物流等从业人员达到30万人以上。目前，四川省国家级电商试点县17个，省级试点县9个，县、乡、村级农村电商服务网点3 000余个。四川省农产品电商发展主要具有两个特点：一是构建特色农产品网售平台，推动地方农产品品牌建设。如中药材天地网不仅是全国中药材市场价格和销售数量的标杆，还通过借力"互联网+标准化"，制定了首个"中药材电商标准"。其首批投入应用的标准包括202个常用中药材品种的1 184个细分产品规格。到2016年年底，已覆盖1 200个常用中药材品种的5 000多个规格产品，多年来中药材流通"小、乱、散"的局面也有望彻底改观。麦味网是四川省休闲农业线上销售线下体验的重要窗口，有效带动了全省100余家休闲农业示范农庄以麦味网等休闲农业平台为载体，开展电商服务，推进四川乡村旅游、观光采摘等美丽乡村建设。二是加快"互联网+农业"的跨界融合，消除农产品销售瓶颈。各地坚持"政府引导、市场运作、企业主体、利益连接、合作共赢"的原则，鼓励和支持各地多形式发展电子商务。京东、阿里、赶街网等一批知名电商企业积极进驻农村和社区，与示范县开展深度合作，建设镇村网点、铺设物流站点，以有效实现网店下沉。如仁寿县成为京东在全国范围内的首个电商试点县，2015年举办了"中国·仁寿第十五届枇杷节暨仁寿首届京东网上枇杷节"，实现网上销售枇杷10万千克。南充市新型经营主体在淘宝等开设网店50余家，2014年实现网销收入6 000余万元。

3. 缩小农村数字鸿沟

一是四川省充分利用农业部门信息网站开展"三农"信息服务，如2014年，四川省农业厅门户网站的日均点击量突破7 000人次，较过去一年增加近30%，年访问总量突破850万人次。二是纵深开展农情监测，发挥参谋导向作用。全省构建了省、市、县三级互联互通农情监测体系，利用网络监测平台开展农业生产面积落实、生产过程监测、产量趋势预测、灾情信息传递等，为各部门分析研判提供决策依据。三是通过组建农业信息化专家团队，强化农业信息化创新力度。12316"三农"热线是全国农业系统公益服务统一专用号码，主要为农民提供政策、科技等全方位的即时信息服务。12316成功植入各乡镇的信息服务站和区域农技推广站，让农技服务更贴近群众，服务更方便。用大数据提升"互联网+"模式下的农村电子政务管理与服务效能。2010年以来，四川省全面支持各个县（市）州建立三资信息化监管平台，对村、组两级资金、资产和资源进行规范化管理，并对信息予以透明化公开，方便群众查询和实时监控。

（三）四川省"互联网+农业"发展中存在的现实问题

"互联网+农业"是一次重大的技术革命创新，必然将经历新兴产业的兴起和新基础设施的广泛安装、各行各业应用的蓬勃发展两个阶段。"互联网+农业"也不能跨越信息基础设施在农村领域大范围普及的阶段。① 目前，四川省"互联网+农业"发展中主要存在农村信息网络基础设施建设相对薄弱、农业信息化管理涉及多头部门且协调分工不明确、农业信息服务体系不健全、农业数据信息失真现象严重②、农业互联网受众意识不强、信息资源供需不对接、"互联网+农业"的专业性人才缺乏、农业产业化程度低导致农业信息需求不足等问题。而"互联网+农业"步伐缓慢的关键原因还在于四川省农业产业化程度较低，农业流通体系不发达，农产品的生产、加工、销售无法形成规模，致使农业活力不足，抑制了农业生产链条效率的发挥，难以形成对农业信息资源的有效需求，因而信息资源仍然较为分散，缺乏有效整合。加上现有信息真实性与实用性较差，导致互联网、物联网等农业技术难以有效实施，小农户分散生产模式与高度智能化互联网难以深度融合，很难切实有效地推动"互联网+农业"的全面蓬勃发展。

五、对四川"互联网+农业"发展的对策建议

（一）夯实"互联网+"与农业深度融合的硬件基础

有序推进农村地区互联网基础设施建设，完善农产品物流配送网络体系建设，夯实"互联网+"与现代农业深度融合的硬件基础。一是重点解决宽带"村村通"问题，加快研发和推广适合农民特征的低成本智能终端，唤醒多年沉睡的农村互联网经济潜能；二是加快实施农业大数据工程，建立覆盖农业大数据采集、加工、存储、处理、分析的全信息链，着力推广基于"互联网+"的农业大数据应用服务；三是着力完善农资、农产品物流网络体系，加强"供应链"管理，特别是要强化农产品冷链物流体系建设，针对我国农业分散组织和市场应对能力较弱特征，可以选择性发展第三方物流，减少物流成本投入，提升"互联网+农产品物流"的效率与质量。

（二）提升农民信息化素质，助力培育新农人

积极推进"互联网+新农人"培育行动，造就一批有文化、懂技术、会经营的新型职业农民，为我国"互联网+农业"战略的稳步推进提供人才支撑。一是通过市场化手段尽可能地减少信息传递成本，激发农民信息需求，对农民购买智能手机或电脑给予补贴等，提高农民网络搜寻信息、防范风险和线上沟通交易的能力，逐步改变传统农民的

---

① 程奎文. "互联网+农业"助推我国现代农业发展的几点思考 [J]. 天水行政学院学报，2015（6）：92 -94.

② 胡玉福. 四川农业信息服务体系建设研究 [D]. 雅安：四川农业大学，2013.

生产方式、交流方式和交易方式。二是充分利用现有信息化基础，面向农村公众普及互联网知识，更广泛地运用微博、微信等社交网络工具开展科学传播，促使广大农民快速、便捷地汲取科学知识与信息。三是要积极构建基于"互联网+"的系统培训体系与教学环境，研发智能终端的在线课堂、互动课堂、认证考试等新农人教育平台，满足农民对科普信息和技能的个性化需求，并通过宣传媒介、农业学校、农技夜校等培训基地，加大对农民的系统化培训力度，提高农民各项素质和技能。①

（三）强化农业领域物联网等核心技术的研发与应用

整体而言，我国农业物联网发展仍处于探索初期。物联网建设探索性投入较大，利益产出及附加值较低。传统农业粗放分散的生产经营方式也在一定程度上阻碍了农业物联网、云计算等核心技术的推广与应用。因而，政府在营造农业物联网发展环境、引领信息化推动现代化方向及资金支持带动技术方面，要保证农业物联网的稳步推进，要鼓励重点突破农业传感器、农业精准作业等前沿技术的推广和应用；建立农业物联网智慧系统，在大田种植、设施园艺、畜禽养殖等领域广泛应用；开展面向粮食主产区域，主要粮食作物的长势监测、遥感测产与估产、重大灾害监测预警等农业生产智能决策支持服务。借物联网技术实现农业资源生态实时跟踪与分析、智能决策与管理，实现"一控两减三基本"的目标，治理农产污染，提高农业资源生态保护水平，促进农业可持续发展。② 此外，要通过土地流转政策、家庭农场和农民专业合作社的扶持政策，创造农业物联网应用所必需的规模化生产环境和经营方式，并引导社会各界力量参与物联网等核心技术的研发与应用。

（四）促进"互联网+农业"整体推进和局部突破

"互联网+农业"战略应遵循整体推进的原则，不同经济发展水平的地区均要重视农业信息化建设工作，发达地区要在利用信息化手段改造传统农业的同时，积极引领"农业六次产业化"路径，提升农业生态价值、休闲价值和文化价值，促使传统农业更具竞争力和适应性；欠发达地区要以信息化为引擎，抢抓工业反哺农业和农业信息化发展机遇，积极求索、大胆创新，推动地方农业实现跨越式发展。我国农村经济发展地区间的不平衡性和多层次性，决定了我国"互联网+农业"融合模式绝不可能套用同一个模式，各地区要根据自身的资源禀赋特征、科技发展水平、市场经济环境、网络基础设施配备等，促成若干不同模式的"互联网+农业"演进路径，并积极发挥其自然、经济、社会和文化优势，充分凸显其区域特色。政府部门还应出台专门的政策举措，鼓励多元化、多渠道方式对"互联网+农业"的发展进行投融资，促成"互联网+农业"的整体推进

---

① 石志恒，许克云. 农户对农业农村信息化认知的影响因素分析——基于甘肃地区农户的样本调查 [J]. 资源开发与市场，2014（9）：1 063-1 066.

② 王文生. 以"互联网+农业"为驱动，打造我国现代农业升级版 [EB/OL]. http://blog. sina. com. cn/s/blog_ 14f65440b0102vfmm. html.

和局部突破。

六、结语

我们要主动适应"互联网+"的发展趋势,充分发挥互联网在农业生产要素配置中的优化和集成作用,将互联网的创新成果与现代农业的发展深度融合,提升农业实体经济的创新力和生产力。稳步推动"互联网+"在农业经营模式创新、精准生产、信息服务和农产品安全追溯体系建设方面的应用,提升农业生产、经营、管理和服务水平。培育一批网络化、智能化、精准化的物联网示范基地,打造"互联网+现代农业"的典型。支持新型农业经营主体建立融合电子商务、移动互联网、金融服务、信息管理、产品销售等模式的信息平台,推动其管理向平台化、网络化发展,建立以消费为主导的农业经营生产与发展模式。以12316"三农"服务热线为核心,以移动互联网应用终端为载体,延伸农业生产生活信息服务。建立四川省农业大数据应用和分析体系,实现农业指挥调度、农产品安全监管、农产品价格行情等应用平台。采用国家统一标准,建立农资和农产品安全溯源体系,实现与国家农产品案例追溯平台的对接和信息互通共享。

在"互联网+农业"战略推进过程中特别要注意的是,发展互联网农业需要个过程,"互联网+农业"的蓬勃兴起是建立在农业产业化有序发展基础上的,不能急于求成,更不能拔苗助长。

参考文献

[1] 赵颖文,吕火明. 粮食"十连增"背后的思考:现代农业发展中面临的挑战与路径选择 [J]. 农业现代化研究, 2015 (4):561-567.

[2] 吕火明,赵颖文,刘宗敏. "互联网+农业"深度融合的对策思考 [J]. 农业网络信息, 2017 (5):37-43.

[3] 柳彩莲. 论"互联网+农业"的新经营策略 [J]. 中国集体经济, 2015 (19):63-65.

[4] 石志恒,许克云. 农户对农业农村信息化认知的影响因素分析——基于甘肃地区农户的样本调查 [J]. 资源开发与市场, 2014 (9):1063-1066.

[5] 王文生. 以"互联网+农业"为驱动,打造我国现代农业升级版 [EB/OL]. http://blog. sina. com. cn/s/blog_ 14f65440b0102vfmm. html.

[6] 李敏. "互联网+农业"视域下河南省现代农业发展研究 [J]. 创新科技, 2015 (6):17-19.

[7] 王蕊. 农业经济发展实施"互联网+"战略途径研究 [J]. 农业经济, 2016 (3):26-27.

[8] 代成斌,黄玉珊. 互联网+农业:以信息化促进农业现代化 [J]. 世界电信, 2015 (5).

[9] 叶迎. 国外互联网农业人才培养对中国的启示 [J]. 世界农业, 2015 (10): 195-197, 213.

[10] 胡玉福. 四川农业信息服务体系建设研究 [D]. 雅安: 四川农业大学, 2013.

[11] 叶桄希. 四川农业信息化发展趋势分析与思考 [J]. 四川农业科技, 2015 (4): 5-6.

[12] 程奎文."互联网+农业"助推我国现代农业发展的几点思考 [J]. 天水行政学院学报, 2015 (6): 92-94.

[13] 李华锋, 章颖. 中国农业信息化发展现状 [J]. 世界农业, 2012 (6): 92-94.

[14] 张辉, 孙素芬, 谭翠萍. 2004—2014 年我国农业信息化发展及趋势研究 [J]. 安徽农业科学, 2014 (35): 12582-12584.

[15] 张雨. 四川农业信息化建设的发展现状与探讨 [D]. 成都: 西南财经大学, 2014.

[16] 杨鹏玲. 关于"互联网+农业"发展的几点建议 [N]. 中国经济时报, 2015-10-30.

[17] 李道亮. 农业现代化如何从"互联网+"发力 [J]. 人民论坛·学术前沿, 2016 (10): 89-94.

[18] 钟真, 孔祥智. 经济新常态下的中国农业政策转型 [J]. 教学与研究, 2015 (5): 5-13.

第五篇　加快成都市农业供给侧结构性改革研究

推进农业供给侧结构性改革，提高农业综合效益和竞争力，是解决当前农业存在的诸多矛盾和现实难题的关键，是当前和今后一个时期我国农业政策改革和完善的主要方向。近年来，成都市依托资源优势，不断创新农业发展机制体制，现代农业发展取得了长足发展，初步形成了富有特色的都市现代农业。成都在推进农业供给侧结构性改革方面已经进行了许多有益的探索，但制约全市现代农业发展的深层次问题尚未得到有效解决。作为国家中心城市之一和四川首位城市，成都市农业供给侧结构性改革应走在全国和全省的前列，以取得更多的经验和好的做法在全省乃至全国推广。本研究主要针对成都市在推进农业供给侧结构性改革中存在的问题，提出相应的对策建议，以期走出一条符合成都实际的农业供给侧结构性改革之路。

一、农业供给侧结构性改革的内涵与要求

推进农业供给侧结构性改革，是破解农业发展难题、推动农业闯关过坎的关键举措，是加快转变农业发展方式、促进农业现代化的必然要求。着力加强农业供给侧结构性改革，优化供给结构和资源配置，提高农业综合效益和竞争力，是当前和今后一个时期农业农村工作的重大任务。

（一）农业供给侧结构性改革的背景与内涵

1. 农业供给侧结构性改革的背景

在我国农业进一步发展的进程中，尽管已经取得了很大的成绩，但是在未来发展中仍然还存在着一些十分突出的、严重制约农业发展的、具有结构性特征的问题。2017 年中央一号文件明确指出，我国农业的主要矛盾已由总量不足转变为结构性矛盾，突出表现为阶段性供过于求和供给不足并存，矛盾的主要方面在供给侧。

如果不对农业的供给侧进行结构的适应性改变和调整，不仅不能实现农业资源的高效优化配置，导致资源浪费，也无法解决供需之间的不对接问题，无法实现农业增长的消费需求拉动，因此农业供给侧结构性改革势在必行。在 2016 年中央一号文件提出推

进农业供给侧结构性改革的基础上，2017年中央一号文件以"深入推进农业供给侧结构性改革，加快培育农业农村发展新动能"为主题，明确提出农业供给侧结构性改革的要求。文件指出：推进农业供给侧结构性改革，要在确保国家粮食安全的基础上，紧紧围绕市场需求变化，以增加农民收入、保障有效供给为主要目标，以提高农业供给质量为主攻方向，以体制改革和机制创新为根本途径，优化农业产业体系、生产体系、经营体系，提高土地产出率、资源利用率、劳动生产率，促进农业农村发展由过度依赖资源消耗、主要满足量的需求，向追求绿色生态可持续、更加注重满足质的需求转变。

2. 农业供给侧结构性改革的内涵

农业供给侧结构性改革是指从农产品供给而非需求视角入手，从提高供给质量出发，改革的办法是推进农业供给结构调整，矫正农业生产要素配置扭曲，提高全要素生产率，促进农业生产及其产品供给结构优化，切实提高农业供给体系的质量和效率，使农产品供给数量充足，品种和质量契合消费者需要，构建起结构合理、保障有力的农产品供给体系。[①] 农业供给侧结构性改革既是一场广泛的生产力调整，也是一次深刻的生产关系变革，是一个时期以来农业结构调整的升级，是当前加快转变农业发展方式的总抓手。

具体而言，农业供给侧结构性改革，就是围绕提高农业供给体系质量和效率，优化农业资源配置，增强供给结构的适应性和灵活性，使供给更加契合市场需求，更有利于资源优势发挥和生态环境保护，形成产出高效、产品安全、资源节约、环境友好的农业供给体系，提高农业质量效益和竞争力。农业供给侧结构性改革是全产业链条的变革，既包括农产品生产，也包括农产品加工、储运和营销。农业供给侧结构性改革要注重发展农业的多种功能，创新和引领需求，着力打造一、二、三产业融合的"六次产业"。农业供给侧结构性改革，不仅要优化农产品生产，还要优化农产品加工、储运和流通，提升农产品的品质、品相、品牌，为消费者提供更丰富、更适销对路的产品，满足人们对农产品的多样化、优质化需求。农业供给侧结构性改革是全产业领域的变革，不仅要提供满足农产品需求的有效供给，还要开发能满足与农业多功能性相伴而生的服务性需求的有效供给，依托农村绿水青山、田园风光、乡土文化等资源，发展农业休闲观光和乡村旅游，为消费者提供亲近自然、回归乡村的消费体验和服务。

（二）农业供给侧结构性改革的总体要求

1. 农业供给侧结构性改革的核心是优化生产经营结构

一是以市场需求为导向，调整完善农业生产结构和产品结构。通过增加技术、人才等要素投入，提高供不应求的品种的产量。要保护好耕地特别是基本农田，加大对农田水利、农机作业配套等建设的支持力度，实现藏粮于地、藏粮于技。要改变落后的生产方式，改变农业生产在地区、品种、品级等方面的结构性不平衡。二是农业生产的提档升级。要围绕"减少无效和低端供给，扩大有效和中高端供给"，提升农产品的质量水

---

① 江维国. 我国农业供给侧结构性改革研究 [J]. 现代经济探讨，2016（4）：15-19.

平。当前食品消费中，人们一个很突出的诉求就是绿色、健康，因此农业生产就要适应城乡居民食品结构升级的需要，大力推进标准化生产、品牌化营销，提高消费者对国内农产品的信任度和忠诚度。三是促进农村一、二、三产业的融合发展。要树立"大农业"的观念，既可以运用互联网思维，通过"互联网+"拓宽农业产销的边界；也可以运用跨界思维，把农业生产与农产品加工流通和农业休闲旅游等融合起来，培育壮大农村新产业、新业态，满足市场对农业的多样化需求，还可以让农业发挥出更大的正向外部效应。

2. 农业供给侧结构性改革必须注重创新和引领需求

农业供给侧结构性改革首先要适应新需求。随着人们生活水平的提高，更加健康、更加营养、更加功能化的需求正在成为消费的主流，人们渴望生态、有机、功能化的农产品。农业结构调整必须要以市场需求为导向，发展适合消费者需要的农产品。农业供给侧结构性改革不仅要满足需求，更需要通过创新发展来引领未来需求。引领是面向未来需求的，是推动由潜在的需求逐步变成现实需求的发展过程。要通过创新的手段来为消费者提供多样化的产品服务，以此来引导消费者转变需求，以改革创新推动现代农业发展。如成都市作为全国"农家乐"的发源地，就是引领了全国休闲农业的发展；再如农产品电子商务就是从无到有，逐渐被消费者及生产者接受，到现在全国都在大力发展农村电子商务。随着农业技术步入新一轮发展时代，农业正在步入信息化主导、生物制造引领、智能化生产、可持续发展的现代农业时代，农业发展正不断突破地域、组织、技术的界限。这些都有助于农业发展不断催生新的业态和产品，创造更加现代、优质、高端、绿色、安全的农业供给。

3. 农业供给侧结构性改革必须以农民为主体

"小康不小康，关键看老乡""中国要富，农民必须富""农村经济社会发展，说到底，关键在人"……习近平总书记在谈到"三农"问题时都在强调"农民"这个主体。中国农村改革的经验表明，什么时候把农民的利益放在首要位置，尊重农民的选择，改革就能获得成功，否则就会走弯路。2016年中央一号文件明确提出，把坚持农民主体地位、增进农民福祉作为农村一切工作的出发点和落脚点，让广大农民平等参与现代化进程、共同分享现代化成果。在新时期，农民群体也在分化为普通农户、专业大户、兼业农户、家庭农场等。供给侧结构性调整就是要兼顾所有农民的利益，同时促进农民向专业大户、家庭农场发展，同时组建合作社以提高他们的市场化、组织化、规范化、法人化程度。通过供给侧改革推动农业转型升级，提高农业生产的专业化水平和市场竞争力，最终使农民得到更多的收入。

（三）成都市农业供给侧结构性改革的特点

供给侧结构性改革的主要任务是去产能、去库存、去杠杆、降成本、补短板。农业供给侧结构性改革与宏观上的供给侧结构性改革有所不同。各地农业资源禀赋、发展阶段、经济社会条件等不同，因而推进农业供给侧结构性改革的侧重点也应有所不同。成都市在推进农业供给侧结构性改革方面主要有以下特点：

1. 发展都市现代农业是改革的主线

《中共成都市委关于制定国民经济和社会发展第十三个五年规划的建议》中提出成都市发展的目标是：确保高标准全面建成小康社会，基本建成西部经济核心增长极，初步建成国际性区域中心城市，建设现代化国际化大都市。成都市的区域特点是大城市带大郊区，是全国少有的大都市带大农村的格局。2006年8月，成都继北京之后成为全国第2个、全世界第18个国际都市农业试点城市。都市农业是在城市化过程中诞生的一种以满足城市居民更高层次需求为目的的新型农业形态。它符合城市功能布局及规划要求，受城市经济的辐射，通过积极利用现代农业及生态科技成果，以满足城市多样化需求为服务宗旨，是多功能性的、发展水平较高的现代农业。都市现代农业更加接近消费群体，面临更加多样化和个性化的需求；更易于与城市二、三产业相结合，衍生出更多的生产供给及服务领域；更加接近科研、教育、行政文化中心，可以获得更多科研支持及政策支持；处于城镇化程度较高地区，需要最大限度地发挥生态效益，调节建成区生态环境。如表5-1所示。

表5-1　　　　　　　　　　成都市都市现代农业功能定位

功能定位	功能内涵	功能拓展
农产品供给功能	大宗农产品供给、优势特色农产品供给、贸易，农产品物流及加工、农业科技研发及成果转化	成都作为特大城市之一，要积极发挥其大都市的科技、资金、人才等优势，发挥辐射、示范、带动等作用以及为城市弱势群体提供重要保障的功能。通过借鉴国内外农业多功能区划成功案例，进一步挖掘其农业功能特色与内容，如：创汇经济功能、现代高科技农业示范功能、社会维稳功能等。并积极推动功能多元化协调发展，实现农业与城市经济、文化、科学、技术和生态系统的高度融合。
就业和社会保障功能	吸纳城乡就业、经济稳定器、养老保障、医疗保障、缓解大城市病	
文化传承与休闲功能	川蜀文化、农耕文化、特色"农家乐"、宗教文化、古镇文化、节庆文化、饮食文化等	
生态服务功能	保持水土、生物多样性、净化空气、美化城市，生态农业、循环农业，促进农业生产方式转变	

2. 菜篮子是调结构的重点

成都作为四川的首位城市，在大城市带大农村格局下，需要重视和处理好稳粮稳菜、守住耕地、保障农产品质量安全等问题。受地形条件和人均资源限制，成都农业总体上是"小而精"，只能因地制宜，结构调整的重点是保障菜篮子供给。成都市经济社会已进入全面转型升级发展的重要时期，随着城镇化建设步伐的加快、居民收入水平的提高、庞大人口总量基本饮食需求的增长和饮食结构的优化，人们对高级保护性食品（果菜、禽蛋、水产、乳制品等一类富含无机盐、维生素、优良蛋白质的食品）的需求将不断增加，对低级热能食品（谷物、油和食糖一类供给热能的食品）的需求逐渐减少，菜、肉、果、蛋、奶、水产这六类菜篮子产品的消费需求量和供应对象将持续扩大。因此，菜篮子是结构调整的重点方向。

3. 必须更加注重发挥农业的社会和生态功能

借鉴国内外都市农业发展的普遍经验，当都市农业发展到一定阶段后，"稳定产品功能、强化生态功能、突出生活功能"的发展选择是基本规律。成都市农业供给侧结构性改革应更加注重保护生态、促进融合。应通过将基本农田和农业景观整体融入城市生态体系之内，重点构建由农田生态、农业带状生态和城市内部点生态等构成的都市农业生态格局，不断强化农业的生态功能。都市农业的发展本身，就是在农业与二、三产业融合基础上实现由单一的农业生产功能向经济功能、生态功能、服务功能等多功能转变的过程。从进一步发展看，成都都市现代农业的重点应是全面实现城乡资源和城乡产业之间的双重融合。在社会功能上，应促进农民增收功能渠道的不断拓展，在增加农民农产品价格收入基础上，关键是全方位增加家庭经营收入、工资性收入和财产性收入。

4. 智慧农业是未来发展的主要方向

智慧农业是将云计算、传感网等现代信息技术应用到农业生产、管理、营销等各个环节，实现农业智能化决策、社会化服务、精准化种植养殖、可视化管理、互联网化营销等全程智能管理的高级农业阶段。智慧农业不仅能够有效改善农业生态环境和提升农业生产经营效率，而且能够彻底转变农业生产者、消费者观念和组织体系结构。在大数据时代，以大数据、云计算、物联网等为代表的信息科技正在深刻地影响和改变人们生产生活的所有方面，互联网和物联网正在成为由农业传统生产经营方式向数据驱动的智慧化生产方式转变的主要推动力。因此，成都市必须以物联网、大数据、云计算等技术为重点，加速发展智慧农业转型，实现农业的信息化。从成都市规模生产基地、乡村休闲旅游、加工企业、营销企业情况来看，尚有大批市场经营主体需要建设智慧农业及其相关配套工程。随着经济的发展和人们生活水平的提高，城乡信息需求将进一步扩大，带动信息服务产业需求不断上升。除了潜在的市场需求，成都还有雄厚的信息基础、充沛的智力资源以及强有力的政策保障来助推智慧农业的发展，前景是无比光明的。

二、成都市农业发展总体情况

（一）成都市农业发展概况

近年来，成都市围绕"改革创新、转型升级"总体战略部署，按照"以工促农、以贸带农、以旅助农"的思路，不断提升农业现代化水平。2015 年，全市实现地区生产总值 10 801 亿元，其中农业增加值 387.9 亿元，农村居民人均纯收入 17 690 元，城乡居民收入差距由 2010 年的 2.16∶1 缩小到 1.9∶1。

成都市通过加快土地流转和发展适度规模经营，推进了集中成片的标准化规模化农产品生产基地和农业园区建设，加快了优质粮油、蔬菜、伏季水果、茶叶、猕猴桃、食用菌等农业优势特色产业和高端种业、设施农业发展，提升了农业机械化、信息化、品牌化水平，确保了粮食安全和主要农产品供给。2015年全市粮食总产量230.2万吨，蔬菜（食用菌）总产量570万吨、肉类总产量69.2万吨、水果总产量113万吨、水产品总产量10万吨。全市建成标准化规范化现代农业产业示范园区145个，示范基地253个，农机化率达到75%。大力发展农产品精深加工业、现代种业、绿色生态农业、设施农业等高端产业，全市市级以上农业产业化龙头企业销售收入（含交易额）达到2 200亿元、农产品精深加工产值达到1 000亿元，农产品精深加工率达到45%，现代种业产值达到65亿元，绿色生态农业面积超过50万亩（约3.33万公顷）。全市累计获得中国驰名商标27个、省著名商标140个、名牌产品107个。加强农产品市场流通，初步形成了以彭州濛阳等4个大型批发市场为核心，17个产地批发市场为枢纽，中心城区近200个标准化菜市、2 000家零售门店、500多家便民菜店为支撑的农产品现代流通体系。推动乡村旅游提挡升级，制定了打造赏花基地、推动赏花旅游、发展赏花经济的意见，加快建设田园化、景观化农业基地，全年举办桃花节、樱花节、葡萄采摘节等各类节会活动117次，接待游客9 400万人次，旅游总收入突破200亿元。

（二）成都市主要农业生产要素供给情况

1. 土地情况

成都市有耕地634万亩（约42.27万公顷），土地资源有以下特点：一是平原面积比重大，达4 971.4平方千米，占全市土地总面积的40.1%，远远高于全国12%和四川省2.54%的水平。二是土地垦殖指数高。土地肥沃，土层深厚，灌溉方便，可利用面积的比重可达94.2%，全市平均土地垦殖指数达38.22%，其中平原地区高达60%以上，远远高于全国10.4%和四川省11.5%的水平。三是高标准农田建成比例高。全市已建成429万亩（约28.6万公顷）高标准农田。成都市农用地现状见表5-2。

表5-2 　　　　　　成都市农用地现状一览表（2014年）

序号	区县	耕地（亩）	园地（亩）	林地（亩）	草地（亩）
1	崇州市	582 301.6	15 251.7	642 052.4	3 717.1
2	龙泉驿区	122 385.0	290 043.0	109 405.2	2 825.2
3	蒲江县	359 623.6	178 375.7	125 243.6	1 449.6
4	青白江区	285 582.9	22 797.6	54 393.7	504.4
5	双流县（2015年改区）	292 039.5	16 508.3	33 417.0	167.4
6	都江堰市	400 776.4	61 759.0	869 491.4	1 080.9
7	彭州市	756 952.9	37 981.1	876 019.6	552.0
8	郫县（2016年改区）	312 867.6	6 500.5	491.5	0.0
9	大邑县	445 201.2	64 279.5	1 053 407.2	50 436.2

表5-2(续)

序号	区县	耕地（亩）	园地（亩）	林地（亩）	草地（亩）
10	金堂县	851 000.3	142 755.6	252 897.8	21 128.3
11	邛崃市	666 008.9	167 765.2	803 649.2	371.6
12	温江区	207 669.3	3 064.3	562.5	0.0
13	新津县	234 536.0	12 889.1	8 511.5	0.0
14	新都区	394 099.7	6 988.2	1 708.9	0.0
15	天府新区	369 561.0	130 823.0	80 143.1	982.9
16	锦江区	14 130.3	2 092.2	0.0	0.0
17	青羊区	7 363.2	4 164.4	0.0	0.0
18	金牛区	14 119.1	5 997.7	0.0	0.0
19	武侯区	3 702.2	1 401.5	0.0	0.0
20	成华区	22 204.6	4 944.0	0.0	0.0
21	高新区	4 547.5	17.2	0.0	0.0
合计		6 346 672.8	1 176 398.8	4 911 394.6	83 215.6

注：1亩≈666.67平方米

成都市通过加快土地流转和发展适度规模经营，放活土地经营权，提升了都市现代农业发展水平，带动了农业农村全面深化改革，激活了更广泛的生产要素，提高了土地产出率、资源利用率和劳动生产率，加快了农民生产生活方式转变。截至2015年年底，全市农用地流转面积458.4万亩（约30.56万公顷），占农用地总面积的33.4%。其中，耕地流转面积372.6万亩（约24.84万公顷），占总耕地面积的58.6%。全市耕地流转形式以出租、入股和转包为主，其中，出租299.3万亩（约19.95万公顷），占总耕地流转面积的80.3%；入股40.3万亩（约2.69万公顷），占10.8%；转包24万亩（约1.6万公顷），占6.5%；转让、互换、托管和其他方式流转9万亩（约0.6万公顷），占2.4%。全市20亩（约1.33公顷）以上土地适度规模经营面积311.75万亩（约20.78万公顷），占耕地总面积的49.02%。

2. 劳动力情况

2015年，成都市全市常住人口1 465.80万人，其中乡村人口399万人，城镇化率达71.47%。2015年，农业从业人员134.11万人；农村劳动力劳务输出人数为200.20万人。随着工业化和城镇化的推进，农村劳动力大量向城镇转移，农村"空心化"、农民老龄化趋势日益明显，"谁来种田""谁来服务"等问题日益突出。为解决农业劳动力不足的问题，成都在全国率先启动农业职业经理人培育，吸引和培养现代农业生产经营的农业后继者，截至2015年年底，全市有持证的农业职业经理人7 134人。2014年，成都制定出台了《关于加强农业职业经理人队伍建设的意见》，明确了产业扶持、社保补贴、金融支持等优惠政策。

3. 资本情况

成都市以规模基地建设为载体和抓手，加大财政投入力度，积极引导社会资金大规模投入农业领域，强化农业多元投入。一是创新推进产业基地建设。集成科技推广、信息运用、种养循环、乡村旅游、公共服务等建设内容，规划建设"10+7+3"示范基地（园区、带），规划面积367万亩（约24.47万公顷），涉及14个区（市）县127个镇（乡）。创新高标准农田建设机制，采取网格化方式把设施农用地落实到田间地块，推动田网、渠网、路网、观光网、服务网、信息化网、设施用地网"七网配套"，促进优质农产品生产区、加工区和乡村旅游风景区"三区合一"。二是建立财政投入稳定增长机制。2015年各级财政"三农"投入417亿元，其中农业投入78.6亿元。加强涉农资金整合，近三年来累计打捆43亿元涉农项目资金，用于集中连片"10+7+3"示范基地（园区、带）建设，有效发挥了财政资金使用效力。三是引导社会资金投入农业领域。全面深化农村产权制度改革，在全国率先基本完成土地承包经营权等"六权"确权颁证基础上，创新开展农业生产设施所有权、农村土地经营权、养殖水面经营权和小型水利设施所有权"新四权"确权工作，为农业金融创新提供产权制度保障。2015年，全市实现农村产权抵押融资3 040笔、金额123亿元，引导社会资金投入超过200亿元。四是健全产权交易体系。省市联动，共同推动成都农交所功能扩大和提升，着力将其建设成为省级交易平台，目前已与四川省内的5个市州和83个县（市、区）正式联网运行，累计实现交易530亿元。建立并完善抵押风险分担机制，市财政出资15亿元，组建农发投、小城投和商物投三大平台公司及农担、农产担两大担保公司，每年增加注资近10亿元，同时每年按照农村产权抵押融资贷款余额的6%提取资金设立风险基金，用于抵偿农村产权抵押融资到期未清偿债务并分担风险。2015年，全市农村产权抵押融资额累计达123亿元。

4. 科技情况

成都市科技力量雄厚，是国家重要的农作物区域技术创新中心之一，已建立了以中科院成都生物所、四川省农业科学院、四川农业大学等中央、省驻蓉科研单位、大专院校为重点，市农林科学院等市级科研院所公共服务机构为依托，科技型农业产业化龙头企业为骨干，市（区）县农技推广服务中心为补充的层次分明、分工明确、结构合理、密切协作的农业科技创新平台和推广服务体系。成都市经过深化改革，形成了比较科学合理的公益性农业服务体系，目前共有农技、畜牧、农机、水产等推广机构6个；15个农业区（市）县都整合组建了农村发展局，均设立了农技推广中心，拥有农技人员1 373人。按照"五统一"（统一规划、统一标准、统一风貌、统一标识、统一配置设施）的要求，全市规划建设了146个乡镇农业综合服务站，完善了基础设施，并建立健全了村级农业服务站，农业科技服务基本能够满足农户的多元化需求。①

在科技成果推广应用上，成都市加大力度强化科技创新应用，大力发展种养结合循

---

① 张晓雯，睢海霞. 现代农业科技服务体系创新实践与思考——以成都市为例 [J]. 农村经济，2015（12）：89-93.

环农业，有力地促进了发展方式向创新高效型转变。强化科技创新应用，持续实施粮经产业"双创双建"示范工程（创建优质粮油高产示范工程和特色产业高效示范工程，建设"千斤粮、万元钱"示范基地和种子种苗生产示范基地），强化新品种、新技术、新模式、新机具、新机制"五新"示范，促进良种、良法、良壤、良制、良灌、良机"六良"配套。

根据发展现代农业的需要，成都市整合社会化服务和农业公益性服务资源，大力发挥农民专业协会、农村专合组织、农民经纪人、农业科研机构、涉农大专院校、农业骨干企业、农产品批发市场、网店等涉农社会化主体科技服务的重要作用；积极加快构建公益性服务和经营性服务相结合、专项服务和综合服务相协调的新型农业社会化服务体系。围绕农业企业、农民合作社和家庭农场的需求，发展订单式、托管式等经营性服务，发展农机租赁、农资配送、劳务服务、粮食烘干、仓储营销、冷链物流等社会化服务组织。全市社会化服务组织已发展到 4 453 家。

5. 制度创新情况

成都市农业与农村改革一直走在全国的前列。成都市被列为全国统筹城乡综合配套改革试验区以来，于 2008 年正式启动农村产权制度改革，围绕建立"归属清晰、权责明确、保护严格、流转顺畅"的农村产权制度，实施农村集体土地和房屋确权登记颁证，健全市县乡三级农村产权交易服务体系。2011 年全面完成农村产权确权和股份量化工作，极大地提升了农村土地流转效率。2014 年 11 月，原农业部、中农办、中组部等13 部委批复成都市为全国第二批农村改革试验区，承担土地承包经营权流转管理试点，土地承包经营权退出试点，深化集体林权制度改革试点，改进农业补贴办法试点，粮食、生猪等农产品目标价格保险试点，农民合作社、家庭农场、村转社区等农村基层党组织建设试点，以农村社区、村民小组为单位的村民自治试点等 7 项改革任务。2015年，中央又先后批复郫县（现为郫都区）开展农村集体经营性建设用地入市改革试点，温江区农民股份合作赋予农民集体资产股份权能改革试点，成都市农村金融服务综合改革试点，崇州市农村土地经营权入股发展农业产业化经营试点，温江区、崇州市农村承包土地的经营权抵押贷款试点，郫县（现为郫都区）农民住房财产权抵押贷款试点等 6项改革任务。在推进国家级改革试点的基础上，成都市还自主开展了一些创新性改革试点工作，主要包括开展土地流转履约保证保险试点、盘活闲置农村房屋资源改革试点、农村产权担保及收储机制试点工作等。通过改革，成都总结提炼了崇州"农业共营制"和构建农村产权抵押融资"六大体系"、温江"两股一改"、新都"村公资金管理新机制"、新津"生产全托管、服务大包干"、金堂"利用集体建设用地发展农产品精深加工"、邛崃"土地预流转方式"、蒲江"产城一体发展"和郫县（现为郫都区）"小组微生"新农村建设等典型，加快推进了农村改革进程。

在创新农业经营方式方面，成都市在坚持农村基本经营制度基础上，探索推广"土地股份合作社+农业职业经理人+社会化服务""大园区+小农场"等经营机制，探索形成"公司化托管、专业化经营"土地经营托管模式，建立向土地规模经营业主核发农村土地经营权证的制度。培育家庭农场、职业经理人等专业化的新型主体，大力推广"生产全托管、服务大包干"全程社会化服务，积极发展农机租赁、农资配送、劳务服务、粮食烘干、仓储营销、冷链物流等经营性服务机构。

在农产品质量安全方面，成都市被列为全省唯一的国家级食品安全城市和农产品质量安全县创建试点市，坚持产管结合、全程溯源、共建共治，深入实施农产品质量安全"333提升行动"，形成了多项可复制、可推广的成都模式。通过精心构建标准化生产、网格化监管和全程化溯源"三大体系"，积极推动产管结合，大力提升农产品质量安全水平。

三、成都市农业发展存在的主要问题

（一）农业品牌市场竞争力仍需要进一步提升

随着生活水平的提高，人们对消费提出了更高要求，高品质的农产品日益受到青睐，而有效供给却显得比较乏力。目前成都农业的产品结构和产品质量难以适应市场需求，品种与质量缺乏竞争力。成都不缺好的农产品，但一直没能形成有影响的大品牌。应把品牌建设摆到突出位置，增强品牌的影响力和带动力。以茶叶为例，目前成都茶叶年产量1.79万吨，品牌却多达18种，品牌小而多、小而弱的问题较为突出。

成都农产品加工以产地初加工为主，精深加工集中度不高、布局不够合理、规模效益不够明显的问题较为突出。应把拓展农业产业链、提升农产品加工作为主攻方向，积极引进和培育领军型龙头企业。

以"农家乐"为代表的休闲观光农业快速发展，但目前总体上处于自发建设阶段。在布局上，总体规划不够，一些地区存在各自为政的情况；在建设上，建设标准缺失，设施建设偏于粗放；在内涵上，以自然风景为主，文化元素挖掘不够，同质化现象比较突出。针对这些问题，需要把休闲观光农业摆到更加突出的位置，加强引导、规范和扶持，实现提挡升级。

（二）农业生产要素配置仍需进一步优化

农业供给侧结构性改革除了注重农产品产量提高和质量提升，更要注重科技和制度方面的创新，以提高劳动力、土地、资本、技术等农业全要素生产率。成都农业生产要素配置与现代农业要求不匹配问题仍然突出，迫切需要通过加强制度创新来优化生产要素的配置。

从土地要素看，成都市的耕地资源特别是人均耕地，近几年呈现逐年下降趋势，同时耕地质量也不容乐观，成都市耕地资源中高达71%的耕地为中低产田（土）。2005年，成都市的人均耕地面积为0.033公顷，到了2015年，这个数据已降至0.023公顷，且远远低于全国0.1公顷的人均水平。还应重视和加强耕地质量建设，耕地占补平衡中出现了数量平衡质量不平衡问题，出现了"占优补劣"现象。规模经营不够，造成农产品生产安全监管难。以蔬菜为例，目前全市规模经营蔬菜 50 亩（约 3.33 公顷）以上的农业生产主体只有 580 余家，经营面积只有 16.8 万亩（约 1.12 万公顷），还不到全市蔬菜面积的 10%。规模化与集中度不高，传统的分散经营造成了标准化、组织化、品牌化难以实现，特别是不利于生产质量安全管控，难以实现标准化生产和品牌化经营。①

从劳动力方面看，随着工业化、城市化的不断推进，农村人力资源发生溢出效应，高素质的农村劳动力大量转移到二、三产业和城市中，农村"空心化"、农业"兼业化"、农民"老龄化"问题日益突出，造成农村留守从事农业人员素质偏低。现代农业发展面临了严峻的人才缺乏等方面的制约，已严重不适应目前在国内外优质农产品的竞争压力下对从事农业的劳动者在技术和技能方面提出的新要求。这个问题尤其在以农业收入为主的三圈层经济欠发达区域更加突出。随着传统一家一户的超小规模经营模式快速衰退，全市专业大户、家庭农场、农民合作社等发展相对滞后，传统生产模式快速瓦解与新型农业经营主体培育滞后的双重矛盾逐渐显现。

从资本要素看，全市农民和企业自身的积累，远不能适应市场竞争的需要，新型农业经营主体的贷款难、融资难问题仍未有效解决。很多金融机构不愿将资金投向新型农业经营主体。

从技术要素看，尽管成都农业科技进步率在 15 个副省级城市中列第 12 位，但是还存在产业支撑作用不强，现代农业发展对农业科技创新的有效需求拉动较弱；企业等新型农业经营主体创新活力和动力不足，创新主体作用尚未充分发挥；农业创新服务体系不够完善，农业科技成果转化缺乏平台支撑等问题。

从利益连接机制看，由于没有形成"风险共担、利益共享"的利益连接机制，广大农民尚未参与到加工、销售的产业链中，无法分享加工和流通环节的增值收益，就连生产环节的收益也不能完全得到保证，分享不到农产品增值的收益。②

从农业生产要素相互结合看，新型农业经营主体流转土地成本较高且期限较短，制约了其对基础设施和农业科技投入的积极性；农村土地及其附属物抵押贷款困难且手续繁琐，金融对农业科技支撑不足；农业科技创新的产学研联系不紧密，创新主体和应用主体缺乏有效对接。

（三）对农业生态环境安全必须高度重视

随着城市经济的发展，成都市生态环境压力不断加大。成都市面临的生态环境污染主要是过度施用化肥、农药和非降解性农膜造成的污染。农民施用的化肥中 1/3 被农作物吸收，1/3 留在土壤中，1/3 进入大气。另外，污水灌溉、重金属污染都给资源和环境造成了严重压力，直接危害到土壤和地表水、地下水。在这样的条件下生产出来的农

---

① 谢瑞武. 关于特大中心城市推进"菜篮子"工程建设的实践探索——以成都市为例 [J]. 农业经济问题，2015（7）：97-101.

② 中共广西玉林市委理论学习中心组. 供给侧结构性改革：农业农村发展的"牛鼻子" [N]. 光明日报，2016-07-06（010）.

副产品，很难达到都市农业对农产品质量安全的要求，对人体健康造成了一定的危害。城乡居民日常生产生活所产生的各种垃圾不仅占用了农用耕地，还对周边环境造成了严重的破坏。此外，成都的大气污染也非常严重，空气不新鲜，各种废气排放导致大气污染严重。这些都从根本上制约了都市农业的健康和可持续发展。[①]

（四）农村综合配套改革仍需进一步深化

推进农业供给侧结构性改革，关键在完善体制、创新机制。这离不开农村改革的深化，需要加快深化农村改革，理顺政府和市场的关系，全面激活市场、激活要素、激活主体。成都近年在农村改革方面形成了多种思路，取得了很多经验，但是制约农业和农村发展的深层次问题仍未能解决。如深化农村产权制度改革、放活土地经营权、培育新型农业经营主体、完善社会化服务体系、金融支持农业发展、推进幸福美丽新村建设、完善农村基层治理机制等方面需取得更大突破，在强化农业科技体制创新、构建新型农村集体经济、探索建立职业农民制度、深化供销社改革等方面需要探索更多经验。

四、深化成都市农业供给侧结构性改革的对策建议

（一）成都市农业供给侧结构性改革的总体思路

成都市推进农业供给侧结构性改革的核心是提高农业全要素生产率，真正提高农业综合竞争力，重点要围绕都市现代农业这个定位，在"优供给、增收入、促融合、可持续、深改革"上下功夫，着力发展生态农业、品牌农业、服务农业、休闲农业、智慧农业以及培育新型的职业农民。

"优供给"主要是优化调整农业产品结构和区域布局，限制发展部分产能过剩的种植养殖业，加快建设具有全国影响力的现代种业园区，推进优势特色产业全产业链发展，增加绿色、有机、安全、优质农产品供给。科学划定都市现代农业功能区，加强菜粮生产基地规划建设和保护，集中连片发展优质粮油、蔬菜、水果、花卉苗木、茶叶、猕猴桃、食用菌、水产、中药材等特色优势产业以及省级现代畜牧业重点县建设。大力发展智慧农业和高端农业，提高成都市农业品牌的竞争力。

"增收入"即通过节本增效来增加农民和新型农业经营主体收入。开展耕地保护与质量提升行动，大力推动零散地块归并、土地平整和土壤改良，推动农业规模化集约化发展，提高高标准农田比重和主要农作物耕种收综合机械化率。大力推广节本增效技术，集成节肥、节药、节水、节种、节油技术，提高化肥、农药等投入品利用效率，降低生产成本。优化经营体系，支持土地托管、入股等多种形式的适度规模经营，发展生产性服务业。完善农产品市场和流通体系，鼓励发展农产品冷链物流和商品化处理。

---

① 宋阳阳. 成都市的都市农业发展研究 [D]. 成都：西南交通大学，2013.

"促融合"即推进农村一、二、三产业的融合发展。深入实施农产品加工产业布局规划，加快发展农产品产地初（粗）加工，突出发展农产品精深加工。推动休闲农业与乡村旅游提挡升级，开展示范项目和精品工程建设，促进"农区变景区、田园变公园、产品变商品、农房变客房"，推进农业与特色民宿、户外运动、旅游、教育、文化、康养等产业深度融合，加快发展创意农业、休闲农业、体验农业和农业会展经济，打造特色旅游小镇和新村，让休闲农业做强做优，避免无序发展、同质化竞争。

"可持续"即适应人民群众对绿水青山、洁净空气、安全食品的迫切需要，推进循环农业发展工程，推行农业物质投入精准化、减量化，实施化肥、农药零增长行动，引导农民科学施肥、合理用药。加强畜禽养殖废弃物治理、农用塑料地膜治理和农作物秸秆综合利用。推广"畜—沼—粮（果）"、林下养殖、稻田综合种养等种养结合循环农业模式，深化循环农业示范建设。

"深改革"的重点是推动农村改革试验区建设，稳步推进农地"三权分置"，扎实抓好土地经营权流转管理试点、承包经营权自愿有偿退出试点等改革试点，完善农村生产要素交易平台，充分运用产权改革成果，着力破解现代农业发展的瓶颈制约。

（二）加快成都市农业供给侧结构性改革的对策建议

1. 着力提升农业品牌市场竞争力

一是以满足"菜篮子"为重点调整品种结构。适应城乡居民食品结构消费升级需要，增加市场紧缺农产品生产，为消费者提供品种多样、优质安全的农产品。在产品供应数量的充足性、品种的多样化、供应的均衡性、流通的便捷性等方面多下功夫，促使"菜篮子"工程真正成为开发都市现代农业、促进农民增收、保证农产品有效供给的主导产业。深化种植业的结构调整，促进农业生产要素向优势发展区域集中，向主导特色产业集中，形成产业集群，实现特色农产品基地集中连片发展。加强菜粮生产基地规划建设和保护，集中连片发展优质粮油、蔬菜、水果、花卉苗木、茶叶、猕猴桃、食用菌、水产、中药材等特色优势产业和省级现代畜牧业重点县建设，提升产业的聚集效应和规模效应。

二是大力发展品牌农业。品牌蕴含着产品功能利益、情感的象征性价值和服务承诺等，一个成功的品牌能够体现特定产品或服务的真正价值。创建农产品品牌能够提高农产品的档次、科技含量以及商品化程度。加强农产品品牌创建，推动农产品"三品一标"工作，打造农业"天府品牌"。强化标准化、规模化基地建设，积极推广设施统建、农机统配、农资统供、病虫统防、产品统销等标准化生产经营模式。引导新型农业经营主体率先实现标准化生产，促进技术标准、工作标准、管理标准在农业企业的实施，鼓励生产企业开展标准认证。构建"市级公用品牌+县级区域品牌+企业自主品牌"的现代农业品牌体系，重点创建市级"天府品牌"，着力扶持一批知名的县级区域品牌和企业自主名牌。开展农业品牌推广年活动，由政府统一向外推荐成都市农产品品牌，提高市场知名度。创新农业适度规模经营模式。在尊重农民意愿的基础上，健全土地经营权流转市场和服务体系与网络，进一步创新和推广专业合作、股份合作、农业共营、土地经营托管、订单农业等与成都地理特征相适应的多样化的农业经营模式和更紧密的利益连接机制。

三是积极发展智慧农业。积极推进农业生产智能化、设施化，力争通过3~5年的时间将成都市在智慧农业方面的短板补齐。加快解决物联网在传感、传输和分析应用方面的技术突破，实现对农产品的生长环境及生产、加工、流通和销售等过程的全生命周期管理，提升成都都市现代农业生产、管理等各个环节的智能化程度，精准实现环境可测、生产可控、质量可溯。整合成都涉农信息资源，建立健全农业自然资源、农业生产经营管理、农产品市场、农产品价格、农业科技等数据库，加快构建面向农业产业、农产品市场的大数据预测系统和跨行业的农业内外部数据的管理、链接与整合，实现农民、农村、农业三个层面的数据共享互通，运用云计算技术对农业生产对象的各种数据进行综合分析和信息发布，推动农业生产经营信息化和农业信息发布及时化。推进农产品营销电子化，着力培育新型农产品营销主体，鼓励发展多种形式的农产品电子商务交易，加强农产品电子商务规制和标准化以及法律法规建设，规范信息发布、网上交易、信用服务、电子支付、物流配送等服务。

2. 加快农民向新型农业经营主体转变

一是加快培育新型职业农民。推进农业转型升级，主要依靠的是农民，要充分调动他们的生产积极性。要以家庭经营为主发展新型农业经营主体，重点发展内生型家庭农场，以此培育新型职业农民。除赋予农民更多的产业权利，更应提高农民本身的常识素养和技术，培育新型职业农民。以培养生产精英型、专业技能型、社会服务型的新型职业农民为主线，大力开展涉农类学历教育、继续教育和实用技术培训，从而满足农民实际需求。着力对"爱农、懂农、务农"的真正从业者进行培育，如家庭农场、种养大户、农村经纪人、农民专业合作组织等从业人员。从长远角度延伸培育未来的新型职业农民，将培育新型职业农民延伸到普校、职高，把农业这门课程贯穿到学生的正常学习课程中。将集中培训与现场指导相结合、理论教学与生产实践相结合、请进来教与走出去学相结合，用提问式、互动式、体验式、情景模拟等方式进园入社、田间办班，展开培训。围绕发展区域经济和地方特色产业，选择有志于从事农业生产经营的务农青年、打工返乡农民以及大中专毕业生等新生劳动力来进行重点培养，让更多的城市要素流向农业农村。

二是因地制宜发展不同类型农业经营主体。不同类型的经营主体，在农业内部各个产业中比较优势各不相同，功能定位也各不相同，都有各自的适应性和发展空间，在实际工作中，要因地制宜，不能厚此薄彼，切忌拔苗助长，防止片面追求新型农业经营主体数量而忽视质量的倾向。要对中小型经营主体、适度规模的经营主体给予更多关怀和帮助，同时防止人为"垒大户"。对于外地招商引资进来的农业经营主体，政策应一视同仁。对于普通家庭经营农户，主要是加强实用技能和经营能力培训，提高应对市场变化能力，促进其向专业大户和家庭农场转变，同时继续保持原有补贴的发放不变。对于专业大户和家庭农场，在强化其农业技术与经营能力培训的基础上，重点是增加生产性扶持，鼓励有一定规模、符合规定的种植养殖大户申领个体工商户或个人独资企业营业执照，促进其规范化发展。支持农民合作社之间的合作与联合，对联合社进行引导、规范，发展生产型联合社、销售型联合社、产业链型联合社和综合型联合社四种类型的联合社。创新农业经营模式，进一步探索和推广土地股份合作社、土地股份公司、家庭适度规模经营、"土地银行"、"农业共营制"、土地联合托管经营、"大园区+小农场"等多种土地流转规模经营模式。完善"订单生产""股份分红""二次返利"等方式，完善不同农业经营主体的利益连接。

三是推进农业社会化服务体系建设。从种养业的全产业链着手，鼓励社会资本、企业进入农业服务领域，从事农机租赁、农资配送、劳务服务、粮食烘干、仓储物流、冷链物流等市场化服务，特别是粮食种植的育秧、栽秧、烘干、收储等全产业链，帮助种养大户、农民专业合作社、家庭农场等降低生产成本、提高经济效益。强化基层农业综合服务站规范化建设，加快构建和完善政府公益性服务、市场经营性服务和集体经济组织自我服务"三位一体"的农业社会化服务体系。要以家庭农场、专业大户、合作社等新型农业经营主体为重点服务对象，鼓励农业生产经营者共同使用、合作经营农业机械，积极引导各类新型农机服务组织发展，创新农机推广服务模式，实现规范化运作。

3. 促进产业融合发展的农业新业态

一是坚持用"全产业链"的思维推动现代农业建设。以利益分享、价值分享为重点，大力促进一、二、三产业融合发展，把农业生产与农产品加工流通和休闲旅游融合起来，拓展新功能，培育新产业，创新新业态，延长农业价值链，满足人们对农业的多功能消费需求。①

二是加快休闲农业提挡升级。成都是中国"农家乐"旅游的发源地，具有发展休闲农业的良好基础。大力推进农旅、林旅、水旅、文旅、体旅等产业融合发展，加快创建"乡村旅游+康养/创客、度假/体育"等新业态示范项目。实施乡村资源景观化战略，大力推进农业园区、森林景观、乡村聚落、水利风景、古镇新村等各类乡村资源开发和建设。依据各地乡土特色，打造个性化、特色化、差异化的乡村旅游新业态，分类别、分层次打造一批省级农家乐园、花果人家、养生山庄、生态渔庄、创意文苑、民族风苑、国际驿站、创客示范基地等特色旅游点。丰富旅游产品，大力开发农业观光游、休闲度假游、文化体验游、修学亲子游、健康养老游等产品，构建满足城市居民个性化、多元化、特色化需求的乡村旅游产品体系。举办节庆活动，根据不同客源市场需求包装策划旅游产品，突出旅游主题宣传营销，推介乡村旅游产品。

三是促进产村相融，加快建设幸福美丽新村。坚持围绕产业建新村，建好新村促产业，以农村生活方式的转变带动生产方式的转变，着力构建传统与现代融合、现代文明与农村情趣交相辉映的新型农村形态。坚持多规合一，按照"小规模、组团式、微田园、生态化"理念，体现田园风貌、体现新村风格、体现现代生活和方便农民生产，出台技术导则，明确规划选址、集约用地、产业发展等要求。在空间组织上，处理好山、水、田、林、路与居住组团的关系，保留生态基础。在建设形态上，展现农村特色、地

---

① 孙雷. 上海推进农业供给侧结构性改革路径与举措 [J]. 科学发展，2016 (9)：35-38.

方特色和文化内涵。实施乡村规划师制度，村规划师全程指导规划编制、实施和监督管理。坚持规划优先。立足地形地貌、资源禀赋等，科学规划幸福美丽新村，优化升级产业基地，优先开展产业基地内基础设施、项目和新农村建设。推进特色农业与特色新村、特色山水、特色民俗有机融合，促进现代农业与新村建设、精准扶贫的有机结合，以新村带产业、产业促新村，带动农民持续增收。

四是打造产前、产中、产后全程化信息化服务平台。整合涉农信息投资项目、农业机械、种植业、畜牧业、科技教育等不同主题数据资源，实现数据资源集成平台、数据交换与服务集成，建立集中统一、协作共享的都市现代农业管理信息系统，形成集农业资源分析、管理决策、科技应用、质量追溯、应急指挥等功能于一体的综合性管理服务平台。进一步加强市、县级农业综合信息服务平台和农村基层服务站点建设，完善12316"三农"服务热线、短（彩）信服务系统、手机报等信息服务支撑系统，探索App等农业新媒体运用。建立适应现代农业发展的电子政务体系，积极推行农业网上办事，方便群众咨询、办事和查询、监督。建立覆盖到农村集体的三资监管平台，将三资公开由传统的上墙公开拓展为上墙公开、设置定点显示屏公开以及网络公开和民情互动等多渠道全方位公开。构建城乡互联互通的信息高速公路网，确保所有行政村和新建农民集中居住区光纤全覆盖。

五是探索推进新型业态的城市农业。要积极实践在城市环境中融入农业，促进市民与农业的零距离接触。积极引进并创新发展社区支持农业（CSA）的新型农业经营模式，在城郊地区探索实践以"分享、体验、收获"为主要特征的多形式的市民农园；积极运用先进理念和技术促进农业与城市的有机结合，在城市内部探索实践阳台农业、住宅家庭微农业、屋顶农业、城市公共景观"微农田"、城市农业公园等新业态、新模式，形成立体、独特、多层次的城市农业景观。

4. 加强农业生态环境建设

一是加快推进农业面源污染综合治理，实现"一控两减三基本"。加快推广科学施肥、安全用药、绿色防控、农田节水等清洁生产技术与装备，改进种植和养殖技术（模式），大力推进农业清洁生产。建立完善农业清洁生产技术规范和标准体系，积极探索先进适用的农业清洁生产技术模式。开展农用地土壤污染详查，集成筛选不同区域类型的农产品产地重金属污染综合防治技术，扩大重金属污染耕地治理与种植结构调整试点，推进各类土壤污染治理与修复。大力推进综合防治示范区建设。实施一批农业面源污染综合防治示范工程，建设一批跨区域、跨流域、涵盖农业面源污染全要素的综合防治示范区。

二是优化农业资源利用方式。大力发展节水农业，全面实施区域规模化高效节水灌溉行动。围绕蔬菜、果树、饲用玉米等重点作物和设施农业，主推测土配方施肥、水肥一体化等环境友好型技术，示范推广全程绿色防控技术集成模式。大力发展生态农业、循环农业，创建农业可持续发展试验示范区。按照农牧结合、种养平衡的原则，科学规划布局畜禽养殖，实施种养结合循环农业示范工程，扶持和引导以市场化运作为主的生态循环农业建设，实现种养有效结合。实施种养业废弃物资源化利用、无害化处理区域示范工程，深入开展秸秆资源化利用，开展秸秆还田和秸秆肥料化和能源化利用。大力开发生物肥料、生物农药、生物饲料，发布绿色投入品产品目录，引导新型农业经营主体优先购买绿色投入品。

三是完善质量监管体系。实施农产品质量安全检测能力提升行动，建立健全农产品生产基地质量安全管理体系，加快推进从农田到餐桌的全程溯源体系建设，全面提升农产品质量安全水平。全面推行标准化生产，建立规范的生产档案，积极发展无公害、绿色的有机农产品。全面推行农产品质量安全追溯制度，逐步形成"产地有准出、销地有准入、产品有标识、质量可追溯"的农产品产销衔接配套机制，建立"信息可得、身份可查、风险可控"的全方位农产品质量安全监管体系。严格投入品采购和使用管理，实现区域性及规模基地检测室、检测设备和人员配备全覆盖。

5. 完善科技支撑体系建设

一是完善科技创新体系。依托农业科研院所、高等院校的智力优势和技术优势，通过与各大高校和科研机构签订协议，实行协作攻关，共同承担利益风险，构筑政府、生产、企业、高校科研单位之间的交流体系。加强农业科技创新，推进科技成果使用权、处置权、收益权"三权"改革，促进科技成果转化应用。研究出台激励农业创新创业政策措施，深入实施"创业天府"行动计划，建设现代农业创新创业园区和农业科技创新转化平台。有计划、有选择地重点培育一批成都市科研机构和具备较强研发能力的产业龙头企业，促使农业科技人员素质和科技投入强度大幅度提升；积极推进成都市农业科技创新试验区建设，并以此为辐射中心，使全市的农业科技能力得到较大提升。

二是积极争创国家农业高新技术产业示范区。以成都现代农业示范园为中心，以服务都市现代农业为定位，采取"一中心、多园区"的形式建设国家级农业高新技术产业示范区。依托四川农业大学、成都市农林科学院及成都现代农业示范园，将示范区核心区布局在温江区。同时围绕核心区，在周围的郫都区、崇州市、都江堰市、新津县、蒲江县等地区，围绕当地的特色产业和农业科技条件，形成农产品加工、电子商务、粮经复合、特色果蔬、总部经济、创业基地等多个特色高新农业科技园区。围绕示范区发展规划和目标定位，加速聚集创新要素，加快引进省内外科研院所、高校以及农业科技企业落户示范区，强化示范区的科技支撑能力。借鉴杨凌农业高新技术产业示范区、黄河三角洲农业高新技术产业示范区、北京国家现代农业科技城以及其他国家农业科技园区的相关政策，抓紧起草或修订完善成都市农业高新技术产业示范区管理机制、农业科技创新、成果转化、科技中介服务、人才引进、团队建设等政策，完善运行管理机制和配套政策。

三是普及先进适用技术。优化完善农业公益性服务，大力发展农业技术推广服务、动植物疫病防控服务、农业信息服务以及农业气象服务等农业公益性服务，逐步构建起以基层农业技术推广站为主导的多元化农技推广服务体系。加快发展农业经营性服务，形成与土地规模经营相适应的农业社会化服务网络。发展围绕加工专用原料标准化种植、复合种植模式、工厂化育苗、绿色储运保鲜等关键技术，重点发展猕猴桃、茶叶、食用菌、粮油、伏季水果、花卉苗木、中药材、水产等特色优势产业，开展特色农产品创新与集成示范。扶持发展一批蔬菜良种繁育基地、特色果树良种繁育基地、水产良种场、畜禽良种场，加速新品种的选育及良种扩繁，实现产品优质化。

四是加强都市农业关键技术攻关。围绕生物种业、粮食和农产品安全、农业生态保护、循环农业和现代农业装备等重点领域，研发、推广和应用一批新品种、新技术、新工艺、新材料、新设备，构建可持续全产业链技术体系。生物种业技术方面主要突破农作物、主要林果花草、畜禽水产生物育种、良种繁育、种子加工等核心技术，重点开展动植物重要性状遗传基础研究和种质资源创新、动植物重大品种创制和育种技术研究等。农产品安全方面重点发展农产品生产安全技术、农产品加工安全技术、农产品流通安全技术等。农业生态环境保护技术方面重点发展节水型农业、农业废弃物循环利用等。现代农业装备技术方面重点研发与引入高效环保的智能节水设施、农机装备先进制造技术、高端畜牧水产养殖技术与装备、智能控制技术与装备、精深加工技术与装备。

五是充分调动科研人员和企业进行科技创新的积极性。结合中央出台的《关于进一步完善中央财政科研项目资金管理等政策的若干意见》和四川省激励科技人员创新创业十六条政策，尽快完善并出台成都市科研项目资金管理改革办法和相关的实施配套细则，让科研单位和科研人员有更多的自主权，充分调动科研人员的积极性，进一步提高科研工作的绩效，充分发挥科技在促进农业供给侧结构性改革中的重要作用。鼓励科研单位和科技人员通过承包、入股、转让等形式参与企业经营和管理。落实龙头企业科技创新方面的政策，鼓励企业建立科研团队，支持龙头企业加大科技投入，引进国外先进技术和设备，消化吸收关键技术和核心工艺，开展集成创新。

6. 继续深化农村综合配套改革

一是深化农村土地产权制度改革。土地制度是农村制度体系的基础，几乎每一项其他制度都是在土地制度基础上派生出来的，农村改革也是从土地制度开始的。要以发展农业适度规模经营为目标，推动农村改革试验区建设，稳步推进农地"三权分置"改革，扎实抓好土地经营权流转管理试点、承包经营权自愿有偿退出试点等改革试点。以放活经营权为重点，大力发展土地托管、农业共营制等土地适度规模经营形式。完善农村生产要素交易平台，充分运用产权改革成果，着力破解现代农业发展的瓶颈制约。持续推进农村产权确权登记颁证，健全农村产权登记管理、价格评估和市场交易服务机制，构建和完善现代农村产权制度体系。全面完善农村产权交易服务体系，把成都农交所打造成为区域性的农村产权交易中心。

二是推动农村集体产权制度改革，大力发展新型集体经济组织。加快农村集体资产股份制改革，鼓励更多农业人口持股进城，推动集体经济发展壮大。拓展农村集体资产投资渠道。目前农村现成资产主要用于租赁、使用权流转、合作建厂房，投资渠道比较单一。可考虑在风险可控、充分评估、符合民主程序的基础上，通过如债券资金等金融途径，提升集体资产收益。配置股权盘活产权。借鉴广州南海"村庄公司化"模式，在产业相对发达的村，通过村自办企业或合作经营的方式，村集体入股本地企业，分红收益又可通过调整股数，将一部分收入用于给非村民群体配新股或开发其他投资项目，团结非村民群体的同时多元化村民收入。农村集体资产管理要保障集体经济组织成员对

"三资"的占有、使用、收益和分配的知情权、决策权、管理权和监督权。要通过强化监管、明晰股权、创新收益等方式，防止集体资产流失，维护农民权益。探索把新型集体经济组织作为投融资体制的平台的路径，不断增强新型集体经济组织自身发展能力。

三是深化农村金融改革。坚持商业性金融、合作性金融、政策性金融相结合，健全政策支持、公平准入和差异化监管制度，扩大农村金融服务规模和覆盖面，创新农村金融服务模式，全面提升农村金融服务水平，促进普惠金融发展，加快建立多层次、广覆盖、可持续、竞争适度、风险可控的现代农村金融体系。稳妥开展农村承包土地的经营权和农民住房财产权抵押贷款试点，创新和完善林权抵押贷款机制，拓宽"三农"直接融资渠道。引导地方法人金融机构和具备条件的民间资本依法发起设立村镇银行、中小型民营银行和金融租赁公司，推进发展农民资金互助组织。坚持社员制、封闭性原则，在不对外吸储放贷、不支付固定回报的前提下，以具备条件的农民合作社为依托，稳妥开展农民合作社内部资金互助试点，引导其向"生产经营合作+信用合作"延伸。推进农村信用体系建设，开展新型农业经营主体信用评级与授信。完善农业保险制度，支持有条件的地区成立农业互助保险组织，扩大农业保险覆盖面，开发适合新型农业经营主体需求的保险品种，提高保障水平。研究完善农业保险大灾风险分散机制。完善农业政策性保险体系，继续开展重要农产品目标价格保险，鼓励和支持开展土地流转履约保证保险等涉农商业性保险创新，探索建立涉农信贷和农业保险联动机制。

7. 优化政府扶持农业方式

一是要理清政府和市场的关系，充分发挥市场的导向作用。政府在引导和扶持新型农业经营主体发展时，要更多地从为新型农业经营主体发展创造良好的外部环境着手，避免对新型农业经营主体经营的直接干预。强化政策延续性，进一步落实扶持政策。在制定政策时，减少相互冲突的政策，落实各项税收优惠政策。帮助解决新型农业经营主体在发展中遇到的用电、用水、税收等方面的困难和问题，为新型农业经营主体发展提供良好的外部环境。实施农村一、二、三产业融合发展用地价格补助政策，促进农业产加销紧密衔接。引导企业等新型农业经营主体向优势产区集中，推进龙头企业集群集聚，不断拉长产业链条，形成一批分工协作良好、组织化程度较高、辐射带动效果显著的农业产业集聚区。

二是加快高标准农田建设，提高农业综合生产能力。采取政府融资方式，整合社会资金，大力实施100万亩（约6.67万公顷）高标准农田建设提升行动。提高建设标准，完善配套设施，建成集中连片、旱涝保收、稳定高产和生态良好、设施完备、有利于机械耕作的高标准农田。以都市现代农业示范基地（园区、带）为重点，加快推进高效节水灌溉，着力推广智能化灌溉技术，要把加强农机装备作为转变农业发展方式、提升现代化水平的重要举措，着力在制约机械替代人工的关键环节上攻关突破，推进主要农作物全程机械化，通过机械化推动农业生产标准化、规模化和节本增效。推广实用农业机具，要以现代农业园区和基地为载体，积极推广适宜成都自然地理条件的新型农业机具，加快提高主要作物和关键环节的机械化作业水平。

三是开展对标管理工作。按照"对标一流、比学赶超"的要求，积极借鉴发达地区在推进农业供给侧结构性改革和发展现代农业方面的好做法和好经验。选择上海、广州、宁波等先进城市开展对标，通过对标看问题、找差距、树标杆，加快补齐"农业规模化、农业品牌化、农业科技化"三大短板。

参考文献

[1] 陈锡文. 加快推进农业供给侧结构性改革，促进我国农业转型升级 [J]. 农村工作通讯，2016（24）：5-8.

[2] 和龙，葛新权，刘延平. 我国农业供给侧结构性改革：机遇、挑战及对策 [J]. 农村经济，2016（7）：29-33.

[3] 杨建利，邢娇阳. 我国农业供给侧结构性改革研究 [J]. 农业现代化研究，2016，37（4）：613-620.

[4] 李国祥. 用发展新理念推进我国农业供给侧结构性改革 [J]. 农村工作通讯，2016（9）：16-17.

[5] 江维国. 我国农业供给侧结构性改革研究 [J]. 现代经济探讨，2016（4）：15-19.

[6] 张海鹏. 我国农业发展中的供给侧结构性改革 [J]. 政治经济学评论，2016，7（2）：221-224.

[7] 刘千里. 我国到底为什么要进行农业供给的结构性改革？[J]. 营销界（农资与市场），2016（5）：36-40.

[8] 李国祥. 推进我国农业供给侧结构性改革 [N]. 中国青年报，2016-02-03（006）.

[9] 张晓雯，眭海霞. 现代农业科技服务体系创新实践与思考——以成都市为例 [J]. 农村经济，2015（12）：89-93.

[10] 宋阳阳. 成都市的都市农业发展研究 [D]. 成都：西南交通大学，2013.

[11] 谢瑞武. 关于特大中心城市推进"菜篮子"工程建设的实践探索——以成都市为例 [J]. 农业经济问题，2015（7）：97-101.

[12] 中共广西玉林市委理论学习中心组. 供给侧结构性改革：农业农村发展的"牛鼻子"[N]. 光明日报，2016-07-06（010）.

[13] 孙雷. 上海推进农业供给侧结构性改革路径与举措 [N]. 科学发展，2016（9）：35-38.

第六篇 四川省"十三五"与全国同步全面建成小康社会研究

党的十八大提出了到 2020 年实现全面建成小康社会的宏伟目标。四川省要实现与全国同步建成全面小康社会，还面临着许多困难，任务繁重而艰巨，需要做出长期的努力。因此，必须要对全省实现全面建成小康社会目标的重点、难点和短板因素进行认真分析和研究，找准政策着力点，攻坚克难，按时实现与全国同步全面建成小康社会的宏伟目标。

一、小康及全面小康社会的一般论述

（一）小康及小康社会的内涵

1. 小康及小康社会的传统内涵

"小康"是一个充满中国特色、文化色彩的概念。中华民族对于"小康"的企盼早在 2 500 年前就已经开始了。此后，炎黄子孙向往"小康"，孜孜以求。小康，是一个中国式的概念，产生于中国。"小康"一词，最早出自《诗经》。《诗经·大雅·民劳》中曰："民亦劳止，汔可小康。"其意是讲，老百姓终日劳作不止，最大的希望就是过上小康的生活。作为一种小康社会模式，"小康"最早在西汉的《礼记·礼运》中得到了完整的表达："以著其义，以考其信，著有过，刑仁讲让，示民有常。如有不由此者，在执者去，众以为殃。是谓小康。"在我国古代的历史发展中，"小康"及小康社会的传统内涵包括了安定的生活状态、社会理想模式、经济宽裕程度三方面内容。"小康"思想在民间影响深远，盛行不衰，成为中华民族梦寐以求的生活目标、世代普遍的文化心理、寻常百姓的日常用语。

2. 小康及小康社会的现代内涵

以邓小平同志为核心的中国共产党人为实现中华民族的伟大复兴，传承中国传统"小康"之文脉，设计中国现代小康之路径，从而实现了传统"小康"向现代"小康"的转换。邓小平第一次使用"小康"概念是在 1979 年 12 月 6 日会见日本首相大平正方时。他说："我们要实现的四个现代化，是中国式的四个现代化。我们的四个现代化的概念，不是像你们那样的现代化的概念，而是'小康之家'。""就算达到那样的水平，同西方来比，也还是落后的。所以，我只能说中国到那时也还是一个小康的状态。"由此，"小康"就成为邓小平理论中一个非常重要的概念。在《邓小平文选》第二卷、第三卷中，一共有40多处地方使用了"小康"概念。其用于表达的文字，有的为"小康之家"，有的为"小康水平"，还有的为"小康的社会"或"小康的国家"。1984年3月25日，邓小平会见日本首相中曾根康弘时指出："翻两番，人均国民生产总值达到八百美元，就是到本世纪末在中国建立一个小康社会。这个小康社会，叫做中国式的现代化。翻两番、小康社会、中国式的现代化，这些都是我们的新概念。"

邓小平强调指出"小康社会"是我们的一个"新概念"。1983年3月2日，他谈到了人均接近1 000美元后，社会是个什么状况的问题：人民的吃穿用问题解决了，基本生活有了保障；住房问题解决了，人均达到20平方米；就业问题解决了，城镇基本上没有待业劳动者了；人不再外流了，农村的人总想往大城市跑的情况已经改变；中小学教育普及了，教育、文化、体育和其他公共福利事业有能力自己安排了；人们的精神面貌变化了，犯罪行为大大减少。由此可见，邓小平所设计的小康社会，是一个吃穿不愁、人民安居乐业的社会，是一个经济、政治、文化全面发展的社会，是一个中国特色社会主义的社会。

其一，现代"小康"及小康社会以坚持社会主义为发展方向。邓小平所讲的"小康社会"不是建立在私有制基础上"天下为家"的农耕社会，不是以儒家文化中的礼治为特征的封建社会，也不是以个人主义为价值特征的资本主义社会，而是建立在以公有制为主体、多种所有制经济共同发展的基本经济制度之上，以人民共同富裕为目标的中国特色社会主义的小康社会。邓小平在论述小康社会时指出，"不坚持社会主义，中国的小康社会形成不了"，"我们社会主义制度是以公有制为基础的，是共同富裕，那时候我们叫小康社会，是人民生活普遍提高的小康社会"。

其二，现代"小康"及小康社会是中国式现代化的发展阶段。邓小平多次把"中国式的现代化"界定为"小康社会"。1984年4月在会见西班牙客人时，邓小平全面阐述了"三步走"的战略构想："我们原定的目标是，第一步在八十年代翻一番。以1980年为基数，当时国民生产总值人均只有二百五十美元，翻一番，达到五百美元。第二步是到本世纪末，再翻一番，人均达到一千美元。实现这个目标，意味着我们进入小康社会，把贫困的中国变成小康的中国。那时国民生产总值超过一万亿美元，虽然人均数还很低，但是国家的力量有很大增强。我们制定的目标更重要的还是第三步，在下世纪用三十到五十年再翻两番，大体上达到人均四千美元。做到这一步，中国就达到中等发达的水平。这是我们的雄心壮志。"

其三，现代"小康"及小康社会以人民生活普遍提高为发展目标。邓小平强调，小康社会应是共同富裕，人民生活普遍提高的小康社会。1991年在党中央、国务院制定的《关于国民经济和社会发展十年规划和第八个五年计划纲要》的报告中，对小康的内涵又做了如下描述："我们所说的小康生活，是适应我国生产力发展水平，体现社会主义基本原则的。人民生活的提高，既包括物质生活的改善，也包括精神生活的充实；既包括居民个人生活水平的提高，也包括社会福利和劳动环境的改善。"

其四，现代"小康"及小康社会以对内深化改革、对外扩大开放为发展路径。靠什么来建设现代"小康"，建设现代化？邓小平一再强调，"改革是中国发展生产力的必由之路"，"改革开放使中国真正活起来"，"思想更解放一些，改革的步子更快一些"，"改革开放政策稳定，中国大有希望"。正因为我们坚持了改革开放的政策，我们才突破了原有计划经济的僵化模式，进行了一系列经济体制改革，逐步建立社会主义市场经济体制，极大地激发了各方面的活力，调动了各方面的积极性，推动了我国经济的迅速发展和综合国力的迅速提高；我们才大量吸引了外资，学习到国外许多先进的管理经验、管理理念和管理方式，不断扩大与国外的经济、科技、贸易、金融等各个方面的交往，密切了与各国之间的经济、政治联系，使中国对于世界和平和国际局势的稳定起到了越来越显著的作用。正如邓小平所说："改革的意义，是为下一个十年和下世纪的前五十年奠定良好的持续发展的基础。没有改革就没有今后的持续发展。所以，改革不只是看三年五年，而是要看二十年，要看下世纪的前五十年。这件事必须坚决干下去。"

（二）不同小康提法的关系

1. 建设小康与建成小康的关系

1982年党的十二大提出，从1981年到20世纪末的20年，我国人民物质生活达到小康水平，这是党的全国代表大会首次使用小康概念，并把它作为主要奋斗目标和我国国民经济与社会发展的阶段性标志。1987年党的十三大正式将实现小康列为"三步走"发展战略的第二步目标。1997年党的十五大上指出，到下个世纪的目标是：第一个十年实现国民生产总值比2000年翻一番，使人民的小康生活更加富裕，形成比较完善的社会主义市场经济体制；再经过十年的努力，到建党一百年时，使国民经济更加发展，各项制度更加完善；到21世纪中叶建国一百年时，基本实现现代化，建成富强民主文明的社会主义国家。2002年，党的十六大提出全面建设小康社会："要在本世纪头二十年，集中力量，全面建设惠及十几亿人口的更高水平的小康社会。"2007年，根据我国社会各领域改革和发展的新形势，党的十七大又在十六大确立的整体目标的基础上，对全面建设小康社会提出了"新的更高要求"，其中强调了转变发展方式，实现经济"又好又快"发展，"扩大社会主义民主""加强文化建设""加快发展社会事业""建设生态文明"等内容。2012年，党的十八大又根据新的实际，对全面建设小康社会进一步提出了新的要求，包括经济持续健康发展、人民民主不断扩大、文化软实力显著增强、人民生活水平显著提高、资源节约型环境友好型社会建设取得重大进展，为人民描绘了一幅全面建成小康社会的清晰图景。党的十八届三中全会再次指出，全党同志要紧密团结在以习近平同志为总书记的党中央周围，锐意进取，攻坚克难，谱写改革开放伟大事业历史新篇章，为全面建成小康社会、不断夺取中国特色社会主义新胜利、实现中华民族伟大复兴的中国梦而奋斗。

从"全面建设小康社会"到"全面建成小康社会"，这一字之改的"含金量"很高："建设"体现的是过程，是描述，是愿景，更多的是目标；而"建成"则意味着到2020年，小康社会就要成为现实。"建成"意味着东部和西部、城市和农村，到2020年要同步跨入小康，一个都不能少。"建成"还意味着不仅是经济指标，民主、民生、科技创新、文化软实力、资源环境等都要同步推进，一样也不能缺。一字之变还隐含了多重意味。前者是过程后者是结果，建设的目的就是建成，建设是使部分人先富起来，建成是使全部人富起来。它说明经过多年的不懈努力与奋斗，我们已经具备了全面迈向小康社会的实力；它说明我们的目标始终未变，为民谋福利是一切工作的出发点；它说明我们距离实现民族伟大复兴又近了一步。

2. 总体小康与全面小康的关系

总体上的小康社会与全面小康社会二者本是同根生，不过也有区别，前者是基础，后者是在前者的基础上的向前发展，二者都是中国实现现代化建设第三步战略目标必经的承上启下的发展阶段。

总体小康是一个低标准的小康，全面小康是一个较高标准的小康。2000年底，我国人均 GDP 只有 800 多美元，属于中下收入国家的水平。而到 2020 年，我国人均 GDP 将超过 1 万美元，达到中等收入国家水平。小康水平有一个从低到高的发展过程，总体小康只能说是刚刚跨过小康的门槛，全面建成小康社会将使人民生活更加殷实、富裕。

总体小康是一个偏重于物质消费的小康。而全面建成小康社会，除了注重物质生活水平的提高外，还特别注意人们的精神生活、所享受的民主权利以及生活环境的改善等方面，实现社会全面进步。全面建成小康社会，追求的是物质、政治、社会、精神和生态文明的共同发展。单就消费而言，人们可以衣食无忧，把更多的时间和金钱花费到精神消费和享受消费上来。

总体小康是一个发展不均衡的小康，全面建成小康社会将缩小地区、城乡、各阶层的差距。总体小康中，尚有部分人口温饱没有完全解决，城镇也有一批人口在最低生活保障线以下，还有相当数量的人口虽然温饱问题得到解决，但尚未达到小康。全面建成小康社会，将加快中西部地区、农村地区的发展；将惠及十几亿人口，所有现在没有达到小康水平的，都要努力争取尽快达到。从生活水平总体小康到全面建成小康社会，是一项艰巨的任务，它是继续消除局部贫困的阶段，是逐步提高小康水平和富裕程度的阶段，是由片面发展逐步转向全面发展的阶段，它所指向的目标是基本实现现代化，实现中华民族的伟大复兴。

（三）全面建成小康社会的重大意义

1. 全面建成小康社会的目标要求

党的十六大提出的全面建设小康社会的奋斗目标，在十七大报告中又进一步完善，十八大又明确要建成和实现这个目标。这是一个既宏伟壮丽、激奋人心，又符合实情、科学求实的目标，是强国富民、实现中华民族伟大复兴的重大战略部署。完成这一伟大而艰巨的任务，是实现现代化建设"三步走"战略目标最为关键的一步，其意义重大而深远。全面建成小康社会的目标要求是：

——经济持续健康发展。转变经济发展方式取得重大进展，在发展平衡性、协调性、可持续性明显增强的基础上，实现国内生产总值和城乡居民人均收入比 2010 年翻一番。

——人民民主不断扩大。民主制度更加完善，民主形式更加丰富，依法治国基本方略全面落实，法治政府基本建成，司法公信力不断提高，人权得到切实尊重和保障。

——文化软实力显著增强。社会主义核心价值体系深入人心，文化产业成为国民经济支柱性产业，社会主义文化强国建设基础更加坚实。

——人民生活水平全面提高。基本公共服务均等化总体实现，全民受教育程度和创新人才培养水平明显提高，就业更加充分，收入分配差距缩小，社会保障全民覆盖。

——资源节约型、环境友好型社会建设取得重大进展。

实现全面建成小康社会的目标，我国的综合国力将大大增强。2020年实现翻两番目标后，我国的GDP总量将达80万亿元人民币，列世界第二位或第三位，并可能成为世界第二贸易大国。外汇储备、基础设施建设、多项主要工农业产品产量等指标将名列世界前茅。主要产业、主导产品的国际市场竞争力将大幅增强，对世界市场的影响力将显著提高。我国的国际竞争力排名将由目前的三十几位上升到前十位。

全面建成小康社会，要实现生态文明，实现生态环境与经济的协调、持续发展。要彻底改变生态环境退化、恶化状况，而且在空气质量、绿化面积等方面将取得长足进步，有关指标接近或超过中等发达国家水平。特别是在水污染控制、水资源保护和合理开发利用方面将取得实质性进展。同时，抵御自然灾害的能力显著增强。一批城市将进入世界一流的现代人文、自然协调发展城市之列。一个山川秀美、蓝天碧水、绿树花草覆盖的优美环境将与现代化的工业社会交相辉映。

全面建成小康社会，最重要的是实现全国人民的生活质量再上新台阶，更加殷实、富足，这是党代表最广大人民根本利益的真实体现。用20年的时间，使占世界1/5的人口从温饱到初步小康，是一个令世界震惊的发展跨越。而再用20年的时间，将13亿人从初步小康带入更高层次的全面小康，是一个更为重大的惊人变化和奇迹。那时，尽管我国人口数量还将增加，但人均GDP将超过1万美元。

全面建成小康社会，不仅要使人民物质生活质量大幅提高，而且要更加丰富人民的精神生活，显著提高全民族的思想道德素质和科学文化素质。人民受教育的水平大幅提高，大学及以上学历人口占总人口比例、文盲的比例等重要指标都应达到中等收入国家水平。公民的道德修养和文明程度有长足进步，社会秩序得以明显改善，使我国真正向世界展示现代文明、礼仪之邦的良好风貌。

全面建成小康社会，更重要的是实现全国人民的共同小康、共同富裕。这必然要求要在加速发展中缩小东西差距、城乡差距、高低收入人群差距。完成这一任务要比完成前面的几项重要经济指标困难得多。但是，只有这样，才能体现社会主义制度的优越性。因此，要加大实施西部大开发战略力度，加快西部地区发展，使之在前十年内取得突破性进展。同时，要把加速农业现代化、农村工业化和城镇化、增加农民收入摆在经济建设的突出地位，切实通过加速农村发展缩小城乡差距。通过健全社会保障体系和加强政策调控，切实保证和提高低收入人群的生活水平。

2. 全面建成小康社会的重大意义

第一，全面建成小康社会振奋人心。全面建成小康社会，意味着人民生活将更幸福、社会主义事业更上一层楼。十八大报告首次提出"实现国内生产总值和城乡居民人均收入比2010年翻一番"的宏伟目标，使我们对未来生活充满期待，进一步激起我们要创造美好幸福生活的勇气和热情，极大地鼓舞了人心。

第二，全面建成小康社会昭示了现在到2020年的几年至关重要，是为实现2020年全面建成小康社会打下具有决定性意义基础的关键时期，这也决定了十八大报告为实现这个宏伟目标所做的一切部署，都具有不容延迟、时不我待的性质。GDP总量和城乡居民人均收入提高目标也好，民生事业发展也好，各项改革也好，都需要加速推进。

第三，全面建成小康社会意味着到2020年，我们中国人千百年的小康梦想就要实现。这是中国世代为之流血、为之奋斗的人间大同盛景，就要在我们这代共产党人手中变为现实，我们中国共产党人对中华民族的贡献必将彪炳史册。

第四，全面建成小康社会意味着我们能够跨越"中等收入陷阱"。按照世界银行的划分标准，人均国民总收入在745美元以下的为低收入国家，746~2 975美元的为中下收入国家，2 976~9 205美元的为中上收入国家，9 206美元以上的为高收入国家。按照世界银行的标准，2010年我国人均国内生产总值达到4 400美元，已经进入中等收入国家的行列。十八大报告提出2020年实现国内生产总值比2010年翻一番，即在2010年40.15万亿元的基础上，按照不变价格2020年达到80.3万亿元。考虑到2010—2020年人口增长率不会超过每年0.3%，如果GDP每年增长7.3%左右，人均GDP也可以翻一番。实现这个目标，2020年，我国人均国内生产总值就能接近世界银行定义的高收入国家门槛的11 906美元水平，意味着我们能够跨越"中等收入陷阱"。

第五，全面建成小康社会意味着要向共同富裕的奋斗目标迈出实质性步伐。全面小康社会不是少数人的小康社会，而是要惠及十几亿中国人的小康社会。共同富裕是社会主义的本质特征，作为社会主义的中国，全面小康社会理应更充分体现共同富裕这一本质特征。因而，随着全面小康社会的建成，会不断逼近共同富裕的奋斗目标。

（四）全面建成小康社会评价指标的演变

评价全面建设小康社会的进程，需要建立科学的指标体系。自从邓小平提出建设小康社会以后，政府部门、学者对小康社会的内涵及指标体系进行了更深层次研究，并提出建设全面建设小康社会评价指标体系的初步意见或建议。正如对小康认识的不断深化，小康社会评价指标体系也在不断变化，但是尚未形成公认的评价指标体系。

1. 十三大后确定的总体小康指标监测体系

1991年，国家统计局等部门联合制定了《全国小康生活水平基本标准》（见表6-1），用以评价和监测实现小康的进程。总体小康评价指标体系涵盖5大方面，包括经济发展水平、物质生活条件、人口素质、精神生活和生活环境，共计16个基本监测指标和小康临界值。根据这个指标体系，到2000年，全国已基本实现了总体小康的目标。

表 6-1　　　　　　　　　　　1991 年确定的总体小康评价指标体系

序号	具体指标	单位	目标值
1	人均国内生产总值	元	2 500
2	城镇居民人均可支配收入	元	2 400
3	农民人均纯收入	元	1 200
4	城镇人均住房面积	平方米	12
5	农村钢木结构住房人均使用面积	平方米	15
6	人均蛋白质摄入量	克	75
7	城市每人拥有铺装路面面积	平方米	8
8	农村通公路行政村比重	%	85
9	恩格尔系数	%	50
10	成人识字率	%	85
11	人均预期寿命	岁	70
12	婴儿死亡率	%	3.1
13	教育娱乐支出比重	%	11
14	电视机普及率	%	100
15	森林覆盖率	%	15
16	农村初级卫生保健基本合格县比重	%	100

注：其中，人均国内生产总值按 1980 年的价格和汇率计算，2 500 元相当于 900 美元。

2. 十六大后确定的全面建设小康社会的基本标准

2002 年，党的十六大正式提出了到 2020 年全面建设小康社会的奋斗目标，并做出了具体的战略部署。十六大报告从经济、政治、文化、可持续发展四个方面界定了全面建设小康社会的具体内容。十六大后，国家有关部门参照国际上常用的衡量现代化水平的指标体系，并结合我国国情，提出了全面建设小康社会的 10 项基本标准（见表6-2）。

表 6-2　　　　　　　　2002 年国家确定的全面建设小康社会的基本标准

序号	具体指标	单位	目标值
1	人均国内生产总值	美元	≥3 000
2	城镇居民人均可支配收入	元	≥18 000
3	农村居民家庭人均纯收入	元	≥8 000
4	恩格尔系数	%	≤40
5	城镇人均住房建筑面积	平方米	≥30
6	城镇化率	%	≥50
7	居民家庭计算机普及率	%	≥20

表6-2(续)

序号	具体指标	单位	目标值
8	大学入学率	%	≥20
9	每千人医生数	人	≥2.8
10	城镇居民最低生活保障率	%	≥95

注：城镇居民人均可支配收入和农村居民家庭人均纯收入以2000年不变价计算。

3. 十七大后确定的全面建设小康社会统计监测指标体系

党的十七大又提出了全面建设小康社会的五个新要求——"增强发展协调性，努力实现经济又好又快发展；扩大社会主义民主，更好保障人民权益和社会公平正义；加强文化建设，明显提高全民族文明素质；加快发展社会事业，全面改善人民生活；建设生态文明，基本形成节约能源资源和保护生态环境的产业结构、增长方式、消费模式"，为小康社会注入了新内涵。党的十七大报告首次提出实现人均GDP到2020年比2000年翻两番，赋予了全面小康社会另一个重要新内涵，而党的十六大报告没有使用"人均"口径。

根据党的十七大对全面建设小康社会的新要求，2008年6月国家统计局正式印发了《全面建设小康社会统计监测方案》（国统字〔2008〕77号），组织各地统计部门分别对全国及各地2000年以来全面建设小康社会进程进行监测分析，并从2008年起连续编印全国和各地的监测报告。《全面建设小康社会统计监测指标体系》由经济发展、社会和谐、生活质量、民主法治、文化教育、资源环境六个方面23项指标组成。见表6-3。

表6-3　　　　2008年国家统计局全面建设小康社会统计监测指标体系

监测指标	单位	权重（%）	标准值（2020年）
一、经济发展		29	
1. 人均GDP	元	12	≥31 400
2. R&D经费支出占GDP比重	%	4	≥2.5
3. 第三产业增加值占GDP比重	%	4	≥50
4. 城镇人口比重	%	5	≥60
5. 失业率（城镇）	%	4	≤6
二、社会和谐		15	
6. 基尼系数	-	2	≤0.4
7. 城乡居民收入比	以农为1	2	≤2.80
8. 地区经济发展差异系数	%	2	≤60
9. 基本社会保险覆盖率	%	6	≥90
10. 高中阶段毕业生性别差异系数	%	3	=100

表6-3(续)

监测指标	单位	权重(%)	标准值(2020年)
三、生活质量		19	
11. 居民人均可支配收入	元	6	≥15 000
12. 恩格尔系数	%	3	≤40
13. 人均住房使用面积	平方米	5	≥27
14. 5岁以下儿童死亡率	‰	2	≤12
15. 平均预期寿命	岁	3	≥75
四、民主法治		11	
16. 公民自身民主权利满意度	%	5	≥90
17. 社会安全指数	%	6	≥100
五、文化教育		14	
18. 文化产业增加值占GDP比重	%	6	≥5
19. 居民文教娱乐服务支出占家庭消费支出比重	%	2	≥16
20. 平均受教育年限	年	6	≥10.5
六、资源环境		12	
21. 单位GDP能耗	吨标准煤/万元	4	≤0.84
22. 常用耕地面积指数	%	2	≥94
23. 环境质量指数	%	6	=100

注：人均GDP、居民人均可支配收入、单位GDP能耗按2000年不变价计算。

4. 十八大后的全面建成小康社会指标监测体系

党的十八大对全面建成小康社会做出了新部署，提出要根据我国经济社会发展实际，要在十六大、十七大确立的全面建设小康社会目标的基础上努力实现新的要求，确保到2020年实现全面建成小康社会宏伟目标。

从经济发展指标看，实现国内生产总值和城乡居民人均收入比2010年翻一番，进入创新型国家行列，国际竞争力明显增强；从民主法治指标看，民主制度更加完善、依法治国基本方略全面落实、人权得到切实尊重和保障；从文化建设指标看，公民文明素质和社会文明程度明显提高，文化产业成为国民经济支柱性产业；从人民生活指标看，基本公共服务均等化总体实现，收入分配差距缩小，社会和谐稳定；从资源环境指标看，主体功能区布局基本形成，主要污染物排放总量显著减少，人居环境明显改善。在指标监测体系设置上，必须要体现这些新的要求。2013年，国家统计局按照党的十八大提出的全面建成小康社会新要求，对全面建设小康社会指标体系进行了修改和完善，形成了《全面建成小康社会统计监测指标体系》，该套指标体系由经济发展、民主法治、文化建设、人民生活和资源环境5大方面39个一级指标构成。具体指标构成见表6-4。

在最早提出的"三步走"战略中，第三步走从 2 000 年开始到 21 世纪中叶长达 50 年，而到 2020 年力争国内生产总值比 2000 年翻两番，综合国力和国际竞争力明显增强，这是全面建成小康社会、实现现代化建设第三步战略目标的承上启下阶段。因此，小康监测以 2000 年为起点，以 2020 年为终点，反映 20 年间小康建设变化情况。

表 6-4　　　　　2013 年国家统计局全面建成小康社会统计监测指标体系

一级指标	权重（%）	二级指标	计量单位	目标值	权重（%）
经济发展	22	人均 GDP（2010 年不变价）	元	≥57 000	4
		第三产业增加值占 GDP 比重	%	≥47	2
		居民消费支出占 GDP 比重	%	≥36	2.5
		R&D 经费支出占 GDP 比重	%	≥2.5	1.5
		每万人口发明专利拥有量	人	≥3.5	1.5
		工业生产率	%	≥12	2.5
		互联网普及率	%	≥50	2.5
		城镇人口比重	%	≥60	3
		农业劳动生产率	万元/人	≥2	2.5
民主法治	10.5	基层民主参选率	%	≥95	3.5
		廉政指数（万名公务人员检察机关立案人数）	人	≤8	0
		社会安全指数	人	100	4
		每万人拥有律师数	人	≥2.3	3
文化建设	14	文化产业增加值占 GDP 比重	%	≥5	3
		人均公共文化财政支出	元	≥150	2.5
		有线广播电视入户率	%	≥60	3
		每万人拥有"三馆一站"建筑面积	平方米	≥400	2.5
		城乡居民文化娱乐服务支出占家庭消费支出比重	%	≥5	3

表6-4(续)

一级指标	权重(%)	二级指标	计量单位	目标值	权重(%)
人民生活	26.5	城乡居民人均收入	元	≥25 000	4
		地区人均基本公共服务支出差异系数	%	≤60	0
		失业率	%	≤6	2
		恩格尔系数	%	≤40	2
		基尼系数	—	0.3~0.4	0
		城乡居民收入比	以农为1	≤2.8	3
		城乡居民住房达标率	%	≥60	2
		公共交通服务指数	%	100	2
		平均预期寿命	岁	≥76	2
		平均受教育年限	年	≥10.5	2
		每千人拥有执业医师数	人	≥1.95	1.5
		基本社会保险覆盖率	%	≥95	3
		农村自来水普及率	%	≥80	1.5
		农村卫生厕所普及率	%	≥75	1.5
资源环境	20	单位GDP能耗（2010年不变价）	吨标准煤/万元	≤0.6	3
		单位GDP水耗（2010年不变价）	立方米/万元	≤110	3
		单位GDP建设用地占用（2010年不变价）	公顷/万元	≤60	3
		单位GDP二氧化碳排放量（2010年不变价）	吨/万元	≤2.5	0
		环境质量指数	%	100	4
		主要污染物排放强度指数	%	100	4
		城市生活垃圾无害化处理率	%	≥85	3

5. 国内学者关于全面建成小康社会统计监测指标体系的研究

目前，国内学者对小康指标也进行了多角度的研究，代表性学者所构建的指标体系有：

（1）曹玉书（2002）[①]提出全面建设小康社会的基本指标包括10个：人均GDP、城镇居民人均可支配收入、农村居民人均可支配收入、恩格尔系数、城镇人均住房建筑面积、城镇化率、居民家庭计算机普及率、大学入学率、城镇居民最低生活保障覆盖率和刑事犯罪率。

（2）李培林等（2003）[1]建立了一套包括社会结构、经济与科技发展、人口素质、生活质量和环保、法治及治安5个子系统20多个指标体系，并且对GDP增长速度、人口总数和净增率、人均GDP、城市化水平、第三产业从业人员比例、公共教育经费占GDP的比重、在校大学生占适龄人口的比重、每千人口医生数、平均预期寿命、城镇居民人均可支配收入、农民人均纯收入、居住条件、居民人均用电量、恩格尔系数、城乡收入差距、贫富差距（基尼系数）16个主要指标进行详细测算。

（3）吕书正（2000）[2]提出，2020年的中国小康社会评价标准包括经济增长、经济社会结构、生活水平和质量、社会发展水平、社会保障与法治环境、生态环境保护6大领域38项指标。

（4）胡鞍钢（2012）[3]设计了2020年中国发展的八大定性和定量目标，根据优先顺序，分别确定了国家最优先发展指标22个、国家次优先发展指标28个，共计50个可定量、可比较的时限性指标。其中，最优先发展指标包括：经济增长、创造就业、转移劳动力、城镇化率、单位GDP能耗、保证耕地面积、水耗、单位GDP水耗下降、森林覆盖率、主要污染物比重、本国居民专利授权量、国民平均受教育年限、初中毛入学率、农村绝对贫困人口和低收入人口、农村饮用水不安全的人口、儿童免疫接种率、平均预期寿命、城乡居民的人均收入、XDI人类发展指标等。

综合起来看，国内学者看问题的出发点、研究问题的角度以及各地的具体情况都不同，其所建立的指标体系的差异很大，其评价结果也大相径庭，悬殊较大。

6. 本报告采用的全面建成小康社会统计监测指标体系

正确选择小康社会的评价指标与目标值，具有十分重要的导向意义。综合考虑指标体系的系统和可行性原则、可测度和可比较原则、避繁就简重点突出原则、尽可能选择客观指标和最终成果指标原则和相关性原则，更好地和党的十八大、十八届三中全会的精神契合，本研究采用国家统计局2013年最新修改和完善的《全面建成小康社会统计监测指标体系》（表6-4），对四川全面建成小康社会进程进行研究。虽然本套指标体系对各地的实际情况考虑得不够充分，部分指标存在偏高情况，但目前全国各省基本采用本套指标体系进行本省全面小康实现程度的测定，因此该套指标体系已具有一定的权威性，同时也有利于获得全国其他省份的数据，与四川进行全面比较。

该套指标体系的39个指标中，有正指标29个、逆指标6个、区间指标4个。指标监测体系的计算方法如下：

（1）单个正指标计算公式为：

① 李培林，朱庆芳，等. 中国小康社会［M］. 北京：社会科学文献出版社，2003.
② 吕书正. 全面建设小康社会评价标准研究综述［J］. 理论前沿，2004（5）：47-48.
③ 胡鞍钢. 2020中国：全面建成小康社会［M］. 北京：社会科学文献出版社，2012.

$$z_i = \begin{cases} \dfrac{x_i}{x_{i1}} \times 100\% & , \quad 若 \dfrac{x_i}{x_{i1}} < 1 \\[4mm] 100\% & , \quad 若 \dfrac{x_i}{x_{i1}} \geq 1 \end{cases}$$

其中 z_i 为 x_i 的评价值，x_i 为实际值，x_{i1} 为标准值。

（2）单个逆指标计算公式为：

$$z_i = \begin{cases} \dfrac{x_{i1}}{x_i} \times 100\% & , \quad 若 \dfrac{x_{i1}}{x_i} < 1 \\[4mm] 100\% & , \quad 若 \dfrac{x_{i1}}{x_i} \geq 1 \end{cases}$$

其中 z_i 为 x_i 的评价值，x_i 为实际值，x_{i1} 为标准值。

（3）单个区间指标计算公式为：

$$Z_i = \begin{cases} 0, & 如果 \; x_i \notin [\,m_1, \, m_2\,] \\[2mm] \left(-\dfrac{1}{(q_1 - m_1)^2}x^2 + \dfrac{2q_1}{(q_1 - m_1)^2}x + \dfrac{m_1^2 - 2q_1 m_1}{(q_1 - m_1)^2} \right) \times 100\%, & 如果 \; x_i \in [\,m_1, \, q_1\,] \\[4mm] 100\%, & 如果 \; x_i \in [\,q_1, \, q_2\,] \\[2mm] \left(-\dfrac{1}{(q_2 - m_2)^2}x^2 + \dfrac{2q_2}{(q_2 - m_2)^2}x + \dfrac{m_2^2 - 2q_2 m_2}{(q_2 - m_2)^2} \right) \times 100\%, & 如果 \; x_i \in [\,q_2, \, m_2\,] \end{cases}$$

其中 z 为 x_i 的评价值，x_i 为实际值，$[\,q_1, \, q_2\,]$ 为指标 x_i 的目标区间值，m_1、m_2 为指标 x_i 的一个允许下、上界限值。

（4）五大类子目标实现程度计算公式为：

$$F_j = \sum_{i=m_j}^{n_j} w_i z_i \Big/ \sum_{i=m_j}^{n_j} w_i$$

其中 z_i 为 x_i 的评价值，x_i 为实际值，w_i 为指标 x_i 的权数，计算时需要将百分数换成小数，F_j 为第 j 个子目标的实现程度，m_j 为第 j 子目标中第 1 个评价指标在整个评价指标体系中的序数，n_j 为第 j 个子目标中最后 1 个评价指标在整个评价指标体系中的序数。

（5）全面建成小康社会指数 F 计算公式为：

$$F = \sum_{i=1}^{23} w_i z_i$$

二、四川省全面建成小康社会指数的分析与评价

（一）四川省全面建成小康社会总体情况

根据四川省统计局提供的调研数据，自 2000 年以来，四川省全面建成小康社会指数不断上升。2000 年从 48.66% 起步，2001 年突破 50%，2002 年又回落到 50% 以下，

2003 年重新跨上 50% 的台阶后，在 2007 年提升到 60.40%，2010 年突破 70%，达到了 71.86%，2012 年达到 81.1%，实现了新的突破。近年来，四川全面小康社会建设进程不断加快，若以 2001 年首次跨上 50% 台阶计算，跨上 60% 的台阶用了 6 年（若以 2003 年时开始稳定在 50% 以上计算，跨上 60% 的台阶花了 4 年），而跨上 70% 的台阶用了 3 年，跨上 80% 的台阶用了 2 年。从 2000 年到 2012 年，四川省全面建成小康社会指数上升了 32.44 个百分点，年均提高了 2.70 个百分点，特别是近三年年均提高了 4.73 个百分点，全面小康建设进程明显加快。见表 6-5。

表 6-5　　　　　　　2000—2012 年四川省小康指数（%）

年份（年）	2000	2001	2002	2003	2004	2005	2006	2007	2008	2009	2010	2011	2012
经济发展	35.89	37.27	38.54	40.63	41.72	43.58	45.62	48.67	52.64	57.08	62.44	67.17	71.88
民主法治	75.15	75.42	75.40	74.54	74.74	75.73	74.74	75.59	78.08	80.06	81.92	84.05	85.90
文化建设	34.72	35.58	34.66	38.67	43.99	52.94	49.91	49.03	48.81	53.30	66.49	72.38	83.67
人民生活	57.67	57.94	58.10	59.16	60.64	63.13	65.27	68.62	71.41	75.59	77.64	81.41	84.47
资源环境	46.62	50.33	48.07	46.20	49.81	53.83	54.79	62.41	67.18	68.80	73.03	77.63	82.45
小康指数	48.66	50.02	49.74	50.64	52.92	56.38	57.12	60.40	63.41	66.90	71.86	76.17	81.10

2012 年四川省小康指数距离 100% 全面实现目标还差 18.9 个百分点，剩余 8 年时间年均还需提高 2.36 个百分点。如果能保持最近三年的高速发展态势，四川省有望在 2020 年之前提前实现全面建成小康社会的宏伟目标（按照年均提升 4.73 个百分点的速度，约为 2016 年）；当然，越到后期，剩下未实现的指标再提高的难度将越来越大，如若能继续保持 2000 年以来 12 年间年均提升 2.70 个百分点左右的发展速度，四川仍能够与全国同步实现建成全面小康社会的目标。

根据图 6-1，从 2000 年以来 12 年各领域分指数变化趋势看，经济发展指数构成明显短板，起点低（35.89%），差距大（2012 年仅为 71.88%，是分项指数中最低的），但在 12 年间保持了年均提升 3.0 个百分点的发展速度；民主法治指数起点较高（75.15%），发展成就最为突出（2012 年为 85.92%，是分项指数中最高的），在 2009 年就率先跃上 80% 的台阶，但在 12 年中提高速度相对较慢，年均提高 0.90 个百分点；文化建设指数起点最低（34.72%），但提高速度最快，年均提高 4.08 个百分点，2012 年已经达到了 83.67%；人民生活指数一直都是五大方面中仅次于民主法治指数的，从 57.67% 起步，年均提升 2.23 个百分点，2011 年跃上 80% 的台阶，2012 年达到了 84.47%；资源环境指数从 46.62% 起步，年均提升 2.99 个百分点，在 2012 年达到了 82.45%。

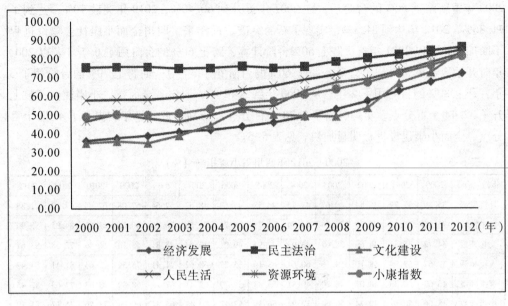

图 6-1 2000~2012 年四川省小康指数（%）

从具体指标来看，在实际监测的 35 个指标中[①]，2012 实现程度达到 100% 的指标有 6 个，比 2011 年增加 1 个，比 2000 年增加 4 个；实现程度在 90%~100% 之间的指标有 8 个，与 2011 年持平，比 2000 年增加 4 个；实现程度在 80%~90% 之间的指标有 7 个，比 2011 年增加 3 个，比 2000 年增加 6 个；实现程度在 70%~80% 之间的指标有 5 个，比 2011 年减少 5 个，比 2000 年增加 3 个；实现程度在 60%~70% 之间的指标有 4 个，与 2011 年持平，也与 2000 年持平；实现程度在 60% 以下的指标有 5 个，比 2011 年减少 2 个，比 2000 年减少 17 个。与 2011 年相比，除了恩格尔系数指标实现程度下降了 0.27 个百分点外，有 29 个指标的实现程度有所提高，占指标总数的 82.86%，另外 5 个指标在 2011 已经达到了 100%，并在 2012 年得到保持。见表 6-6 所示。

---

① 参照国家统计局 2013 年最新修改和完善的《全面建成小康社会统计监测指标体系》，《四川省全面建成小康社会统计监测指标体系》也设置了 39 个具体指标，但是有 4 个指标未纳入统计范围。在实际计算四川省全面建成小康社会指数时，有 4 个指标权重为 0，因此，实际采纳的指标只有 35 个。4 个权重为 0 的指标分别是：民主法治指数下的"廉政指数（万名公务人员检察机关立案人数）"指标、人民生活指数下的"地区人均基本公共服务支出差异系数"指标和"基尼系数"指标、资源环境指数下的"单位生产总值二氧化碳排放量（2010 年不变价）"指标。因此，本研究报告除特别指出外，不包括这 4 个指标。

表 6-6　　　　　　　　　　　**2012 年四川省全面建成小康社会统计指标表**

类别	权重		具体指标	计量单位	目标值	实际值	指数
经济发展	22.0	1	人均生产总值（2010 年不变价）	元	≥57 000	27 600	48.42
		2	第三产业增加值占地区生产总值比重	%	≥47	34.5	73.4
		3	居民消费支出占地区生产总值比重	%	≥36	38.1	100
		4	R&D 经费支出占地区生产总值比重	%	≥2.5	1.47	58.79
		5	每万人口发明专利拥有量	件	≥3.5	1.61	46
		6	工业生产率	万元/人	≥12	14.61	100
		7	互联网普及率	%	≥50	31.8	63.6
		8	城镇人口比重	%	≥60	43.53	72.55
		9	农业劳动生产率	万元/人	≥2	1.66	82.79
民主法治	10.5	10	基层民主参选率	%	≥95	86.85	91.42
		11	每万名公务人员检察机关立案人数	人/万人	≤8	8.74	91.57
		12	社会安全指数	—	=100	100	100
		13	每万人口拥有律师数	人	≥2.3	1.4	60.66
文化建设	14.0	14	文化及相关产业增加值占地区生产总值比重	%	≥5	3.92	78.4
		15	人均公共文化财政支出	元	≥150	149.7	99.8
		16	有线广播电视入户率	%	≥60	46.11	76.85
		17	每万人口拥有"三馆一站"公用房屋建筑面积	平方米	≥400	394.97	98.74
		18	城乡居民文化娱乐服务支出占家庭消费支出比重	%	≥5	4.18	69.74
人民生活	26.5	19	城乡居民人均收入（2010 年不变价）	元	≥25 000	11 845	47.38
		20	地区人均基本公共服务支出差异系数	%	≤60	33.33	88.89
		21	失业率	%	≤6	4.1	100
		22	恩格尔系数	%	≤40	44.04	90.82
		23	基尼系数	—	0.3~0.4	0.399	100
		24	城乡居民收入比	以农为1	≤2.8	2.9	99.3
		25	城乡居民家庭人均住房面积达标率	%	≥60	51.62	86.04
		26	公共交通服务指数	—	=100	85.7	85.7
		27	平均预期寿命	岁	≥76	75.35	99.14
		28	平均受教育年限	年	≥10.5	8.54	81.33
		29	每千人口拥有执业医师数	人	≥1.95	2.02	100
		30	基本社会保险覆盖率	%	≥95	85.15	89.63
		31	农村自来水普及率	%	≥80	59.3	74.13
		32	农村卫生厕所普及率	%	≥75	67.4	89.87

表6-6(续)

类别	权重		具体指标	计量单位	目标值	实际值	指数
资源环境	20.0	33	单位地区生产总值能耗（2010年不变价）	吨标准煤/万元	≤0.6	0.92	64.9
		34	单位地区生产总值水耗（2010年不变价）	立方米/万元	≤110	110.5	99.55
		35	单位地区生产总值建设用地占用面积（2010年不变价）	公顷/万元	≤60	72.03	83.29
		36	单位地区生产总值二氧化碳排放量（2010年不变价）	吨/万元	≤2.5	—	—
		37	环境质量指数	–	=100	92.2	92.2
		38	主要污染物排放强度指数	–	=100	59.23	59.23
		39	城市生活垃圾无害化处理率	%	≥85	88.3	100
总体指数							81.1

（二）四川省全面建成小康社会的分析与评价

1. 经济平稳较快发展，发展质量和效率有所提高

2012年，四川省全面建成小康社会经济发展指数为71.88%，比2011年提高4.71个百分点，比2000年提高35.99个百分点。2012年，经济发展指数的9项指标中有2项指标评价值已达到100%（表6-7）。

表6-7　　　　　　2000—2012年四川全面建设小康社会经济发展指数表

年份（年）	2000	2001	2002	2003	2004	2005	2006	2007	2008	2009	2010	2011	2012
经济发展指数	35.89	37.27	38.54	40.63	41.72	43.58	45.62	48.67	52.64	57.08	62.44	67.17	71.88
1. 人均地区生产总值（2010年不变价）	11.78	12.74	13.99	15.51	17.43	18.73	21.98	25.29	28.13	32.1	37.16	43.09	48.42
2. 第三产业增加值占地区生产总值比重	83.93	86.22	87.52	87.23	83.62	81.73	81.28	78.30	77.02	78.3	74.68	71.06	73.40
3. 居民消费支出占地区生产总值比重	100	100	100	100	100	100	100	100	100	100	100	100	100
4. R&D经费支出占地区生产总值比重	45.60	53.54	52.42	59.57	48.91	52.13	49.51	52.68	51.51	60.62	62.99	55.95	58.79
5. 每万人口发明专利拥有量	7.39	7.36	7.33	7.28	7.23	7.56	7.60	8.77	11.92	15.71	23.21	32.87	46.00
6. 工业劳动生产率	24.05	24.45	26.08	29.48	35.34	40.92	46.88	52.41	65.93	72.89	91.96	100	100
7. 互联网普及率	2.72	4.30	7.58	10.38	12.93	14.83	16.89	19.91	27.11	39.95	49.67	55.38	63.60
8. 城镇人口比重	44.5	45.33	47.00	50.17	51.83	55.00	57.17	59.33	62.33	64.50	66.97	69.72	72.55
9. 农业劳动生产率	17.89	18.91	20.81	22.73	28.21	30.58	34.58	44.83	50.69	52.25	56.86	73.01	82.79

四川经济实力进一步提升，人均地区生产总值显著提升，与全国的相对差距不断缩小。2012年四川人均地区生产总值达到29 608元[①]，比上年增长12.3%[②]。人均地区生产总值是经济发展方面排名倒数第二的指标，实现程度为48.42%，仅仅高于每万人口

---

① 当年价格。数据来源：《四川统计年鉴2013》。
② 可比价格。数据来源：《四川统计年鉴2013》。

发明专利拥有量指标。按 2010 年不变价计算为 27 600 元，距离全面小康目标值（57 000 元，按 2010 年不变价计算）29 400 元，尚有相当大的距离。与 2011 年相比，人均地区生产总值指标实现程度提升了 5.33 个百分点，比 2000 年提升了 36.64 个百分点。如果要在 2020 年达到全面小康目标值，人均地区生产总值需要实现年均 9.49% 的实际增长速度。如果按照 2020 年比 2010 年翻一番的目标测算，2010 年四川省人均地区生产总值为 21 182 元，则 2020 年需要达到 42 364 元，人均地区生产总值需要年均增长 7.18%，剩余 8 年需要人均地区生产总值年均增长 5.50%。但同时也要看到，近年来四川省人均地区生产总值水平与全国的相对差距在不断缩小。2000 年四川省人均地区生产总值落后全国平均水平 5 年多，仅仅相当于全国 1995 年的平均水平；2012 年四川人均地区生产总值落后全国 2 年多一点，略低于全国 2010 年的平均水平。

四川产业结构有所优化，2012 年第三产业增加值占地区生产总值比重为 34.5%，比 2011 年提高 1.1 个百分点；第三产业增加值占地区生产总值比重指标实现程度为 73.4%，比 2011 年提高 2.34 个百分点。但与 2000 年相比，第三产业增加值占地区生产总值比重下降了 10.53 个百分点，实现程度下降了 4.95 个百分点。与 47% 的目标值相比，尚差 12.5 个百分点，余下 8 年每年需要提高 1.56 个百分点。

四川居民消费支出占地区生产总值比重持续高于目标水平。2012 年居民消费支出占地区生产总值的比重为 38.1%，比上年增加 0.21 个百分点，比 36% 的目标水平高 2.1 个百分点，实现程度达到了 100%。自 2000 年以来，四川省一直保持了较高的居民消费支出占地区生产总值比重，实现程度一直保持在 100%。

四川经济发展后劲动力有所增强，科技创新能力不断提升。2012 年 R&D 经费支出占地区生产总值比重达到 1.47%，比上年提高 0.07 个百分点，距离 2.5% 的目标值 1.03 个百分点，R&D 经费支出占地区生产总值比重实现程度为 58.79%；每万人发明专利拥有量为 1.61 件，比上年增加 0.46 件，增长 40%，距离每万人发明专利拥有量 3.5 件的目标值 1.89 件，实现程度为 58.79%；信息化程度提高，互联网普及率为 31.8%，比上年提高 4.11 个百分点，距离 50% 的目标值 18.2 个百分点，实现程度为 63.6%。

随着城市化进程的加快，四川城镇人口比重 2012 年上升至 43.53%，比上年提高 1.70 个百分点，距离 60% 的城镇化率 16.47 个百分点，实现程度为 72.55%。

四川劳动生产效率稳步提高。其中，2012 年工业劳动生产率为 14.61 万元/人，比上年提高 0.93 万元/人，增加了 6.8%，超过了 12 万元/人的目标值，连续两年实现程度达到了 100%；农业劳动生产率为 1.66 万元/人，比上年增加了 0.20 万元/人，提高了 13.70%，距离 2 万元/人的目标值 0.34 万元，实现程度为 82.79%。

2. 民主法治建设逐步完善，安全感保持在较高水平

2012 年，四川省全面建成小康社会民主法治指数为 85.90%，比上年提高 1.85 个百分点，比 2000 年提高 10.75 个百分点。记分的 3 项指标中有 1 项指标（社会安全指数）评价值达到 100%（表 6-8）。

其中，基层民主参选率为 86.85%，距离 95% 的目标值 8.15 个百分点，实现程度为 91.42%；社会安全指数连续两年达到了 100% 的目标值，连续两年实现程度皆达到了

100%；每万人拥有律师数为 1.4 人，比 2011 年增加 0.15 人，距离 2.3 人的目标值 0.9 人，实现程度为 60.66%。

表 6-8　　　　2000—2012 年四川全面建设小康社会民主法治指数表

年份（年）	2000	2001	2002	2003	2004	2005	2006	2007	2008	2009	2010	2011	2012
民主法治指数	75.15	75.42	75.40	74.54	74.74	75.73	74.74	75.59	78.08	80.06	81.92	84.05	85.90
1. 基层民主参选率	91.42	91.42	91.42	91.42	91.42	91.42	91.42	91.42	91.42	91.42	91.42	91.42	91.42
2. 廉政指数	58.02	64.55	65.39	70.60	66.41	74.43	80.89	77.32	86.82	83.69	84.28	82.46	91.57
3. 社会安全指数	97.96	100	97.40	93.57	94.03	93.65	89.99	91.03	95.92	98.17	98.88	100	100
4. 每万人拥有律师数	25.74	23.97	27.38	29.48	29.57	33.52	34.94	36.52	38.72	42.67	48.21	54.17	60.66

3. 文化资源供给进一步增加，文化建设事业进一步发展

2012 年，四川省全面建成小康社会文化建设指数为 83.67%，比 2011 年提高 11.29 个百分点，比 2000 年提高 48.95 个百分点。5 项指标中没有任何指标实现程度达到 100%（表 6-9）。

表 6-9　　　　2000—2012 年四川全面建设小康社会文化建设指数表

年份（年）	2000	2001	2002	2003	2004	2005	2006	2007	2008	2009	2010	2011	2012
文化建设指数	34.72	35.58	34.66	38.67	43.99	52.94	49.91	49.03	48.81	53.3	66.49	72.38	83.67
1. 文化产业增加值占地区生产总值比重	9.00	13.00	16.00	22.00	26.80	31.40	40.40	46.40	40.80	42.00	60.60	62.40	78.40
2. 人均公共文化财政支出	2.68	10.36	12.94	13.94	17.45	22.30	27.63	23.39	28.34	37.33	48.78	72.38	99.8
3. 有线广播电视入户率	55.27	55.27	55.27	58.23	65.6	66.03	68.12	70.37	71.60	72.48	75.32	71.78	76.85
4. 每万人口拥有"三馆一站"公共文化设施建筑面积	40.76	37.46	20.19	30.73	40.23	78.36	43.49	39.41	45.02	57.64	81.25	93.68	98.74
5. 城乡居民文化娱乐服务支出占家庭消费支出比重	61.55	57.94	62.89	63.02	64.8	65.75	65.13	59.72	54.27	55.09	66.04	65.22	69.74

其中，文化产业增加值占地区生产总值比重为 3.92%，比上年提高 0.80 个百分点，实现程度为 78.4%。城乡居民文化娱乐服务支出比重近年来基本保持稳定，在 4% 上下波动。2012 年城乡居民文化娱乐服务支出占家庭消费支出比重为 4.18%，比上年提升 0.27 个百分点，实现程度为 69.74%。公共文化建设投入力度较大，文化服务供给持续加大，公共文化设施网络服务功效增强。人均公共文化财政支出为 149.70 元，比上年增加 41.13 元，增长 37.88%，接近全面小康社会目标值 150 元，实现程度为 99.8%；有线广播电视入户率为 46.11%，比上年提高 3.04 个百分点，距离 60% 的目标值 13.89 个百分点，实现程度为 76.85%；每万人拥有"三馆一站"公共文化设施建筑面积 394.97 平方米，比上年增加 20.24 平方米，增长 5.40%，接近 400 平方米的全面建成小康社会目标值，实现程度为 98.74%。

4. 人民生活水平逐年提高，生活质量进一步改善

2012 年，四川省全面建成小康社会人民生活指数为 84.47%，比上年提高 3.06 个百分点，比 2000 年提高 26.8 个百分点。记分的 12 项指标中[1]有失业率和每千人拥有执业

---

[1]　地区人均基本公共服务支出差异系数和基尼系数两项指标权重为 0，不计入总评。

医师数 2 项指标实现程度达到 100%（表 6-10）。

表 6-10　　　　　2000—2012 年四川全面建设小康社会人民生活指数表

年份（年）	2000	2001	2002	2003	2004	2005	2006	2007	2008	2009	2010	2011	2012
人民生活指数	57.67	57.94	58.1	59.16	60.64	63.1	65.27	68.62	71.41	75.59	77.64	81.41	84.47
1. 城乡居民人均收入（2010 年不变价）	15.53	16.25	17.33	18.59	20.13	22.02	23.98	27.25	30.4	33.41	37.02	41.97	47.38
2. 地区人均基本公共服务支出差异系数	88.89	88.89	88.89	88.89	88.89	88.89	88.89	88.89	88.89	88.89	88.89	88.89	88.89
3. 失业率	100	100	100	100	100	100	100	100	100	100	100	100	100
4. 恩格尔系数	78.3	78.76	80.14	80.99	78.73	80.61	86.37	82.74	81.6	96.62	89.36	91.09	90.82
5. 基尼系数	99.96	97.69	97.56	95.45	99.11	99.09	95.05	96.57	100	98.62	98.89	100	100
6. 城乡居民收入比	93.93	88.85	92.15	91.11	97.54	97.44	93.15	92.48	95.11	93.68	96.02	98.99	99.3
7. 城乡居民家庭人均住房面积达标率	45.64	46.9	50.05	51.42	55.23	71.63	73.08	75.27	75.49	80.61	82	85.6	86.04
8. 公共交通服务指数	65.07	65.97	55.77	64.11	64.61	64.32	65.6	70.51	74.99	76.52	74.69	83.2	85.7
9. 平均预期寿命	93.68	94.23	94.77	95.31	95.93	96.39	96.79	97.18	97.57	97.96	98.36	98.75	99.14
10. 平均受教育年限	65.81	65.81	65.81	65.81	65.81	65.81	70.1	71.9	72.67	76.95	79.52	80.04	81.33
11. 每千人口拥有执业医师数	79.49	79.38	72.82	72.31	71.28	76.21	81.03	79.49	82.56	86.67	92.19	97.95	100
12. 基本社会保险覆盖率	13.64	15.7	16.12	16.32	17.07	19.05	33.24	52.17	61.8	66.82	70.29	78.24	89.63
13. 农村自来水普及率	49	50.38	52.5	53.5	55.5	57.33	51.5	52.88	55.88	61.36	66.63	70.28	74.13
14. 农村卫生厕所普及率	35.73	39.2	43.07	44.67	47.92	51.11	48	54.53	58.53	72.47	82.95	85.48	89.87

四川城乡居民收入水平持续快速增长。2012 年城乡居民收入为 11 845 元（2010 年不变价），比 2011 年增加 1 352.00 元，增长 12.88%；比 2000 年增加 7 963.00 元，增长 205.13%；城乡居民人均收入（2010 年不变价）指标距离 25 000 元的目标值 13 155 元，实现程度为 47.38%。2012 年，四川省城镇居民人均可支配收入为 20 307 元，农村居民人均纯收入为 7 001.43 元，分别比上年增长 13.45% 和 14.24%，考虑物价因素①，实际增长率分别为 10.65% 和 12.24%，略低于 12.6% 的地区生产总值增速②。目前，四川省城乡居民收入与全国平均水平相比，还有较大差距。2012 年，四川省城镇居民人均可支配收入比全国平均水平低 4 257.72 元，农村居民人均纯收入比全国平均水平低 915.15 元，分别比全国平均水平低 17.33% 和 11.56%。当然，也要看到，尽管四川省城乡居民收入与全国平均水平在绝对额上还存在较大的差距，但近三年相对收入差距有所缩小。2010 年四川省城镇居民人均可支配收入和农村居民人均纯收入分别比全国平均水平低 19.09% 和 14.06%，而到 2012 年相对差距分别缩小了 1.76 个百分点和 2.5 个百分点。按照 25 000 元的目标值，未来 8 年，城乡居民人均收入需要年均实际增长 9.79%；如果按照城乡居民人均收入 2020 年比 2010 年翻一番的目标，2020 年城乡居民人均收入将达到 18 510 元③，则未来 8 年城乡居民人均收入需要年均实际增长 5.74%；如果分别考虑

---

① 2012 年四川省城市居民消费价格指数为 102.8（上年＝100），农村居民消费价格指数为 102（上年＝100）。数据来源：《四川统计年鉴 2013》。
② 2012 年四川省地区生产总值为 23 849.8 亿元，按可比价格计算，比上年增长 12.6%。数据来源：《四川统计年鉴 2013》。
③ 2010 年，四川省城乡居民人均收入 9 255 元。数据来源：四川省统计局。

城镇居民人均可支配收入和农村居民人均纯收入比 2010 年翻一番，2020 年城镇居民人均可支配收入和农村居民人均纯收入分别应达到 30 922 元和 10 173.78 元，则未来 8 年城镇居民人均可支配收入和农村居民人均纯收入分别需年均实际增长 5.40% 和 4.78%。

城乡居民收入差距逐步缩小。城乡居民收入比为 2.90（以农村居民收入为 1），比 2011 年降低 0.02，比 2000 年降低 0.20，实现程度为 99.3%。

就业情况较好。2012 年城镇登记失业率为 4.1%，与上年持平，远远低于 6% 的目标阈限，自监测评价开始年份实现程度即达到 100%。

居民生活质量不断提高，衣食住行均有所改善。预期寿命稳步提高，根据人口普查数据，预计 2012 年平均预期寿命达到 75.35 岁，比 2011 年增加 0.30 岁，距离 76 岁的目标值 0.65 岁，实现程度为 99.14%。城乡居民恩格尔系数为 44.04%，比 2011 年上升 0.13 个百分点，超出 40% 的目标值 4.04 个百分点，实现程度为 90.82%；其中，城镇居民恩格尔系数为 40.40%，比 2011 年下降 0.28 个百分点，农村居民恩格尔系数为 46.85%，比上年上升 0.61 个百分点。城乡居民人均家庭住房面积达标率为 51.62%，比上年上升 0.26 个百分点，距离 60% 的目标值 8.38 个百分点，实现程度为 86.04%。公共交通服务指数为 85.7%，比上年提升 2.50 个百分点，距离 100% 的目标值 14.3 个百分点，实现程度为 85.7%。农村自来水普及率为 59.3%，比上年提升 3.08 个百分点，距离 80% 的目标值 20.7 个百分点，实现程度为 74.13%；农村卫生厕所普及率为 67.4%，比上年提高 3.29 个百分点，距离 75% 的目标值 7.6 个百分点，实现程度为 89.87%。

社会公共服务均等化程度有所提升。2012 年平均受教育年限为 8.54 年，比上年提高 0.14 年，距离 10.5 年的目标值 1.96 年，实现程度为 81.33%；每千人拥有执业医师数为 2.02 人，比上年增加 0.11 人，首次超过 1.95 人的目标值，实现程度为 100%；基本社会保险覆盖率达到 85.15%，比上年提高 10.82 个百分点，距离 95% 的目标值 9.85 个百分点，实现程度为 89.63%。

5. 资源利用效率有所提高，环境质量有所改善

2012 年，四川省全面建成小康社会资源环境指数为 82.45%，比 2011 年提高 4.82 个百分点，比 2000 年提高 35.83 个百分点。反映资源环境的 6 项计分指标[①]只有城市生活垃圾无害化处理率达到了 100%（表 6-11）。

表 6-11　　　　　2000—2012 年四川全面建设小康社会资源环境指数表

年份（年）	2000	2001	2002	2003	2004	2005	2006	2007	2008	2009	2010	2011	2012
资源环境指数	46.62	50.33	48.07	46.20	49.81	53.83	54.79	62.41	67.18	68.80	73.03	77.63	82.45
1. 单位地区生产总值能耗（2010 年不变价）	49.00	51.11	51.09	46.42	45.01	47.99	48.88	51.51	54.12	54.89	57.63	60.21	64.90
2. 单位地区生产总值水耗（2010 年不变价）	26.72	30.11	33.36	36.76	41.93	48.29	52.59	60.56	69.03	73.29	82.08	94.40	99.55
3. 单位地区生产总值建设用地占用（2010 年不变价）	20.83	22.70	25.03	27.87	31.13	34.72	39.01	44.39	48.81	55.89	64.32	73.97	83.29

---

① 单位地区生产总值二氧化碳排放量（2010 年不变价）指标权重为 0，不计分。

表6-11（续）

年份（年）	2000	2001	2002	2003	2004	2005	2006	2007	2008	2009	2010	2011	2012
4. 单位地区生产总值二氧化碳排放量（2010年不变价）	0	0	0	0	0	0	0	0	0	0	0	0	0
5. 环境质量指数	66.63	84.12	84.08	73.07	82.91	85.45	87.57	95.03	95.03	92.84	93.53	90.62	92.20
6. 主要污染物排放强度指数	54.71	55.27	35.55	36.29	38.07	40.24	30.69	37.99	40.77	39.44	43.61	51.09	59.23
7. 城市生活垃圾无害化处理率	52.46	45.75	51.46	51.13	52.70	60.27	67.11	82.26	94.86	98.24	100	100	100

资源利用效率逐步提高，但节能任务还很艰巨。2012年单位地区生产总值能耗为0.92吨标准煤/万元（2010年不变价），比上年下降0.08吨标准煤/万元，降低了8%，超过0.6吨标准煤/万元的目标值0.32万元，实现程度为64.9%；单位地区生产总值水耗为110.5立方米/万元（2010年不变价），比上年下降6.03立方米/万元，降低了5.17%，已经接近110立方米/万元的目标值，略微超过0.5立方米/万元，实现程度达到了99.55%；单位地区生产总值建设用地占用为72.03公顷/万元（2010年不变价），比上年下降9.08公顷/万元，降低了11.19%，超过60公顷/万元的目标值12.03公顷/万元，实现程度为83.29%。

环境质量有所改善。环境质量指数为92.2%，比上年提高1.58个百分点，距离100%的目标值7.8个百分点，实现程度为92.2%。根据《2012年四川省环境状况公报》，2012年全省城市环境空气质量平均优良天数为354天，比例为96.9%，比2011年减少0.7%（减少3天），91.6%的城市环境空气质量优于国家二级标准；河流水质总体保持稳定，139个省控断面达标率为71.2%，6个出川断面均达标；城市集中式生活饮用水源地水质持续改善；森林覆盖率为35.1%①。

减排工作有效推进，减排任务依然艰巨。2012年主要污染物排放强度指数为59.23%，比上年提高8.14个百分点，距离100%的目标值40.77个百分点，实现程度为59.23%，未来减排工作任务仍然很艰巨。

城市垃圾无害化处理率达到88.3%，比上年降低0.13个百分点，但仍然高于85%的目标值，2010年以来连续三年实现程度达到了100%。

（三）四川省全面建成小康社会指数的横向比较

1. 四川省全面建成小康社会指数与全国平均水平的比较

（1）总体比较

2012年，四川省全面建成小康社会指数为81.1%，比全国全面建成小康社会指数84.3%低3.2个百分点。其中：经济发展指数为71.88%，比全国经济发展指数低12.52个百分点；民主法治指数为85.9%，比全国民主法治指数高4.1个百分点；文化建设指数为83.67%，比全国文化建设指数低4.53个百分点；人民生活指数为84.47%，比全

---

① 《2012年四川省环境状况公报》。四川省环境保护厅网站：http://www.schj.gov.cn/cs/hjjc/zkgg/201306/t20130605_45104.html。

国人民生活指数低 2.13 个百分点；资源环境指数为 82.45%，比全国资源环境指数高 2.35 个百分点。见表 6-12 和图 6-2。

表 6-12　　　　　　　四川省与全国小康指数比较（%）

	全国			四川省		
	2010 年	2011 年	2012 年	2010 年	2011 年	2012 年
经济发展指数	73.8	78.9	84.4	62.44	67.17	71.88
民主法治指数	79.6	80.7	81.8	81.92	84.05	85.9
文化建设指数	73.7	82.7	88.2	66.49	72.38	83.67
人民生活指数	78.7	82.6	86.6	77.64	81.41	84.47
资源环境指数	72.9	75.6	80.1	73.03	77.63	82.45
小康指数	75.8	80.1	84.3	71.86	76.17	81.1

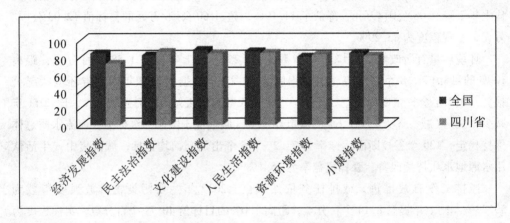

图 6-2　2012 年四川省与全国小康指数比较

（2）关键差距

前面已经看到，2012 年四川省全面建成小康社会指数比全国平均水平低 3.2 个百分点，而其中四川省的经济发展指数、文化建设指数和人民生活指数低于全国平均水平，民主法治指数和资源环境指数高于全国平均水平。由于五个分项指数在总体小康指数的计算中的权重不同，四川各个分项指数与全国平均水平之间的差异对四川小康指数与全国平均水平的差异的影响也就不相同。通过分析各个分项指数的具体影响，有利于我们找出四川与全国平均水平差距的关键影响因子。

由于国家统计局 2013 年最新修改和完善的《全面建成小康社会统计监测指标体系》采用的是 39 个指标，而四川在计算小康指数的时候根据实际情况只采纳了其中的 35 个指标，而且对对应的权重没有进行相应调整，导致 35 个指标的权重之和为 0.93，而不是 1。在分析各个分项指数的影响之前，需要先对权重进行调整。我们采用的是将未计入权重的 4 项指标的总权重 0.07 平均分配给其他指标的方式进行调整，调整后的分项指数权重见表6-13。

表6-13　　　　　　　　　　　　　　分项指数权重调整表

	调整前的权重	调整后的权重
经济发展指数	0.22	0.24
民主法治指数	0.105	0.11
文化建设指数	0.14	0.15
人民生活指数	0.265	0.28
资源环境指数	0.2	0.22
小康指数	0.93	1.00

　　根据调整后的权重，我们计算了各个分项指数对于四川小康指数与全国小康指数3.2个百分点差距的具体影响。四川经济发展指数比全国低12.52个百分点，直接导致小康指数被拉低2.96个百分点；文化建设指数比全国低4.53个百分点，导致小康指数被拉低0.68个百分点；人民生活指数比全国低2.13个百分点，导致小康指数被拉低0.61个百分点；民主法治指数比全国高4.1个百分点，四川小康指数与全国缩小了0.46个百分点的差距；资源环境指数比全国高2.35个百分点，四川小康指数与全国缩小了0.51个百分点的差距。因此，四川与全国小康指数的关键差距，在于经济发展指数之间的差距过大，其次是文化建设指数的差距，接下来是人民生活指数之间的差距，而民主法治指数和资源环境指数的表现缩小了小康指数总体差距。未来要缩小四川小康指数与全国平均水平的差距，就要在保持民主法治指数和资源环境指数优势的前提下，着重提升经济发展指数，同时逐步缩小文化建设指数和人民生活指数与全国的差距。见表6-14所示。

表6-14　　　　　　　　各个分项指数对小康指数总体差距的影响

	调整后权重	全国	四川	直接差距	影响
经济发展指数	0.24	84.4	71.88	-12.52	-2.96
民主法治指数	0.11	81.8	85.9	4.1	0.46
文化建设指数	0.15	88.2	83.67	-4.53	-0.68
人民生活指数	0.28	86.6	84.47	-2.13	-0.61
资源环境指数	0.22	80.1	82.45	2.35	0.51
小康指数	1.00	84.3	81.1	-3.2	-3.2

　　2. 四川省全面建成小康社会指数与其他省（区、市）的综合比较
　　四川省全面建成小康社会总体进程位居全国中游。2012年，四川省小康指数为81.1%，比全国（84.3%）低3.2个百分点；位居全国第12位，比排名全国第一的上海市低15.1个百分点；位居西部第2位，比排名西部第一的重庆市低2.8个百分点。四川

小康指数低于海南和河北之外的其他 9 个东部省（市），低于西部的重庆市和中部的湖北省，高于西部除重庆市之外的其他 10 个省（区、市）和湖北之外的其他 7 个中部省份（表 6-15）。

表 6-15　　　　　　　2012 年全国各省（区、市）小康指数

序号	地区	小康指数（%）	排名
1	上海	96.2	1
2	北京	96.1	2
3	浙江	95.8	3
4	江苏	95.2	4
5	天津	94.7	5
6	广东	94.4	6
7	福建	90.5	7
8	山东	88.0	8
9	辽宁	87.3	9
10	重庆	83.9	10
11	湖北	81.8	11
12	四川	81.1	12
13	陕西	80.7	13
14	湖南	80.4	14
15	吉林	78.4	15
16	海南	78.1	16
17	山西	78.0	17
18	内蒙古	77.2	18
19	江西	76.9	19
20	河北	76.5	20
21	河南	76.1	21
22	黑龙江	75.3	22
23	安徽	74.4	23
24	广西	73.2	24
25	宁夏	72.1	25
26	云南	71.0	26
27	青海	70.2	27
28	新疆	69.2	28

表6-15（续）

序号	地区	小康指数（%）	排名
29	甘肃	64.6	29
30	贵州	64.5	30
31	西藏	63.8	31
	全国	84.3	-

分省（区、市）来看①，2012年上海市高居第一位，小康指数高达96.2%，紧随其后的是北京市，小康指数为96.1%，排在第三的是浙江省，小康指数为95.8%，紧随其后的是江苏省、天津市、广东省和福建省，这七个省（市）的小康指数都超过了90%，位居第一层次。第一层次的省（市）都位于东部发达地区。

小康指数在80%到90%之间的省份共有7个，从高到低依次是山东省（88.0%）、辽宁省（87.3%）、重庆市（83.9%）、湖北省（81.8%）、四川省（81.1%）、陕西省（80.7%）和湖南省（80.4%），其中山东、辽宁位于我国东部地区，湖北和湖南位于中部地区，重庆、四川和陕西位于西部地区。西部地区小康指数最高的是重庆市，其排名全国第10位、西部第1位，比排名全国第12位、西部第2位的四川省高2.8个百分点。

小康指数在70%到80%之间的省（区、市）有13个，从高到低依次是吉林省（78.4%）、海南省（78.1%）、山西省（78.0%）、内蒙古自治区（77.2%）、江西省（76.9%）、河北省（76.5%）、河南省（76.1%）、黑龙江省（75.3%）、安徽省（74.4%）、广西壮族自治区（73.2%）、宁夏回族自治区（72.1%）、云南省（71.0%）、青海省（70.2%）其中海南、河北位于东部地区，吉林、山西、江西、河南、黑龙江、安徽位于中部地区，内蒙古、广西、宁夏、云南、青海位于西部地区。

小康指数在70%以下的省（区）共有四个，从高到低依次是新疆维吾尔自治区（69.2%）、甘肃省（64.6%）、贵州省（64.5%）和西藏自治区（63.8%），这四个省（区）全部位于西部地区。西藏自治区小康指数全国最低，比全国平均水平低20.5个百分点，比排名第1的上海低32.4个百分点，比排名西部第1的重庆市低20.1个百分点。

3. 四川省全面建成小康社会与浙江省的典型比较

2012年，浙江省全面建成小康社会指数为95.8%，位居全国第3位、省区第1位。四川省2012年全面建成小康社会指数为81.1%，位居全国第12位、省区第8位。基于浙江省在全国省区中的发达地位和数据的可获取性②，对四川省和浙江省全面建成小康社会监测体系的各项具体指标进行比较分析，有利于四川省找准差距，奋起直追，加快

① 根据国家统计局的划分方法，我国大陆行政区域可以分为东、中、西部地区。东部地区包括北京、天津、河北、辽宁、上海、江苏、浙江、福建、山东、广东、海南11个省（市）；中部地区包括山西、吉林、黑龙江、安徽、江西、河南、湖北、湖南8个省；西部地区包括内蒙古、广西、重庆、四川、贵州、云南、西藏、陕西、甘肃、青海、宁夏、新疆12个省（市、自治区）。

② 本部分中数据来自于浙江省统计局公开发布的《浙江省全面建成小康社会进程统计监测评价》。

全面建设小康社会进程。见表 6-16 所示。

表 6-16　　　　2012 年四川省与浙江省全面建成小康社会指数总体比较

指标	单位	四川	浙江
一、经济发展指数		71.88	96.70
1. 人均地区生产总值（2010 年不变价）	元	48.42	100.00
2. 第三产业增加值占地区生产总值比重	%	73.40	96.17
3. 居民消费支出占地区生产总值比重	%	100.00	100.00
4. R&D 经费支出占地区生产总值比重	%	58.79	83.38
5. 每万人口发明专利拥有量	件	46.00	100.00
6. 工业劳动生产率	万元/人	100.00	83.92
7. 互联网普及率	%	63.60	100.00
8. 城镇人口比重	%	72.55	100.00
9. 农业劳动生产率	万元/人	82.79	100.00
二、民主法治指数		85.90	84.30
10. 基层民主参选率	%	91.42	99.89
11. 廉政指数	人/万人	–	–
12. 社会安全指数	%	100.00	64.24
13. 每万人拥有律师数	人	60.66	92.71
三、文化建设指数		83.67	98.10
14. 文化产业增加值占地区生产总值比重	%	78.40	91.20
15. 人均公共文化财政支出	元	99.80	100.00
16. 有线广播电视入户率	%	76.85	100.00
17. 每万人口拥有"三馆一站"公共文化设施建筑面积	平方米	98.74	100.00
18. 城乡居民文化娱乐服务支出占家庭消费支出比重	%	69.74	100.00
四、人民生活指数		84.47	97.70
19. 城乡居民人均收入（2010 年不变价）	元	47.38	100.00
20. 地区人均基本公共服务支出差异系数	%	–	–
21. 失业率	%	100.00	100.00
22. 恩格尔系数	%	90.82	100.00

表6-16（续）

指标	单位	四川	浙江
23. 基尼系数	–	–	–
24. 城乡居民收入比	以农为1	99.30	100.00
25. 城乡居民家庭人均住房面积达标率	%	86.04	100.00
26. 公共交通服务指数	%	85.70	98.09
27. 平均预期寿命	岁	99.14	100.00
28. 平均受教育年限	年	81.33	86.67
29. 每千人口拥有执业医师数	人	100.00	100.00
30. 基本社会保险覆盖率	%	89.63	89.98
31. 农村自来水普及率	%	74.13	100.00
32. 农村卫生厕所普及率	%	89.87	100.00
五、资源环境		82.45	96.80
33. 单位地区生产总值能耗（2010年不变价）	吨标准煤/万元	64.90	100.00
34. 单位地区生产总值水耗（2010年不变价）	立方米/万元	99.55	100.00
35. 单位地区生产总值建设用地占用（2010年不变价）	公顷/万元	83.29	100.00
36. 单位地区生产总值二氧化碳排放量（2010年不变价）	吨/万元	–	–
37. 环境质量指数	%	92.20	89.66
38. 主要污染物排放强度指数	%	59.23	94.41
39. 城市生活垃圾无害化处理率	%	100.00	100.00
小康指数		81.10	95.80

（1）总体比较

2012年，四川省全面建成小康社会指数为81.1%，比浙江省全面建成小康社会指数低14.7个百分点。其中：经济发展指数为71.88%，比浙江省经济发展指数低24.82个百分点；民主法治指数为85.9%，比浙江省民主法治指数高1.6个百分点；文化建设指数为83.67%，比浙江省文化建设指数低14.43个百分点；人民生活指数为84.47%，比浙江省人民生活指数低13.23个百分点；资源环境指数为82.45%，比浙江省资源环境指数低14.35个百分点。除民主法治指数外，其余四项分项指数，四川省都低于浙江省。从总体上看，四川省全面建设小康社会进程总体上落后于浙江省，而且差距较大。

（2）经济发展指数比较

2012 年四川省经济发展指数为 71.88%，比浙江省低 24.82 个百分点。从具体指标来看，四川省人均地区生产总值（2010 年不变价）27 600 元，比浙江省低 32 062 元，差距巨大，实现程度比浙江省低 51.58 个百分点；第三产业增加值占地区生产总值比重为 34.50%，比浙江省低 10.70 个百分点，实现程度比浙江省低 22.77 个百分点；居民消费支出占地区生产总值比重为 38.10%，比浙江省高 2.05 个百分点，四川和浙江两省都达到了 36% 的目标值，实现程度皆为 100%；R&D 经费支出占地区生产总值比重为 1.47%，比浙江省低 0.61 个百分点，实现程度比浙江省低 24.59 个百分点，差距较大；每万人口发明专利拥有量为 1.61 件，比浙江省低 4.88 件，实现程度低 54 个百分点，差距非常大；工业劳动生产率为 14.61 万元/人，比浙江省高 4.54 万元/人，实现程度比浙江省高 16.08 个百分点，略有优势；互联网普及率为 31.80%，比浙江省低 27.20 个百分点，实现程度比浙江省低 36.40 个百分点，差距较大；城镇人口比重为 43.53%，比浙江省低 19.67 个百分点，实现程度比浙江省低 27.45 个百分点，差距较大；农业劳动生产率 1.66 万元/人，比浙江省低 1.50 万元/人，差距很大，实现程度比浙江省低 17.21 个百分点。

（3）民主法治指数比较

2012 年四川省民主法治指数为 85.9%，比浙江省高 1.6 个百分点。从具体指标来看，四川省基层民主参选率为 86.85%，比浙江省低 8.05 个百分点，实现程度比浙江省低 8.47 个百分点；社会安全指数为 100%，比浙江省高 35.76 个百分点，实现程度比浙江省高 35.76 个百分点，具有明显优势；每万人拥有律师数为 1.40 人，比浙江省低 0.73 人，实现程度比浙江省低 32.05 个百分点，差距很大。

（4）文化建设指数比较

2012 年四川省文化建设指数为 83.67%，比浙江省低 14.43 个百分点。从具体指标来看，文化产业增加值占地区生产总值比重为 3.92%，比浙江省低 0.64 个百分点，实现程度比浙江省低 12.80 个百分点；人均公共文化财政支出为 149.70 元，比浙江省低 22.48 元，实现程度比浙江省低 0.2 个百分点，差距较小；有限广播电视入户率为 46.11%，比浙江省低 37.78 个百分点，差距较大，实现程度低 23.15 个百分点；每万人口拥有"三馆一站"公共文化设施建筑面积 394.97 平方米，比浙江省低 413.26 平方米，差距非常大，实现程度比浙江省低 1.26 个百分点，差距较小；城乡居民文化娱乐服务支出占家庭消费支出比重为 4.18%，比浙江省低 1.84 个百分点，实现程度比浙江省低 30.26 个百分点，差距较大。

（5）人民生活指数比较

2012 年四川省人民生活指数为 84.47%，比浙江省低 13.23 个百分点。从具体指标来看，四川省城乡居民人均收入（2010 年不变价）为 11 845 元，比浙江省低 13 402 元，差距巨大，实现程度比浙江省低 52.62 个百分点，差距也非常大；失业率为 4.10%，比浙江省高 1.09 个百分点，但四川和浙江两省失业率都小于 6% 的目标值，实现程度皆为 100%；恩格尔系数为 44.04%，比浙江省高 7.98 个百分点，实现程度比浙江省低 9.18

个百分点①；城乡居民收入比为 2.90，比浙江省高 0.53，实现程度比浙江省低 0.7 个百分点②；城乡居民家庭人均住房面积达标率为 51.62%，比浙江省低 14.02 个百分点，实现程度比浙江省低 13.96 个百分点；公共交通服务指数为 85.70%，比浙江省低 12.39 个百分点，实现程度比浙江省低 12.39 个百分点；平均预期寿命为 75.35 岁，比浙江省低 3.15 岁，实现程度比浙江省低 0.86 个百分点；平均受教育年限为 8.54 年，比浙江省低 0.56 年，实现程度比浙江省低 5.34 个百分点；每千人拥有执业医师数为 2.02 人，比浙江省少 0.69 人，但四川和浙江两省每千人拥有执业医师数都高于 1.95 人的目标值，实现程度皆为 100%；基本社会保险覆盖率为 85.15%，比浙江省低 0.33 个百分点，实现程度比浙江省低 0.35 个百分点；农村自来水普及率为 59.30%，比浙江省低 34.60 个百分点，差距较大，实现程度比浙江省低 25.87 个百分点；农村卫生厕所普及率为 67.40%，比浙江省低 24.05 个百分点，差距较大，实现程度比浙江省低 10.13 个百分点。

（6）资源环境指数比较

2012 年四川省资源环境指数为 82.45%，比浙江省低 14.35 个百分点。从具体指标来看，四川省单位地区生产总值能耗（2010 年不变价）为 0.92 吨标准煤/万元，比浙江省高 0.37 吨标准煤/万元，差距巨大，实现程度比浙江省低 35.10 个百分点③；单位地区生产总值水耗（2010 年不变价）为 110.50 立方米/万元，比浙江省高 42.38 立方米/万元，差距巨大，实现程度比浙江省低 0.45 个百分点④；单位地区生产总值建设用地占用（2010 年不变价）为 72.03 公顷/万元，比浙江省高 39.89 公顷/万元，差距非常大，实现程度比浙江省低 16.71 个百分点⑤；环境质量指数为 92.20%，优于浙江省 2.54 个百分点，实现程度比浙江省高 2.54 个百分点；主要污染物排放强度指数为 59.23%，比浙江省低 35.18 个百分点，实现程度比浙江省低 35.18 个百分点，差距很大；城市生活垃圾无害化处理率为 88.30%，比浙江省低 10.67 个百分点，但四川和浙江两省城市生活垃圾无害化处理率都高于 85% 的目标值，实现程度皆为 100%。

4. 四川省全面建成小康社会与重庆市的典型比较

2012 年，重庆市全面建成小康社会指数为 83.9%，位居全国第 10 位、西部第 1 位。四川省 2012 年全面建成小康社会指数为 81.1%，位居全国第 12 位、省区第 8 位、西部第 2 位。四川和重庆都位于西部地区，在经济区位、地理环境、发展阶段等方面具有较强的可比性。重庆市第四次党代会提出了 2017 年在西部率先全面建成小康社会的目标，而四川在省委十届三次全会上提出了到 2020 年与全国同步全面建成小康社会的奋斗目

---

① 恩格尔系数为逆指标。一般认为，恩格尔系数越低，人们生活水平越高。
② 城乡居民收入比（以农为 1）为逆指标。城乡居民收入比越低，收入差距越小，城乡发展越平衡。
③ 单位地区生产总值能耗为逆指标。单位地区生产总值能耗越低，能源利用效率越高。
④ 单位地区生产总值水耗为逆指标。单位地区生产总值水耗越低，水资源利用效率越高。
⑤ 单位地区生产总值建设用地占用为逆指标。单位地区生产总值建设用地占用越少，土地资源利用效率越高。

标。对四川省和重庆市全面建成小康社会监测体系的各项具体指标进行比较分析①，有利于四川省找差距，促发展，加快小康社会建设步伐，领跑区域发展。见表6-17。

表6-17　　　　2012年四川省与重庆市全面建成小康社会指数总体比较

指标	单位	四川	重庆
一、经济发展指数		71.88	81.1
1. 人均地区生产总值（2010年不变价）	元	48.42	62.7
2. 第三产业增加值占地区生产总值比重	%	73.40	83.8
3. 居民消费支出占地区生产总值比重	%	100.00	97.5
4. R&D经费支出占地区生产总值比重	%	58.79	56
5. 每万人口发明专利拥有量	件	46.00	66.3
6. 工业劳动生产率	万元/人	100.00	100
7. 互联网普及率	%	63.60	81.8
8. 城镇人口比重	%	72.55	95
9. 农业劳动生产率	万元/人	82.79	79.3
二、民主法治指数		85.90	85.1
10. 基层民主参选率	%	91.42	98
11. 廉政指数	人/万人	－	－
12. 社会安全指数	%	100.00	74.9
13. 每万人拥有律师数	人	60.66	83.6
三、文化建设指数		83.67	77.8
14. 文化产业增加值占地区生产总值比重	%	78.40	64
15. 人均公共文化财政支出	元	99.80	75.2
16. 有线广播电视入户率	%	76.85	73.5
17. 每万人口拥有"三馆一站"公共文化设施建筑面积	平方米	98.74	100
18. 城乡居民文化娱乐服务支出占家庭消费支出比重	%	69.74	79.7
四、人民生活指数		84.47	86.7
19. 城乡居民人均收入（2010年不变价）	元	47.38	60.2
20. 地区人均基本公共服务支出差异系数	%	－	－
21. 失业率	%	100.00	100
22. 恩格尔系数	%	90.82	93.8

---

① 重庆市全面建成小康社会监测数据来自于重庆市统计局。

表6-17（续）

指标	单位	四川	重庆
23. 基尼系数	—	—	—
24. 城乡居民收入比	以农为1	99.30	93.3
25. 城乡居民家庭人均住房面积达标率	%	86.04	89.9
26. 公共交通服务指数	%	85.70	67.2
27. 平均预期寿命	岁	99.14	100
28. 平均受教育年限	年	81.33	85.7
29. 每千人口拥有执业医师数	人	100.00	90.8
30. 基本社会保险覆盖率	%	89.63	99.1
31. 农村自来水普及率	%	74.13	100
32. 农村卫生厕所普及率	%	89.87	81.1
五、资源环境		82.45	86.9
33. 单位地区生产总值能耗（2010年不变价）	吨标准煤/万元	64.90	67.8
34. 单位地区生产总值水耗（2010年不变价）	立方米/万元	99.55	100
35. 单位地区生产总值建设用地占用（2010年不变价）	公顷/万元	83.29	100
36. 单位地区生产总值二氧化碳排放量（2010年不变价）	吨/万元	—	—
37. 环境质量指数	%	92.20	99.2
38. 主要污染物排放强度指数	%	59.23	59.5
39. 城市生活垃圾无害化处理率	%	100.00	100
小康指数		81.10	83.9

（1）总体比较

2012年，四川省全面建成小康社会指数为81.1%，比重庆市全面建成小康社会指数83.9%低2.8个百分点。其中：经济发展指数为71.88%，比重庆市经济发展指数低9.22个百分点；民主法治指数为85.9%，比重庆市民主法治指数高0.8个百分点；文化建设指数为83.67%，比重庆市文化建设指数高5.87个百分点；人民生活指数为84.47%，比重庆市人民生活指数低2.23个百分点；资源环境指数为82.45%，比重庆市资源环境指数低4.45个百分点。从总体上看，四川省全面建设小康社会进程总体上略微落后于重庆市，但差距不大。

（2）经济发展指数比较

2012年四川省经济发展指数为71.88%，比重庆市低9.22个百分点。从具体指标来看，四川省人均地区生产总值（2010年不变价）27 600元，不到全面小康参考目标值的一半，实现程度仅仅为 48.42%，而重庆市实现程度已经达到了 62.7%，比四川省高 14.28 个百分点。2012 年，以当年价计算的全国人均地区生产总值为 38 420 元，增速为 7.1%；四川省人均地区生产总值为 29 608 元，比全国平均水平低 8 812 元，增速为 12.3%，比全国高 5.2 个百分点；重庆市人均地区生产总值为 38 914 元，比全国平均水平高 494 元，增速为 12.4%，比全国高 5.3 个百分点。2012 年，四川省人均地区生产总值绝对值比重庆市低 9 306 元，增速比重庆市低 0.1 个百分点。第三产业增加值占地区生产总值比重为 34.50%，比重庆市低 4.9 个百分点，实现程度比重庆市低 10.4 个百分点；居民消费支出占地区生产总值比重为 38.10%，比重庆市高 3.01 个百分点，实现程度比重庆市高 2.5 个百分点；R&D 经费支出占地区生产总值比重为 1.47%，比重庆市高 0.07 个百分点，实现程度比重庆市高 2.79 个百分点；每万人口发明专利拥有量为 1.61 件，实现程度比重庆市低 20.3 个百分点，差距比较大；工业劳动生产率为 14.61 万元/人，比重庆市低 5.59 万元/人，但都超过了 12 万元/人的参考目标值，实现程度都达到了 100%；互联网普及率为 31.80%，实现程度比重庆市低 18.2 个百分点，差距较大；城镇人口比重为 43.53%，比重庆市低 13.47 个百分点，实现程度比重庆市低 22.45 个百分点，差距较大；农业劳动生产率 1.66 万元/人，比重庆市高 740 元/人①，小幅领先于重庆市，实现程度比重庆市高 3.49 个百分点。

（3）民主法治指数比较

2012 年四川省民主法治指数为 85.9%，比重庆市高 0.8 个百分点。从具体指标来看，四川省基层民主参选率为 86.85%，比重庆市低 6.25 个百分点②，实现程度比重庆市低 6.58 个百分点；社会安全指数为 100%，比重庆市高 25.1 个百分点，实现程度比重庆市高 25.1 个百分点，具有明显优势；每万人拥有律师数为 1.40 人，比重庆市低 0.5 人③，实现程度为 60.66%，比重庆市低 22.94 个百分点，差距很大。

（4）文化建设指数比较

2012 年四川省文化建设指数为 83.67%，领先重庆市 5.87 个百分点。从具体指标来看，文化产业增加值占地区生产总值比重为 3.92%，比重庆市高 0.72 个百分点，实现程度比重庆市高 14.4 个百分点；人均公共文化财政支出为 149.70 元，比重庆市高 36.9 元④，实现程度比重庆市高 24.8 个百分点，领先幅度较大；有限广播电视入户率为 46.11%，比重庆市高 2.01 个百分点⑤，实现程度领先重庆市 3.35 个百分点；每万人口

---

① 重庆市 2012 年农业劳动生产率指标实现程度为 79.3%，全面小康目标参考值为农业劳动生产率大于等于 2 万元/人。据此推算，重庆市 2012 年农业劳动生产率为 1.586 万元/人。

② 重庆市 2012 年基层民主参选率指标实现程度为 98.0%，全面小康目标参考值为基层民主参选率达到 95%。据此推算，重庆市 2012 年基层民主参选率为 93.1%。

③ 2012 年重庆市每万人拥有律师数指标实现程度为 83.6%，全面小康目标参考值为每万人拥有律师数大于等于 2.3 人。据此推算，重庆市 2012 年每万人拥有律师数约为 1.9 人。

④ 2012 年重庆市人均公共文化财政支出指标实现程度为 75.2%，全面小康目标参考值为人均公共文化财政支出大于等于 150 元。据此推算，重庆市 2012 年人均公共文化财政支出约为 112.8 元。

⑤ 2012 年重庆市有线广播电视入户率指标实现程度为 73.5%，全面小康目标参考值为有线广播电视入户率大于等于 60%。据此推算，重庆市 2012 年有线广播电视入户率约为 44.1%。

拥有"三馆一站"公共文化设施建筑面积为394.97平方米,比重庆市低46.67平方米,实现程度比重庆市低1.26个百分点,差距较小;城乡居民文化娱乐服务支出占家庭消费支出比重为4.18%,比重庆市低0.62个百分点,实现程度比重庆市低9.96个百分点。

(5) 人民生活指数比较

2012年四川省人民生活指数为84.47%,比重庆市低2.23个百分点。从具体指标来看,四川省城乡居民人均收入(2010年不变价)为11 845元,与重庆市的绝对差距为3 205元①,比重庆市低21.3%,差距较大,实现程度比重庆市低12.82个百分点,差距也较大;失业率指标方面,四川和重庆两省市失业率都小于6%的目标值,实现程度皆为100%;恩格尔系数为44.04%,实现程度比重庆市低2.98个百分点②;城乡居民收入比为2.90,比重庆市低0.2,实现程度比重庆市高6个百分点③;城乡居民家庭人均住房面积达标率为51.62%,实现程度比重庆市低3.86个百分点;公共交通服务指数为85.70%,比重庆市高18.5个百分点,实现程度比重庆市高18.5个百分点;平均预期寿命为75.35岁,实现程度比重庆市低0.86个百分点④;平均受教育年限为8.54年,实现程度比重庆市低4.37个百分点;每千人拥有执业医师数为2.02人,比重庆市多0.25人⑤,四川每千人拥有执业医师数已经高于1.95人的目标值,实现程度达到100%,比重庆市高9.2个百分点;基本社会保险覆盖率为85.15%,比重庆市低8.95个百分点,实现程度比重庆市低9.47个百分点;农村自来水普及率为59.30%,比重庆市低31.2个百分点,差距较大,实现程度比重庆市低25.87个百分点;农村卫生厕所普及率为67.40%,实现程度比重庆市高8.77个百分点。

(6) 资源环境指数比较

2012年四川省资源环境指数为82.45%,比重庆市低4.45个百分点。从具体指标来看,四川省单位地区生产总值能耗(2010年不变价)为0.92吨标准煤/万元,实现程度比重庆市低2.9个百分点⑥,四川和重庆在降低单位地区生产总值能耗方面都还任重道远;单位地区生产总值水耗(2010年不变价)为110.50立方米/万元,比重庆市高31.4立方米/万元,差距巨大,实现程度比重庆市低0.45个百分点⑦;单位地区生产总值建设用地占用(2010年不变价)为72.03公顷/万元,比重庆市高15.45公顷/万元,差距较大,实现程度比重庆市低16.71个百分点⑧;环境质量指数为92.20%,低于重庆

---

① 2012年重庆市城乡居民人均收入(2010年不变价)指标实现程度为60.2%,全面小康目标参考值为城乡居民人均收入(2010年不变价)大于等于25 000元。据此推算,重庆市2012年城乡居民人均收入(2010年不变价)约为15 050元。

② 恩格尔系数为逆指标。一般认为,恩格尔系数越低,人们生活水平越高。

③ 城乡居民收入比(以农为1)为逆指标。城乡居民收入比越低,收入差距越小,城乡发展越平衡。

④ 重庆市2012年平均预期寿命指标实现程度已经达到100%(平均预期寿命大于等于76岁)。

⑤ 2012年重庆市每千人拥有执业医师数指标实现程度为90.8%,全面小康目标参考值为每千人拥有执业医师数大于等于1.95人。据此推算,重庆市2012年每千人拥有执业医师数约为1.77人。

⑥ 单位地区生产总值能耗为逆指标。单位地区生产总值能耗越低,能源利用效率越高。

⑦ 单位地区生产总值水耗为逆指标。单位地区生产总值水耗越低,水资源利用效率越高

⑧ 单位地区生产总值建设用地占用为逆指标。单位地区生产总值建设用地占用越少,土地资源利用效率越高。

市 7 个百分点，实现程度比重庆市低 7 个百分点；主要污染物排放强度指数为 59.23%，实现程度比重庆市低 0.27 个百分点，差距较小，四川和重庆在主要污染物排放强度控制方面都要需要加大力度；四川和重庆城市生活垃圾无害化处理率都高于 85% 的目标值，实现程度皆为 100%。

（四）四川省各市州全面建成小康社会指数的比较

1. 总体进程比较

2012 年，四川省小康指数为 81.1%。在全省 21 个市州中，成都市和绵阳市的小康指数超过了全省平均水平，其余 19 个市州小康指数皆低于全省平均水平（表 6-18）。

表 6-18 　　　　　　　　　四川省各市州全面建成小康社会总体进程

地区	小康指数（%）			排位		
	2010 年	2011 年	2012 年	2010 年	2011 年	2012 年
全省	71.9	76.2	81.1			
成都市	87.6	92.0	94.0	1	1	1
自贡市	66.5	68.8	72.6	6	7	7
攀枝花市	73.9	77.6	79.3	2	2	4
泸州市	62.7	65.3	69.6	14	16	13
德阳市	71.2	76.6	80.4	4	4	3
绵阳市	73.0	76.9	81.8	3	3	2
广元市	62.2	67.7	71.5	16	9	9
遂宁市	65.7	67.6	72.1	8	10	8
内江市	63.6	65.6	69.0	12	15	16
乐山市	65.9	70.6	75.5	7	6	6
南充市	64.1	67.4	70.0	9	11	12
眉山市	63.8	67.9	71.1	10	8	10
宜宾市	63.1	67.4	70.3	13	12	11
广安市	59.5	62.4	65.8	18	19	19
达州市	59.1	62.1	65.8	20	20	20
雅安市	67.2	71.8	76.0	5	5	5
巴中市	59.8	63.9	67.9	17	17	17
资阳市	63.6	65.8	69.5	11	14	14
阿坝藏族羌族自治州	62.2	65.9	69.2	15	13	15
甘孜藏族自治州	56.8	60.5	61.7	21	21	21
凉山彝族自治州	59.3	63.6	67.6	19	18	18

全面建成小康社会进程最快的是首位城市省会成都，2012年全面建成小康社会实现程度达到了94%；排名第2的是绵阳市，小康指数为81.8%；排名第3的是德阳市，小康指数为80.4%。

小康指数在70%~80%之间的市州有9个，由高到低分别是攀枝花市、雅安市、乐山市、自贡市、遂宁市、广元市、眉山市、宜宾市和南充市。

小康指数在60%~70%之间的市州有9个，由高到低分别是泸州市、资阳市、阿坝藏族羌族自治州、内江市、巴中市、凉山彝族自治州、广安市、达州市和甘孜藏族自治州。

全省21个市州小康建设进程参差不齐，发展很不平衡。21个市州小康指数之间离散程度较大，标准差达到了7.02。发展最快的成都市，小康指数达到了94%，而排名第2的绵阳市，小康指数仅仅为81.8%，比排名第1的成都市低12.2个百分点；有9个市州的小康指数低于70%，最低的甘孜藏族自治州仅为61.7%，比排名第1的成都市低32.3个百分点，不到成都市的2/3。

2. 经济发展指数比较

2012年，四川省经济发展指数为71.9%。在全省21个市州中，成都市、德阳市和攀枝花市的经济发展指数超过了全省平均水平，其余18个市州经济发展指数皆低于全省平均水平。

经济发展指数最高的依然是首位城市省会成都，2012年经济发展指数实现程度达到了88.5%；排名第2的是德阳市，经济发展指数为73.5%；排名第3的是攀枝花市，经济发展指数为72.7%；绵阳市经济发展指数为70.4%，位居第4位。

经济发展指数在60%~70%之间的市州只有1个：自贡市2012年经济发展指数为62.2%，位居第5位。

其余16个市州经济发展指数都低于60%，由高到低分别是内江市、乐山市、雅安市、宜宾市、遂宁市、泸州市、阿坝藏族羌族自治州、达州市、南充市、资阳市、眉山市、广元市、凉山彝族自治州、广安市、甘孜藏族自治州和巴中市。

全省经济发展实现程度不仅整体较低，而且区域经济发展极度不平衡。21个市州经济发展指数之间离散程度很大，标准差达到了11.53。除了成都经济发展实现程度接近90%外，排名第2的德阳市仅仅为73.5%，绝大部分市州都低于60%，特别是眉山市、广元市、凉山彝族自治州、广安市、甘孜藏族自治州和巴中市6个市州甚至低于50%，排名末位的巴中市仅仅为39.7%，和首位城市成都差距高达48.8个百分点。见表6-19。

表6-19　　　　四川省各市州全面建成小康社会经济发展指数

地区	实现程度（%）			排位		
	2010年	2011年	2012年	2010年	2011年	2012年
全省	62.4	67.2	71.9			
成都市	81.4	86.9	88.5	1	1	1

表6-19(续)

地区	实现程度（%）			排位		
	2010 年	2011 年	2012 年	2010 年	2011 年	2012 年
自贡市	51.6	59.2	62.2	5	5	5
攀枝花市	65.1	70.5	72.7	3	2	3
泸州市	47.6	50.8	53.7	7	9	11
德阳市	66.0	70.0	73.5	2	3	2
绵阳市	58.8	65.8	70.4	4	4	4
广元市	38.9	45.1	48.2	19	17	17
遂宁市	43.2	50.4	53.8	13	10	10
内江市	50.4	53.3	57.6	6	8	6
乐山市	45.1	53.5	57.2	9	7	7
南充市	44.6	48.5	50.6	11	12	14
眉山市	39.8	45.9	49.5	18	14	16
宜宾市	45.6	49.7	55.8	8	11	9
广安市	38.8	42.0	47.4	20	20	19
达州市	42.3	45.3	50.8	14	16	13
雅安市	44.5	54.9	57.0	12	6	8
巴中市	35.8	37.7	39.7	21	21	21
资阳市	41.1	44.5	50.0	15	18	15
阿坝藏族羌族自治州	44.7	48.3	51.1	10	13	12
甘孜藏族自治州	41.0	43.5	44.9	16	19	20
凉山彝族自治州	40.9	45.4	47.4	17	15	18

3. 民主法治指数比较

2012 年，四川省民主法治指数为 85.9%。在全省 21 个市州中，成都市、德阳市和绵阳市的民主法治指数超过了全省平均水平，其余 18 个市州民主法治指数皆低于全省平均水平。

民主法治指数最高的依然是首位城市省会成都，2012 年民主法治指数实现程度达到了 96.5%；排名第 2 的是德阳市，民主法治指数为 89.1%；排名第 3 的是绵阳市，民主法治指数为 87.2%。

民主法治指数在 80% 以上的地区还有凉山彝族自治州、广元市和乐山市，它们的民主法治指数分别为 84.1%、81.3% 和 80.0%。

民主法治指数在 70%~80% 之间的市州有 13 个，由高到低分别是眉山市、阿坝藏族羌族自治州、巴中市、甘孜藏族自治州、南充市、宜宾市、自贡市、达州市、内江市、遂宁市、雅安市、泸州市和广安市。

民主法治指数在60%~70%之间的只有资阳市和攀枝花市，其中攀枝花市民主法治指数为66.5%，居于末位。

21个市州民主法治指数之间离散程度较大，标准差达到了7.04。见表6-20。

表6-20　　　　四川省各市州全面建成小康社会民主法治指数

地区	实现程度（%）			排位		
	2010 年	2011 年	2012 年	2010 年	2011 年	2012 年
全省	81.9	84.0	85.9			
成都市	95.7	96.5	96.5	1	1	1
自贡市	72.7	74.1	75.0	14	14	13
攀枝花市	69.6	69.8	66.5	19	19	21
泸州市	70.0	70.3	72.0	18	18	18
德阳市	83.8	85.1	89.1	4	2	2
绵阳市	84.8	85.1	87.2	2	3	3
广元市	75.0	75.9	81.3	9	12	5
遂宁市	74.3	73.2	73.6	11	16	16
内江市	74.4	73.4	73.9	10	15	15
乐山市	83.9	79.9	80.0	3	7	6
南充市	73.1	74.9	76.6	13	13	11
眉山市	80.4	80.0	79.7	6	6	7
宜宾市	74.2	78.6	75.1	12	8	12
广安市	67.2	68.8	70.9	21	20	19
达州市	72.2	77.3	75.0	16	9	14
雅安市	71.6	71.6	73.2	17	17	17
巴中市	78.5	76.5	78.9	7	11	9
资阳市	69.2	68.6	69.2	20	21	20
阿坝藏族羌族自治州	75.5	80.8	79.3	8	5	8
甘孜藏族自治州	72.3	77.1	78.1	15	10	10
凉山彝族自治州	83.0	83.5	84.1	5	4	4

4. 文化建设指数比较

2012 年,四川省文化建设指数为 83.7%。在全省 21 个市州中,成都市、乐山市和雅安市的文化建设指数超过了全省平均水平,其余 18 个市州文化建设指数皆低于全省平均水平。

文化建设指数最高的依然是首位城市省会成都,2012 年文化建设指数实现程度达到了 99.8%,基本实现全面小康水平;排名第 2 的是乐山市,文化建设指数为 87.8%;排名第 3 的是雅安市,文化建设指数为 85.6%。

文化建设指数在 80%以上的还有攀枝花市(82.3%)和绵阳市(81.6),分别位居第 4 位和第 5 位。

文化建设指数在 70%~80%之间的市州有 2 个,由高到低分别是阿坝藏族羌族自治州和广元市。

文化建设指数在 60%~70%之间的市州有 6 个,由高到低分别是甘孜藏族自治州、遂宁市、巴中市、德阳市、凉山彝族自治州和眉山市。

其余 8 个市州文化建设指数都低于 60%,由高到低分别是宜宾市、广安市、南充市、泸州市、自贡市、达州市、资阳市和内江市。

全省文化建设实现程度不仅整体较低,而且区域文化建设极度不平衡。21 个市州文化建设指数之间离散程度很大,标准差达到了 13.94。成都市文化建设实现程度高达 99.8%,基本达到全面小康水平,同时也有 8 个市低于 60%,特别是排名末位的内江市仅仅为 48.4%,和首位城市成都差距高达 51.4 个百分点。见表 6-21 所示。

表 6-21　　　　　四川省各市州全面建成小康社会文化建设指数

地区	实现程度（%）			排位		
	2010 年	2011 年	2012 年	2010 年	2011 年	2012 年
全省	66.5	72.4	83.7			
成都市	85.7	97.3	99.8	1	1	1
自贡市	45.7	49.5	55.6	13	16	18
攀枝花市	73.3	77.7	82.3	3	3	4
泸州市	41.4	46.7	56.1	18	18	17
德阳市	49.2	58.6	64.2	9	9	11
绵阳市	67.3	72.3	81.6	4	4	5
广元市	47.7	67.7	73.3	11	8	7
遂宁市	51.2	53.4	67.7	8	12	9
内江市	41.7	43.4	48.4	17	21	21
乐山市	58.6	71.4	87.8	7	5	2
南充市	45.0	52.4	56.8	14	14	16

表6-21（续）

地区	实现程度（%）			排位		
	2010 年	2011 年	2012 年	2010 年	2011 年	2012 年
眉山市	48.0	52.5	60.1	10	13	13
宜宾市	43.1	55.3	59.2	15	11	14
广安市	46.2	50.4	57.2	12	15	15
达州市	38.7	45.4	52.7	19	20	19
雅安市	64.6	69.6	85.6	5	6	3
巴中市	35.5	57.1	64.6	20	10	10
资阳市	41.8	46.5	50.7	16	19	20
阿坝藏族羌族自治州	81.7	81.5	78.4	2	2	6
甘孜藏族自治州	63.3	67.7	68.0	6	7	8
凉山彝族自治州	35.2	48.8	61.6	21	17	12

5. 人民生活指数比较

2012 年，四川省人民生活指数为 84.5%。在全省 21 个市州中，成都市、攀枝花市、绵阳市、德阳市、眉山市和乐山市的人民生活指数超过了全省平均水平，其余 15 个市州人民生活指数皆低于全省平均水平。

人民生活指数最高的依然是首位城市省会成都，2012 年人民生活指数实现程度达到了 94.5%；排名第 2 的是攀枝花市，人民生活指数为 90.7%；排名第 3 的是绵阳市，人民生活指数为 88.3%。

人民生活指数在 80% 以上的还有德阳市（85.0%）、眉山市（84.9%）、乐山市（84.8%）、自贡市（84.1%）、内江市（83.9%）、泸州市（83.6%）、资阳市（81.7%）、广元市（81.6%）、宜宾市（81.2%）和雅安市（80.0%）。

人民生活指数在 70%~80% 之间的区域有 5 个，由高到低分别是遂宁市、广安市、南充市、达州市和巴中市。

人民生活指数在 60%~70% 之间的区域有 3 个，由高到低分别是阿坝藏族羌族自治州和凉山彝族自治州。

人民生活指数低于 60% 的只有甘孜藏族自治州。2012 年甘孜藏族自治州人民生活指数为 57.2%，排名末位。

全省人民生活指数实现程度整体较高，但各个市州之间仍然较为不均衡，特别是甘孜藏族自治州、凉山彝族自治州和阿坝藏族羌族自治州相对较为落后。21 个市州人民生活指数之间离散程度较大，标准差达到了 8.33。除了成都市和攀枝花市人民生活指数实现程度超过 90% 外，还有 11 个市州的人民生活指数达到了 80% 以上，全省市州总数的60% 以上人民生活指数都超过了 80%，但甘孜藏族自治州、凉山彝族自治州和阿坝藏族羌族自治州三州的人民生活指数均低于70%，特别是最低的甘孜藏族自治州，还不到60%。见表6-22。

表6-22　　　　四川省各市州全面建成小康社会人民生活指数

地区	实现程度（%）			排位		
	2010 年	2011 年	2012 年	2010 年	2011 年	2012 年
全省	77.6	81.4	84.5			
成都市	90.2	91.3	94.5	1	1	1
自贡市	77.8	79.1	84.1	8	8	7
攀枝花市	86.5	88.7	90.7	2	2	2
泸州市	76.3	79.0	83.6	9	9	9
德阳市	79.9	82.1	85.0	4	5	4
绵阳市	81.9	83.6	88.3	3	3	3
广元市	75.6	77.4	81.6	10	11	11
遂宁市	75.2	76.3	79.9	12	14	14
内江市	78.4	81.3	83.9	6	6	8
乐山市	78.2	80.9	84.8	7	7	6
南充市	72.4	76.2	79.1	17	15	16
眉山市	79.4	82.4	84.9	5	4	5
宜宾市	74.8	76.6	81.2	13	13	12
广安市	73.8	75.8	79.5	16	16	15
达州市	74.1	74.1	77.9	15	17	17
雅安市	75.3	77.4	80.0	11	12	13
巴中市	66.6	72.5	75.8	18	18	18
资阳市	74.7	78.6	81.7	14	10	10
阿坝藏族羌族自治州	58.3	61.0	68.2	20	20	19
甘孜藏族自治州	51.5	54.8	57.2	21	21	21
凉山彝族自治州	61.2	61.9	66.2	19	19	20

6. 资源环境指数比较

2012 年，四川省资源环境指数为82.4%。在全省 21 个市州中，成都市、德阳市、凉山彝族自治州、雅安市和资阳市的资源环境指数超过了全省平均水平，其余 16 个市州资源环境指数皆低于全省平均水平。

资源环境指数最高的依然是首位城市省会成都，2012 年资源环境指数实现程度达到了 93.0%；排名第 2 的是德阳市，资源环境指数为 85.9%；排名第 3 的是凉山彝族自治州，资源环境指数为85.9%.

资源环境指数超过80%的还有雅安市（85.5%）、资阳市（85.0%）、遂宁市（81.5%）、南充市（81.2%）和巴中市（80.3%），分别位居第4~8位。

资源环境指数在70%~80%之间的市州有9个，由高到低分别是绵阳市、阿坝藏族羌族自治州、自贡市、攀枝花市、眉山市、甘孜藏族自治州、宜宾市、广元市和泸州市。

资源环境指数在60%~70%之间的市州有4个，由高到低分别是内江市、乐山市、广安市和达州市。其中达州市排名末位，资源环境指数为64.0%。

21个市州资源环境指数之间离散程度较大，标准差达到了7.95。见表6-23。

表6-23　　　　　四川省各市州全面建成小康社会资源环境指数

地区	实现程度（%）			排位		
	2010年	2011年	2012年	2010年	2011年	2012年
全省	73.0	77.6	82.4			
成都市	85.0	91.5	93.0	1	1	1
自贡市	74.7	72.1	75.1	8	11	11
攀枝花市	64.8	71.4	73.9	15	13	12
泸州市	66.4	67.6	71.2	13	17	17
德阳市	68.8	81.6	85.9	10	4	2
绵阳市	68.4	75.0	79.1	11	8	9
广元市	66.1	69.8	71.3	14	15	16
遂宁市	78.9	78.2	81.5	5	7	6
内江市	60.5	62.3	67.1	19	20	18
乐山市	59.2	63.6	66.6	20	19	19
南充市	79.5	79.3	81.2	4	6	7
眉山市	62.2	69.2	72.7	17	16	13
宜宾市	68.9	71.6	71.8	9	12	15
广安市	61.8	65.8	65.0	18	18	20
达州市	57.0	60.6	64.0	21	21	21
雅安市	77.4	82.9	85.5	7	3	4
巴中市	79.8	74.1	80.3	3	9	8
资阳市	82.1	79.8	85.0	2	5	5
阿坝藏族羌族自治州	64.3	71.4	77.2	16	14	10
甘孜藏族自治州	67.6	72.3	72.1	12	10	14
凉山彝族自治州	77.8	84.0	85.9	6	2	3

三、四川全面小康建设进程未来趋势判断

（一）基于 GM（1，1）模型的四川全面小康建设进程预测

1. GM（1，1）模型的基本原理

灰色系统是指"部分信息已知，部分信息未知"的"小样本""贫信息"的不确定性系统，它通过对部分已知信息的生成、开发去了解、认识现实世界，实现对系统运行行为和演化规律的正确把握和描述。灰色系统模型的特点是对试验观测数据及其分布没有特殊的要求和限制，是一种十分简便实用的新理论，具有十分宽广的应用领域。目前，灰色系统理论已经成为社会、经济、科教、技术等很多领域进行预测、决策、评估、规划、控制、系统分析和建模的重要方法之一。特别是它对时间序列短、统计数据少、信息不完全系统的建模与分析，具有独特的效果。[①]

灰色系统理论认为系统的行为现象尽管是朦胧的，数据是复杂的，但它毕竟是有序的，是有整体功能的。灰数的生成，就是从杂乱中寻找出规律。同时，灰色系统理论建立的是生成数据模型，不是原始数据模型。因此，灰色预测的数据是通过生成数据的 GM（1，1）模型（Grey Model，一阶一个变量的灰微分方程模型）所得到的预测值的逆处理结果。

GM（1，1）模型计算过程如下：

设非负原始序列：

$$X^{(0)} = \{x^{(0)}(1)，x^{(0)}(2)，\ldots，x^{(0)}(n)\}$$

对 $X^{(0)}$ 作一次累加：

$$x^{(1)}(k) = \sum_{i=1}^{k} x^{(0)}(i)；k=1，2，\cdots，n$$

得到生成数列为：

$$X^{(1)} = \{x^{(1)}(1)，x^{(1)}(2)，\ldots，x^{(1)}(n)\}$$

于是 $x^{(0)}(k)$ 的 GM（1，1）白化微分方程为：

$$\frac{dx^{(1)}}{dt} + ax^{(1)} = u \tag{6-1}$$

其中 a，u 为待定参数，将上式离散化，即得：

$$\Delta^{(1)}(x^{(1)}(k+1)) + az^{(1)}(x(k+1)) = u \tag{6-2}$$

其中 $\Delta^{(1)}(x^{(1)}(k+1))$ 为 $x^{(1)}$ 在（k+1）时刻的累减生成序列：

$$\Delta^{(1)}(x^{(1)}(k+1)) = \Delta^{(0)}[x^{(1)}(k+1)] - \Delta^{(0)}[x^{(r)}(k)] = x^{(1)}(k+1) - x^{(1)}(k)$$
$$= x^{(0)}(k+1) \tag{6-3}$$

$z^{(1)}(x(k+1))$ 为在（k+1）时刻的背景值（即该时刻对应的 x 的取值）：

---

① 温丽华. 灰色系统理论及其应用 [D]. 哈尔滨：哈尔滨工程大学，2003.

$$z^{(1)}(x(k+1)) = \frac{1}{2}(x^{(1)}(k+1) + x^{(1)}(k)) \tag{6-4}$$

将（6-3）式和（6-4）式带入（6-2）式得：

$$x^{(0)}(k+1) = a\left[-\frac{1}{2}(x^{(1)}(k) + x^{(1)}(k+1))\right] + u \tag{6-5}$$

将（6-5）式展开得：

$$\begin{bmatrix} x^{(0)}(2) \\ x^{(0)}(3) \\ \vdots \\ x^{(0)}(n) \end{bmatrix} = \begin{bmatrix} -\frac{1}{2}(x^{(1)}(1) + x^{(1)}(2)) & 1 \\ -\frac{1}{2}(x^{(1)}(2) + x^{(1)}(3)) & 1 \\ \vdots & 1 \\ -\frac{1}{2}(x^{(1)}(n-1) + x^{(1)}(n)) & \end{bmatrix} \begin{bmatrix} a \\ u \end{bmatrix} \tag{6-6}$$

令 $Y = \begin{bmatrix} x^{(0)}(2) \\ x^{(0)}(3) \\ \vdots \\ x^{(0)}(n) \end{bmatrix}$，$B = \begin{bmatrix} -\frac{1}{2}(x^{(1)}(1) + x^{(1)}(2)) & 1 \\ -\frac{1}{2}(x^{(1)}(2) + x^{(1)}(3)) & 1 \\ \vdots & 1 \\ -\frac{1}{2}(x^{(1)}(n-1) + x^{(1)}(n)) & \end{bmatrix}$，$\Phi = [a \quad u]^{T}$ 为待辨识

参数向量，则（6-6）式可以写成：

$$Y = B\Phi \tag{6-7}$$

参数向量 Φ 可用最小二乘法求取，即：

$$\hat{\Phi} = [\hat{a}, \hat{u}]^{T} = (B^{T}B)^{-1}B^{T}Y \tag{6-8}$$

把求取的参数带入（6-6）式，并求出其离散解为：

$$\hat{x}^{(1)}(k+1) = \left[x^{(1)}(1) - \frac{\hat{u}}{\hat{a}}\right]e^{-\hat{a}k} + \frac{\hat{u}}{\hat{a}} \tag{6-9}$$

还原到原始数据得：

$$\hat{x}^{(0)}(k+1) = \hat{x}^{(1)}(k+1) - \hat{x}^{(1)}(k) = (1 - e^{\hat{a}})\left[x^{(1)}(1) - \frac{\hat{u}}{\hat{a}}\right]e^{-\hat{a}k} \tag{6-10}$$

（6-9）式、（6-10）式称为 GM（1，1）模型的时间相应函数模型，它是 GM（1，1）模型灰色预测的具体计算公式。

2. 四川省全面建设小康社会进程分项指标预测

课题研究采用 GM（1，1）模型预测，运用灰色系统理论建模软件 GTMS3.0，根据 2000—2012 年四川全面建设小康社会进程的各项监测指标，建立 GM（1，1）模型，通

过计算 $\hat{x}^{(0)}(k+1)$ 分别预测 2013—2020 年各项监测指标的预期值[①]，并根据预测值计算各项监测指标的预期实现程度，以及经济发展指数、民主法治指数、文化建设指数、人民生活指数、资源环境指数和小康指数，揭示出未来四川全面建成小康社会的发展进程以及与全面小康标准的动态差距。

（1）经济发展水平预测

运用灰色系统理论建模软件 GTMS3.0，预测四川省 2013—2020 年经济发展水平 9 项监测指标，预测结果见表 6-24 和表 6-25。

表 6-24 　　　　四川省经济发展水平各项指标 GM（1，1）模型预测结果

监测指标	计量单位	2013 年	2014 年	2015 年	2016 年	2017 年	2018 年	2019 年	2020 年	平均相对误差（%）
1. 人均地区生产总值（2010 年不变价）	元	30 911	35 136	39 939	45 398	51 603	58 656	66 673	75 786	2.69
2. 第三产业增加值占地区生产总值比重	%	33.32	32.71	32.12	31.54	30.96	30.40	29.85	29.30	1.41
3. 居民消费支出占地区生产总值比重	%	37.68	37.42	37.16	36.90	36.64	36.39	36.14	35.88	0.55
4. R&D 经费支出占地区生产总值比重	%	1.56	1.60	1.64	1.68	1.73	1.77	1.82	1.87	4.50
5. 每万人口发明专利拥有量	件	2.16	3.03	4.26	5.97	8.37	11.74	16.46	23.09	4.68
6. 工业劳动生产率	万元/人	17.31	20.32	23.85	28.00	32.87	38.58	45.29	53.16	4.36
7. 互联网普及率	%	36.96	42.75	49.44	57.18	66.14	76.50	88.48	100	1.99
8. 城镇人口比重	%	45.71	47.69	49.75	51.90	54.14	56.48	58.92	61.47	0.75
9. 农业劳动生产率	万元/人	1.86	2.13	2.45	2.80	3.21	3.68	4.22	4.84	4.48

表 6-25 　　　2013—2020 年四川省经济发展水平各项指标预期实现程度（%）

年份（年）	2013	2014	2015	2016	2017	2018	2019	2020
经济发展指数	76.80	82.46	86.90	89.18	91.72	94.00	94.59	94.80
1. 人均地区生产总值（2010 年不变价）	54.23	61.64	70.07	79.65	90.53	100	100	100
2. 第三产业增加值占地区生产总值比重	70.89	69.60	68.34	67.11	65.87	64.68	63.51	62.34
3. 居民消费支出占地区生产总值比重	100.00	100.00	100.00	100.00	100.00	100.00	100.00	99.67
4. R&D 经费支出占地区生产总值比重	62.40	64.00	65.60	67.20	69.20	70.80	72.80	74.80

[①] 为了保证预测结果真实可靠，部分指标的原始数据序列没有采用 2000—2012 年的数据系列，而是从 2012 年前推，计算预测模型的平均相对误差值，选取能够保证模型预测的平均相对误差小于上限值 5% 的原始数据序列。

表6-25(续)

年份（年）	2013	2014	2015	2016	2017	2018	2019	2020
5. 每万人口发明专利拥有量	61.71	86.57	100	100	100	100	100	100
6. 工业劳动生产率	100	100	100	100	100	100	100	100
7. 互联网普及率	73.92	85.5	98.88	100	100	100	100	100
8. 城镇人口比重	76.18	79.48	82.92	86.50	90.23	94.13	98.20	100
9. 农业劳动生产率	93.00	100	100	100	100	100	100	100

根据模型预测结果，四川省 2018 年人均地区生产总值（2010 年不变价）将达到 58 656 元，超过 57 000 元的目标值，2018 年人均地区生产总值（2010 年不变价）指标实现程度将达到 100%。到 2020 年，人均地区生产总值（2010 年不变价）预期将达到 75 786 元。党的十八大报告提出了 2020 年国民生产总值在 2010 年基础上翻一番的发展目标。这里我们按照此标准预测人均生产总值。2010 年全国人均 GDP 30 015 元，则 2020 年全国人均 GDP 将达到 60 030 元。参照这一发展指标，根据预测结果，则四川省将在 2019 年超过全国平均水平 60 030 元的发展目标，2019 年人均地区生产总值（2010 年不变价）指标实现程度将达到 100%。如果只是在四川省 2010 年发展水平上翻一番，2010 年四川省人均地区生产总值为 21 182 元，2020 年需要达到 42 364 元，则四川省最快可在 2016 年实现翻一番的发展目标，人均地区生产总值达到 45 398 元。因此，根据预测，无论是采用 57 000 元的目标值，还是采用比 2010 年翻一番的目标值，四川省人均地区生产总值均有望提前达到全面建成小康社会目标值。

产业结构方面，由于从 2000 年到 2012 年，四川省第三产业增加值占地区生产总值比重总体上呈下降趋势，下降了 10.53 个百分点，因此该指标预测值不容乐观。根据预测结果，四川省第三产业增加值占地区生产总值比重指标在 2020 年为 29.30%，实现程度仅仅为 62.34%。因此，在四川省加快推进工业化进程中，必须大力发展第三产业，提高第三产业对地区生产总值增长的贡献。

尽管自 2000 年以来，四川省一直保持了较高的居民消费支出占地区生产总值比重，实现程度一直保持在 100%，但总体上居民消费支出占地区生产总值比重呈现轻微的下降趋势。根据预测结果，2012—2020 年，四川省居民消费支出占地区生产总值的比重将在 36% 左右波动。其中在 2012—2019 年都将高于 36% 的目标值，但在 2020 年将降低到 35.88% 的水平，低于 36% 的目标值。因此，四川必须坚定不移地扩大内需，加大消费需求对地区生产总值的拉动力度。

R&D 经费支出占地区生产总值比重将缓慢上升，2020 年将达到 1.87%，但距离 2.5% 的目标值还有 0.63 个百分点，R&D 经费支出占地区生产总值比重的实现程度仅为 74.80%；每万人发明专利拥有量预期将保持较快增长速度，2015 年达到 4.26 件，超过每万人发明专利拥有量 3.5 件的目标值，实现程度提前达到 100%；信息化程度将快速提高，互联网普及率在 2016 年就达到 57.18%，提前超过 50% 的目标值，实现程度为 100%。

随着城市化进程的不断推进，城镇化率将不断上升，在 2020 年达到 61.47%，超过60% 的目标值，实现程度为 100%。

劳动生产效率将快速提高。工业劳动生产率将持续超过 12 万元/人的目标值，实现程度提前达到 100%；农业劳动生产率在 2014 年达到 2.13 万元/人，提前达到 2 万元/人的目标值，实现程度提前达到 100%。

综合分析，四川省在 2013—2020 年期间，经济发展指数将分别达到 76.80、82.46、86.90、89.18、91.72、94.00、94.59、94.80。2020 年，四川省经济发展指数距离 100%的目标值 5.2 个百分点。从预测值来看，要提高四川省经济发展指数，关键控制点在于提高四川省第三产业增加值占地区生产总值比重和 R&D 经费支出占地区生产总值比重。

（2）民主法治水平预测

运用灰色系统理论建模软件 GTMS3.0，预测四川省 2013—2020 年民主法治水平 3 项监测指标，预测结果见表 6-26 和表 6-27。

表 6-26　　　　四川省民主法治水平各项指标 GM（1，1）模型预测结果

监测指标	计量单位	2013 年	2014 年	2015 年	2016 年	2017 年	2018 年	2019 年	2020 年	平均相对误差（%）
1. 基层民主参选率	%	86.85	86.85	86.85	86.85	86.85	86.85	86.85	86.85	—
2. 社会安全指数	%	98.15	98.47	98.80	99.13	99.46	99.79	100	100	2.82
3. 每万人拥有律师数	人	1.44	1.56	1.70	1.84	2.00	2.17	2.36	2.56	4.14

表 6-27　　　2013-2020 年四川省民主法治水平各项指标预期实现程度（%）

年份（年）	2013	2014	2015	2016	2017	2018	2019	2020
民主法治指数	85.74	87.33	89.28	91.05	93.27	95.48	97.17	97.17
1. 基层民主参选率	91.42	91.42	91.42	91.42	91.42	91.42	91.42	91.42
2. 社会安全指数	98.15	98.47	98.8	99.13	99.46	99.79	100	100
3. 每万人拥有律师数	62.61	67.83	73.91	80.00	86.96	94.35	100	100

基层民主参选率将稳定在 86.85% 的水平[①]，距离 95% 的目标值 8.15 个百分点，实现程度为 91.42%；社会安全指数将长期保持在高位水平，预期在 2013—2020 年期间将接近或者达到 100% 的目标值，特别是在 2019 年和 2020 年，实现程度将达到 100%；每万人拥有律师数将稳步上升，在 2019 年将达到 2.36 人，超过 2.3 人的目标值，实现程

---

① 基层民主参选率在 2000—2012 年期间一直保持在 86.85% 的水平，因此我们仍然预期在 2013—2020 年期间基层民主参选率保持在 86.85% 的水平。

度达到 100%。

综合分析，四川省 2013—2020 年期间，民主法治指数将分别达到 85.74、87.33、89.28、91.05、93.27、95.48、97.17、97.17。2020 年，四川省民主法治指数距离 100% 的目标值 2.83 个百分点。从预测值来看，要提高四川省民主法治指数，在稳步提高社会安全指数和每万人拥有律师数的基础上，关键控制点在于提高基层民主参选率。

（3）文化建设水平预测

运用灰色系统理论建模软件 GTMS3.0，预测四川省 2013—2020 年文化建设水平 5 项监测指标，预测结果见表 6-28 和表 6-29。

表 6-28　　　四川省文化建设水平各项指标 GM（1，1）模型预测结果

监测指标	计量单位	2013 年	2014 年	2015 年	2016 年	2017 年	2018 年	2019 年	2020 年	平均相对误差（%）
1. 文化产业增加值占地区生产总值比重	%	4.38	5.02	5.76	6.61	7.58	8.70	9.98	11.45	4.47
2. 人均公共文化财政支出	元	201.09	278.77	386.46	535.75	742.71	1 029.61	1 427.33	1 978.70	4.22
3. 有线广播电视入户率	%	48.30	49.70	51.13	52.60	54.12	55.68	57.28	58.93	3.44
4. 每万人口拥有"三馆一站"公共文化设施建筑面积	平方米	439.20	482.52	530.59	583.19	641.01	704.56	774.41	851.18	1.99
5. 城乡居民文化娱乐服务支出占家庭消费支出比重	%	4.24	4.36	4.49	4.61	4.74	4.88	5.01	5.15	1.76

表 6-29　　　2013—2020 年四川省文化建设水平各项指标预期实现程度（%）

年份（年）	2013	2014	2015	2016	2017	2018	2019	2020
文化建设指数	89.91	93.63	94.63	95.69	96.75	97.94	99.00	99.60
1. 文化产业增加值占地区生产总值比重	87.60	100	100	100	100	100	100	100
2. 人均公共文化财政支出	100	100	100	100	100	100	100	100
3. 有线广播电视入户率	80.50	82.83	85.22	87.67	90.20	92.8	95.47	98.22
4. 每万人口拥有"三馆一站"公共文化设施建筑面积	100	100	100	100	100	100	100	100
5. 城乡居民文化娱乐服务支出占家庭消费支出比重	84.80	87.60	89.80	92.20	94.80	97.60	100	100

文化产业增加值占地区生产总值比重将稳步提高，2014 年达到 5.02%，超过 5% 的目标值，实现程度提前达到 100%。

城乡居民文化娱乐服务支出比重稳步上升，2019 年将达到 5.01%，超过 5% 的目标值，实现程度提前达到 100%。

公共文化建设投入力度持续提升，文化服务供给能力不断增强。人均公共文化财政支出在 2013 年就超过 150 元的目标值，实现程度提前达到 100%；有线广播电视入户率不断上升，在 2020 年达到 58.93%，距离 60% 的目标值 1.07 个百分点，实现程度为 98.22%；每万人拥有"三馆一站"公共文化设施建筑面积在 2013 年就达到 439.20 平方米，超过 400 平方米的全面建成小康社会目标值，实现程度提前达到 100%。

综合分析，四川省 2013—2020 年期间，文化建设指数将分别达到 89.91、93.63、94.63、95.69、96.75、97.94、99.00、99.60。2020 年，四川省文化建设指数距离 100% 的目标值 0.4 个百分点。从预测值来看，要提高四川省文化建设指数，关键控制点在于提高四川省有线广播电视入户率。如果 2020 年有线广播电视入户率能够达到 100%，则四川省文化建设指数将达到 100%。

（4）人民生活水平预测

运用灰色系统理论建模软件 GTMS3.0，预测四川省 2013—2020 年经济发展水平 12 项监测指标，预测结果见表 6-30 和表 6-31。

表 6-30　　　　四川省人民生活水平各项指标 GM（1，1）模型预测结果

监测指标	计量单位	2013 年	2014 年	2015 年	2016 年	2017 年	2018 年	2019 年	2020 年	平均相对误差（%）
1. 城乡居民人均收入（2010 年不变价）	元	12 754	14 138	15 673	17 374	19 259	21 350	23 667	26 236	2.48
2. 失业率	%	4.2	4.2	4.2	4.1	4.1	4.1	4.1	4.1	3.56
3. 恩格尔系数	%	42.83	42.19	41.55	40.92	40.30	39.69	39.09	38.50	2.72
4. 城乡居民收入比	以农为 1	2.94	2.93	2.91	2.89	2.87	2.86	2.84	2.82	1.89
5. 城乡居民家庭人均住房面积达标率	%	53.18	54.46	55.77	57.11	58.48	59.89	61.33	62.80	0.63
6. 公共交通服务指数	%	86.33	89.15	92.07	95.08	98.19	100	100	100	3.76
7. 平均预期寿命	岁	75.80	76.15	76.50	76.84	77.19	77.54	77.90	78.25	0.11
8. 平均受教育年限	年	8.74	8.95	9.16	9.38	9.60	9.83	10.06	10.29	1.85
9. 每千人口拥有执业医师数	人	2.14	2.27	2.40	2.54	2.69	2.85	3.02	3.20	0.06
10. 基本社会保险覆盖率	%	95.73	100	100	100	100	100	100	100	0.69
11. 农村自来水普及率	%	62.53	65.96	69.57	73.38	77.40	81.64	86.11	90.82	0.03
12. 农村卫生厕所普及率	%	69.95	72.83	75.82	78.94	82.19	85.58	89.10	92.76	0.45

表 6-31　　　2013—2020 年四川省人民生活水平各项指标预期实现程度（%）

年份（年）	2013	2014	2015	2016	2017	2018	2019	2020
人民生活指数	86.80	88.77	90.87	92.87	95.05	97.02	98.70	99.79
1. 城乡居民人均收入（2010 年不变价）	51.02	56.55	62.69	69.50	77.04	85.40	94.67	100

表6-31(续)

年份（年）	2013	2014	2015	2016	2017	2018	2019	2020
2. 失业率	100	100	100	100	100	100	100	100
3. 恩格尔系数	93.39	94.81	96.27	97.75	99.26	100	100	100
4. 城乡居民收入比	95.24	95.56	96.22	96.89	97.56	97.56	98.59	99.29
5. 城乡居民家庭人均住房面积达标率	88.63	90.77	92.95	95.18	97.47	99.82	100	100
6. 公共交通服务指数	86.33	89.15	92.07	95.08	98.19	100	100	100
7. 平均预期寿命	99.74	100	100	100	100	100	100	100
8. 平均受教育年限	83.24	85.24	87.24	89.33	91.43	93.62	95.81	98.00
9. 每千人口拥有执业医师数	100	100	100	100	100	100	100	100
10. 基本社会保险覆盖率	100	100	100	100	100	100	100	100
11. 农村自来水普及率	78.16	82.45	86.96	91.73	96.75	100	100	100
12. 农村卫生厕所普及率	93.27	97.11	100	100	100	100	100	100

城乡居民收入水平将继续保持快速增长态势。2020年，四川省城乡居民人均收入水平（2010年不变价）将达到26 236元，超过25 000元的目标值，实现程度达到100%。如果按照党的十八大提出的城乡居民人均收入2020年比2010年翻一番的目标，2020年城乡居民人均收入将达到18 510元①。根据预测，2017年四川省城乡居民人均收入水平达到19 259元，超过18 510元的翻一番水平，实现程度提前达到100%。

城乡居民收入差距不断缩小，收入分配将更加公平。城乡居民收入比在2020年将降低到2.82（以农村居民收入为1），但仍然比2.8的目标值高出0.02，实现程度为99.29%。

就业情况将继续保持在良好状态。2013—2020年期间，预期城镇登记失业率将稳定在4.1%~4.2%之间，远远低于6%的目标阈限，实现程度稳定在100%。

居民生活质量稳步提升，人民生活全面改善，预期寿命稳步提高，2016年平均预期寿命76.15岁，超过76岁的目标值，实现程度提前达到100%。城乡居民恩格尔系数在2018年将降低到39.69%，首次低于40%的目标值，实现程度提前达到100%。城乡居民人均家庭住房面积达标率在2019年将达到61.33%，超过60%的目标值，实现程度提前达到100%。公共交通服务指数在2018年将达到100%的目标值，实现程度提前达到100%。农村自来水普及率在2018年将达到81.64%，超过80%的目标值，实现程度提前达到100%。农村卫生厕所普及率在2015年达到75.82%，超过75%的目标值，实现程度提前达到100%。

社会公共服务均等化程度不断提升。2020年平均受教育年限将达到10.29年，距离10.5年的目标值0.21年，实现程度为98.00%；每千人拥有执业医师数将继续保持在较

① 2010年，四川省城乡居民人均收入9 255元。数据来源：四川省统计局。

高水平，2013—2020 年期间都将超过 1.95 人的目标值，实现程度稳定在 100%，其中 2020 年将达到 3.20 人；基本社会保险覆盖率在 2013 年将达到 95.73%，超过 95% 的目标值，实现程度提前达到 100%。

综合分析，四川省 2013—2020 年期间，人民生活指数将分别达到 86.80、88.77、90.87、92.87、95.05、97.02、98.7、99.79。2020 年，四川省人民生活指数距离 100% 的目标值 0.21 个百分点。从预测值来看，要提高四川省人民生活水平指数，关键控制点在于继续缩小城乡居民收入比和大力发展教育，提高居民平均受教育年限。

（5）资源环境水平预测

运用灰色系统理论建模软件（GTMS3.0），预测四川省 2013—2020 年资源环境水平 6 项监测指标，预测结果见表 6-32 和表 6-33。

表 6-32　　　　四川省资源环境水平各项指标 GM（1，1）模型预测结果

监测指标	计量单位	2013 年	2014 年	2015 年	2016 年	2017 年	2018 年	2019 年	2020 年	平均相对误差（%）
1. 单位地区生产总值能耗（2010 年不变价）	吨标准煤/万元	0.88	0.84	0.79	0.75	0.71	0.67	0.64	0.60	0.91
2. 单位地区生产总值水耗（2010 年不变价）	立方米/万元	93.67	83.59	74.59	66.56	59.39	53.00	47.29	42.20	1.84
3. 单位地区生产总值建设用地占用（2010 年不变价）	公顷/万元	67.64	60.30	53.75	47.91	42.71	38.07	33.94	30.25	1.85
4. 环境质量指数	%	92.91	93.03	93.16	93.29	93.41	93.54	93.67	93.79	2.19
5. 主要污染物排放强度指数	%	63.90	71.21	79.36	88.44	98.55	100	100	100	4.80
6. 城市生活垃圾无害化处理率	%	89.31	90.04	90.78	91.52	92.27	93.03	93.79	94.56	0.43

表 6-33　　　2013—2020 年四川省资源环境水平各项指标预期实现程度（%）

年份（年）	2013	2014	2015	2016	2017	2018	2019	2020
资源环境指数	84.94	88.48	90.89	93.31	96.10	97.12	97.82	98.75
1. 单位地区生产总值能耗（2010 年不变价）	68.18	71.43	75.95	80.00	84.51	89.55	93.75	100
2. 单位地区生产总值水耗（2010 年不变价）	100	100	100	100	100	100	100	100
3. 单位地区生产总值建设用地占用（2010 年不变价）	88.70	99.50	100	100	100	100	100	100
4. 环境质量指数	92.91	93.03	93.16	93.29	93.41	93.54	93.67	93.79
5. 主要污染物排放强度指数	63.90	71.21	79.36	88.44	98.55	100	100	100
6. 城市生活垃圾无害化处理率	100	100	100	100	100	100	100	100

资源利用效率不断提高，节能任务全面达到目标值。单位地区生产总值能耗将不断下降，2020 年单位地区生产总值能耗将降低到 0.60 吨标准煤/万元（2010 年不变价），

刚好达到 0.6 吨标准煤/万元的目标值，实现程度达到 100%；单位地区生产总值水耗不断降低，2013 年将降低到 93.67 立方米/万元（2010 年不变价），低于 110 立方米/万元的目标值，实现程度提前达到 100%；单位地区生产总值建设用地占用持续降低，在 2015 年降低到 53.75 公顷/万元（2010 年不变价），低于 60 公顷/万元的目标值，实现程度提前达到 100%。

环境质量继续改善，但未来进一步提升的难度较大。2020 年环境质量指数将达到 93.79%，距离 100% 的目标值 6.21 个百分点，实现程度为 93.79%。减排工作有效推进，2018 年主要污染物排放强度指数将达到 100%，实现程度提前达到 100%。城市生活垃圾无害化处理率继续保持在较高水平，在 2013—2020 年期间都将高于 85% 的目标值，2020 年将达到 94.56%，实现程度持续保持在 100%。

综合分析，四川省 2013—2020 年期间，资源环境指数将分别达到 84.94、88.48、90.89、93.31、96.10、97.12、97.82、98.75。2020 年，四川省资源环境指数距离 100% 的目标值 1.25 个百分点。从预测值来看，要提高四川省资源环境指数，关键控制点在于大力加强环境保护，提升环境质量指数。

3. 四川省全面建设小康社会进程趋势判断

运用经济发展、民主法治、文化建设、人民生活和资源环境五项分项指数的 35 个具体指标的 GM（1，1）模型预测结果，按照调整后的分项指数权重[①]，可以计算出 2013—2020 年四川省全面建成小康社会指数的预测值。四川省 2013—2020 年期间，全面建成小康社会指数将分别达到 84.41、87.80、90.33、92.36、94.57、96.32、97.44、98.09。2020 年，四川省全面建成小康社会实现程度为 98.09%。见表 6-34。按照预测值，

表 6-34　　　　　　　2013—2020 年四川省小康指数预测结果（%）

年份（年）	2013	2014	2015	2016	2017	2018	2019	2020
小康指数	84.41	87.80	90.33	92.36	94.57	96.32	97.44	98.09
其中：经济发展指数	76.80	82.46	86.90	89.18	91.72	94.00	94.59	94.80
民主法治指数	85.74	87.33	89.28	91.05	93.27	95.48	97.17	97.17
文化建设指数	89.91	93.63	94.63	95.69	96.75	97.94	99.00	99.60
人民生活指数	86.80	88.77	90.87	92.87	95.05	97.02	98.70	99.79
资源环境指数	84.94	88.48	90.89	93.31	96.10	97.12	97.82	98.75

要实现 2020 年全面建成小康社会的宏伟目标，关键控制点在于提高四川省第三产业增加值占地区生产总值比重、R&D 经费支出占地区生产总值比重、基层民主参选率、四川省有线广播电视入户率、居民平均受教育年限和环境质量指数，缩小城乡居民收入差距。

但是，全面小康建设标准不是绝对的。我们认为，对全面小康建设实现程度的理

---

① 权重调整方式为：调整后的权重=调整前的权重/0.93。

解，不能拘泥于小康指数达到 100% 这样的绝对标准。全面小康是一个动态的、相对的发展概念。根据国家统计局的解释，小康指数达到 95% 以上，就可以认为已经达到了全面小康水平。因此，基于 GM（1，1）模型的预测结果来看，2020 年四川省小康指数将达到 98.09%，可以认为四川实现了与全国同步建成小康社会的发展目标。而且，伴随着经济社会发展水平的进一步提高，全面小康社会建设标准有可能进一步提高，我们还需在更高水平上建设小康社会。

（二）基于经济发展新常态的四川全面小康建设进程核心指标预测

在党的十八大报告中，提出了 2020 年实现国内生产总值和城乡居民人均收入比 2010 年翻一番的发展目标。当前，我国经济正在向形态更高级、分工更复杂、结构更合理的阶段演化，经济发展进入新常态，正从高速增长转向中高速增长，经济发展方式正从规模速度型粗放增长转向质量效率型集约增长，经济结构正从增量扩能为主转向调整存量、做优增量并存的深度调整，经济发展动力正从传统增长点转向新的增长点。四川经济发展必须主动适应经济发展新常态，在新常态下保持地区经济平稳、健康发展，人民生活水平继续稳步提高。

基于经济发展进入新常态的客观背景，我们对 2020 年四川省地区生产总值、人均国内生产总值、城乡居民人均收入进行了新的预测，以评估在新常态下四川全面建成小康社会的进程。

1. 人均地区生产总值预测

党的十八大报告提出了 2020 年人均生产总值在 2010 年基础上翻一番的发展目标。2010 年全国人均 GDP30 015 元，则 2020 年全国人均 GDP 将达到 60 030 元。2013 年，四川省人均地区生产总值 32 454 元，比 2012 年增长 9.6%[①]，折算为 2010 年不变价，约为 30 217 元[②]。参照这一指标，如果 2020 年四川省人均地区生产总值达到全国平均水平 60 030 元，则 2014 年到 2020 年的七年间，四川省人均地区生产总值需要实现年均 10.3% 的增长速度。如果要在 2020 年达到全面小康目标值（57 000 元，按 2010 年不变价计算）的目标，则 2014 年到 2020 年的七年间，四川省人均地区生产总值需要实现年均 9.49% 的增长速度。如果按照 2020 年只是在四川自身基础上比 2010 年翻一番，2010 年四川省人均地区生产总值为 21 182 元，则 2020 年需要达到 42 364 元，人均地区生产总值需要年均增长 7.18%，则在 2013 年 30 217 元基础上，剩余七年需要人均地区生产总值年均增长 4.95%。

---

① 数据来源：《四川统计年鉴 2014》。
② 数据来源：根据《四川统计年鉴 2014》相关数据计算。

表 6-35　　　　　　　　2000-2013 年四川省人均地区生产总值增长状况

年份（年）	人均地区生产总值（元）（当年价格）	人均地区生产总值（元）（2010 年不变价）	人均地区生产总值增速（%）
2000	4 956	6 715	10.0
2001	5 376	7 263	8.2
2002	5 890	7 972	9.8
2003	6 623	8 843	10.9
2004	7 895	9 934	12.3
2005	9 060	10 675	11.6
2006	10 613	12 530	13.0
2007	12 963	14 418	15.1
2008	15 495	16 035	11.2
2009	17 339	18 294	14.0
2010	21 182	21 182	15.7
2011	26 133	24 563	15.9
2012	29 608	27 600	12.3
2013	32 454	30 217	9.6

［数据来源］《四川统计年鉴 2014》、四川省统计局以及笔者根据相关数据计算。

表 6-35 是 2000—2013 年四川省人均地区生产总值增长状况。2001—2013 年，四川省人均地区生产总值（2010 年不变价）年均增速为 12.27%。2011—2013 年，四川省人均地区生产总值（2010 年不变价）年均增速为 12.58%。从表中可以看出，2011—2013 年，四川人均地区生产总值增速有放缓的趋势。进入 2013 年以来，世界经济继续缓慢复苏，国内经济发展逐步进入由高速增长转向中高速增长的新常态，主要经济指标增速有所放缓。2014 年前三季度全省实现地区生产总值 20 681.54 亿元，按可比价格计算，同比增长 8.5%，较 2013 年进一步放缓。因此，未来全省人均地区生产总值有可能进一步放缓，保持在一个中高速水平的状态。我们采用不同方法预测了 2020 年四川省人均地区生产总值（2010 年不变价格）所能达到的水平。预测结果见表 6-36。

表 6-36　　　　　　　　2014—2020 年四川省人均地区生产总值增长预测

年份（年）	预测 1		预测 2		预测 3	
	增速（%）	人均地区生产总值（元）	增速（%）	人均地区生产总值（元）	增速（%）	人均地区生产总值（元）
2014	8.5	32 785	7.5	32 483	8.5	32 785

表36(续)

年份（年）	预测1		预测2		预测3	
	增速（%）	人均地区生产总值（元）	增速（%）	人均地区生产总值（元）	增速（%）	人均地区生产总值（元）
2015	6.5	34 916	7.3	34 855	8.3	35 507
2016	6.5	37 186	7.1	37 329	8.1	38 383
2017	6.5	39 603	6.9	39 905	7.9	41 415
2018	6.5	42 177	6.7	42 579	7.7	44 604
2019	6.5	44 919	6.5	45 346	7.5	47 949
2020	6.5	47 839	6.3	48 203	7.3	51 449
年均增速	6.8		6.9		7.9	

注：本表中的人均地区生产总值为2010年不变价格。

预测1：2014年人均地区生产总值增长速度为2014年前三季度地区生产总值增长速度，2015—2020年人均地区生产总值增长速度为6.5%，这是一个中高速的增长速度①，2014年到2020年的七年间平均增长速度为6.8%。根据这一预测，2019年四川省人均地区生产总值将达到44 919元，超过在四川自身2010年的基础上翻一番的发展目标（42 364元）。2020年四川省人均地区生产总值将达到47 839元。但在这种发展速度下，2020年四川省人均地区生产总值距离57 000元的全部小康参考目标值9 161元，实现程度仅为83.14%；同时，距离2020年全国平均水平60 030元的差距更大，达到12 191元，比全国平均水平低20.31%。

预测2：参照国务院发展研究中心"中长期增长"课题组（2014）② 对中国未来十年经济增长的预测，假设四川未来十年经济增长速度与全国基本保持一致，2014年经济增长速度为7.5%③，以后年均按照0.2个百分点的速度缓慢下降，2020年为6.3%，2014—2020年的七年间平均增长速度为6.9%。根据这一预测，2018年四川省人均地区生产总值达到42 579元，超过在四川自身2010年的基础上翻一番的发展目标（42 364元）。2020年四川省人均地区生产总值将达到48 203元，距离57 000元的全面小康参考目标值8 797元，实现程度仅为84.57%；同时，距离2020年全国60 030元的平均目标水平11 827元，比全国平均水平低19.70%。

---

① 根据国务院发展研究中心"中长期增长"课题组的预测，6.5%的增长速度属于中高速的增长速度。国务院发展研究中心"中长期增长"课题组. 中国经济增长十年展望（2013—2022）：寻找新的动力和平衡 [M]. 北京：中信出版社，2013. 国务院发展研究中心"中长期增长"课题组. 到2023年中国农业增长趋势预测 [J]. 发展研究，2014（7）.

② 国务院发展研究中心"中长期增长"课题组. 中国经济增长十年展望（2014—2023）：在改革中形成增长新常态 [M]. 北京：中信出版社，2014.

③ 2014年前三季度四川省地区生产总值增速为8.5%。因此，这一预测可能会略微低估四川省经济发展速度。

预测 3：参照国务院发展研究中心"中长期增长"课题组（2014）[①] 对中国未来十年经济增长的预测，假设四川未来十年经济增长速度比全国平均水平高 1 个百分点，2014 年经济增长速度为 8.5%[②]，以后年均按照 0.2 个百分点的速度缓慢下降，2020 年为 7.3%，2014—2020 年的七年间平均增长速度为 7.9%。根据这一预测，2018 年四川省人均地区生产总值达到 44 604 元，超过在四川自身 2010 年的基础上翻一番的发展目标（42 364 元）。2020 年四川省人均地区生产总值将达到 51 449 元，距离 57 000 元的全部小康参考目标值 5 551 元，实现程度为 90.26%；同时，距离 2020 年全国 60 030 元的平均目标水平 8 581 元，比全国平均水平低 14.29%。

因此，在经济发展新常态下，四川未来经济发展将面临更大的压力，实现全面建成小康社会的宏伟目标将面临更大的挑战。根据我们对未来不同经济发展速度的预测，在经济保持中高速增长的新常态下，四川省人均地区生产总值将在 2018 年到 2019 年期间达到十八大提出的在四川自身 2010 年的基础上翻一番的发展目标，但比 57 000 元的全面小康目标值以及 2020 年全国预期平均目标水平（比 2010 年翻一番）都还有较大的差距。

2. 城乡居民收入预测

党的十八大报告提出了 2020 年城乡居民人均收入在 2010 年基础上翻一番的发展目标。2010 年，四川省城乡居民人均收入水平为 9 255 元，则 2020 年四川省城乡居民人均收入水平为 18 510 元。2013 年四川省城乡居民人均收入水平为 14 231 元[③]，折算为 2010 年不变价约为 12 826 元，则在 2013 年基础上，2014—2020 年的七年间，四川城乡居民人均收入需要年均实际增长 5.38%，方可实现比 2010 年翻一番的目标[④]。

表 6-37 是 2000—2013 年四川省城乡居民人均收入水平增长状况。2001—2013 年，四川省城乡居民人均收入年均增速为 9.63%。2011—2013 年，四川省城乡居民人均收入年均增速为 11.49%。2011—2013 年，四川城乡居民人均收入增速有放缓的趋势。特别是 2013 年，城乡居民人均收入水平有较大幅度下滑，仅为 7.65%。在国内经济发展逐步进入由高速增长转向中高速增长的新常态，主要经济指标增速有所下降的背景下，城乡居民收入增长也受到了一定的影响。2014 年前三季度，全国农村居民人均现金收入同

---

① 国务院发展研究中心"中长期增长"课题组. 中国经济增长十年展望（2014—2023）：在改革中形成增长新常态 [M]. 北京：中信出版社，2014.

② 2014 年前三季度四川省地区生产总值增速为 8.5%，比全国前三季度 GDP 增速 7.4% 高 1.1 个百分点。假设 2014 年前三季度四川地区生产总值增长速度为 2014 年全年平均增速。四川目前人均地区生产总值低于全国平均水平，未来四川必须具有更快的发展速度，才能与全国同步实现小康。因此，我们假设未来 7 年，四川人均地区生产总值增速比全国高 1 个百分点。

③ 数据来源：《中国统计年鉴 2014》。

④ 如果分别考虑城镇居民人均可支配收入和农民人均年纯收入，要达到 2020 全国平均水平（比 2010 年翻一番），则到 2020 年，全国城镇居民人均可支配收入应达到 38 218.8 元，农村居民人均纯收入应达到 11 838 元。若四川同步建成小康社会以此为目标，城镇与农村人均收入增速分别应达到 8.23% 和 6.79%。由于国家统计局未公布 2010 年全国城乡居民人均收入水平数据（2012 年第四季度，国家统计局才开始进行城乡一体化住户收支与生活状况调查），因此本小节对未来四川省城乡居民收入水平发展目标的预测未考虑全国居民平均收入水平翻一番的情况。

表 6-37　　　　　　　2000—2012 年四川省城乡居民人均收入增长状况

年份（年）	城乡居民人均收入（元） （2010 年不变价）	增速（%）
2000	3 882	
2001	4 062	4.43
2002	4 331	6.21
2003	4 648	6.82
2004	5 032	7.63
2005	5 506	8.61
2006	5 996	8.17
2007	6 812	11.98
2008	7 601	10.38
2009	8 353	9.00
2010	9 255	9.75
2011	10 493	11.80
2012	11 845	11.41
2013	12 826	7.65

［数据来源］四川省统计局。2013 年收入数据根据《中国统计年鉴 2014》相关数据计算而得。

比实际增长 9.7%，城镇居民人均可支配收入同比实际增长 6.9%，全国居民人均可支配收入同比实际增长 8.2%。2014 年前三季度，四川省农村居民人均现金收入同比实际增长 10.8%，城镇居民人均可支配收入同比实际增长 7.6%①。因此，2014 年前三季度四川城乡居民收入水平增速都比 2013 年有所下降。因此，可以预期未来全省城乡居民人均收入增速可能进一步放缓，保持在一个中高速水平的状态。我们假设城乡居民收入水平将与人均地区生产总值增长保持同步②，结合前面对 2014—2020 年四川省地区生产总值增长速度的预测，预测了 2020 年四川省城乡居民人均收入水平（2010 年不变价格）所能达到的水平。预测结果见表 6-38。

---

　① 2014 年前三季度，四川省农民人均现金收入同比名义增长 12%，城镇居民人均可支配收入同比名义增长 9.4%，四川居民消费价格地区总水平（CPI）同比上涨 1.8%。据此推算，2014 年前三季度四川省农民人均现金收入同比实际增长 10.8%，城镇居民人均可支配收入同比实际增长 7.6%。数据来源：四川省统计局。

　② 建设全面小康社会，要让全体人民分享经济发展的成果。因此，我们假设人民生活水平的提高幅度不低于经济发展速度。

表 6-38   2014—2020 年四川省城乡居民人均收入增长预测

年份（年）	预测 1		预测 2		预测 3	
	增速（%）	城乡居民人均收入（元）	增速（%）	城乡居民人均收入（元）	增速（%）	城乡居民人均收入（元）
2014	6.8	13 698	6.9	13 711	7.9	13 839
2015	6.8	14 630	6.9	14 657	7.9	14 933
2016	6.8	15 624	6.9	15 668	7.9	16 112
2017	6.8	16 687	6.9	16 750	7.9	17 385
2018	6.8	17 822	6.9	17 905	7.9	18 759
2019	6.8	19 034	6.9	19 141	7.9	20 240
2020	6.8	20 328	6.9	20 461	7.9	21 839
年均增速	6.8		6.9		7.9	

注：本表中的城乡居民人均收入为 2010 年不变价格。

预测 1：2014 年城乡居民人均收入增长速度为 6.8%。根据这一预测，2019 年四川省城乡居民人均收入达到 19 034 元，超过在四川自身 2010 年的基础上翻一番的发展目标（18 510 元）。2020 年四川省城乡居民人均收入将达到 20 328 元。但在这种发展速度下，2020 年四川省城乡居民人均收入距离 25 000 元的全面小康参考目标值 4 672 元，实现程度仅为 81.31%。

预测 2：2014 年城乡居民人均收入增长速度为 6.9%。根据这一预测，2019 年四川省城乡居民人均收入达到 19 141 元，超过在四川自身 2010 年的基础上翻一番的发展目标（18 510 元）。2020 年四川省城乡居民人均收入将达到 20 461 元，距离 25 000 元的全面小康参考目标值 4 539 元，实现程度仅为 81.84%。

预测 3：2014 年城乡居民人均收入增长速度为 7.9%。根据这一预测，2018 年四川省城乡居民人均收入达到 18 759 元，超过在四川自身 2010 年的基础上翻一番的发展目标（18 510 元）。2020 年四川省城乡居民人均收入将达到 21 839 元，距离 25 000 元的全面小康参考目标值 3 161 元，实现程度仅为 87.36%。

因此，在经济发展新常态下，四川未来经济发展将面临更大的压力，实现全面建成小康社会的宏伟目标将面临更大的挑战。只要我们坚持在发展中让广大人民群众分享改革发展的成果，更加关注收入分配的公平性，根据我们对未来不同经济发展速度和城乡居民收入增长速度的预测，在经济保持中高速增长的新常态下，四川省城乡居民人均收入仍将在 2018 年到 2019 年期间达到党的十八大提出的在四川自身 2010 年的基础上翻一番的发展目标，但与 25 000 元的全面小康目标值还有较大的差距。

四、四川省全面建成小康社会进程中亟须关注的问题

在看到四川全面小康建设取得的成绩的同时，也要充分认识到四川全面建成小康社

会任务的艰巨性。四川作为经济、资源和人口大省，在全面建设小康社会进程中追赶跨越，取得了巨大成就，但在建成更加高水平、更加全面、更加均衡的全面小康社会的道路上还面临不少困难和问题，还有一些发展条件的制约，总体经济发展水平不高、城乡发展还不平衡、资源环境压力大、文化产业建设较为滞后、公共服务不均衡等问题依然存在，人民生活水平需要进一步提升。根据指标测算，2012 年，四川省全面小康统计监测中，民主法治、文化建设、人民生活、资源环境 4 个方面指数都在 80%以上，但作为社会发展基础的经济发展指标，落后于社会其他方面的发展，指数仅为 71.88%，差距较大。39 项监测指标中，仅有 7 项指标评价值达到 100%，超过八成的指标仍有提升的空间；评价值在 90%~99.99%之间的有 9 项，80%~89.9%之间的有 8 项；60%~79.9%之间的有 9 项；有 5 项指标评价值在 60%以下，分别是人均地区生产总值、R&D 经费支出占地区生产总值比重、每万人口发明专利拥有量、城乡居民人均收入、单位地区生产总值二氧化碳排放量、主要污染物排放强度指数。相对落后的方面还有较大的提升潜力，亟须给予更多的关注与推进。

由表 6-39 可以看出，制约小康进程的指标主要分布在经济发展和人民生活水平这两个领域。该两项一级指标中，评分在 85%以下的具体项目个数分别达到 7 项和 3 项。且指标落后差距较大，人均地区生产总值、城乡居民人均收入综合加权得分均在 2 分以下，经济发展中代表科研投入水平的项目如每万人发明专利拥有量、R&D 经费支出占地区生产总值比重得分分别在 2 分和 2.5 分以下；资源环境中主要污染物排放强度指数、单位地区生产总值能耗和民主法治中每万人拥有律师数的加权综合得分也处于较低水平，分值仅在 2.5 分上下。此外，文化建设水平也有待提升，该一级指标下具有代表性的项目如城乡居民文化娱乐服务支出占家庭消费支出比重的综合加权得分明显偏低。

表 6-39   四川省全面建成小康社会统计监测中落后与相对落后指标

一级指标	权重 （%）	二级指标	评分	权重 （%）	加权综合 得分①
经济发展 指数	22	人均地区生产总值（元）	48.42<60	4	1.94
		每万人发明专利拥有量（件）	46.00<60	1.5	1.84
		R&D 经费支出占地区生产总值 比重（%）	58.79<60	1.5	2.35
		互联网普及率（%）	63.60<70	2.5	2.54
		城镇人口比重（%）	72.55<80	3	2.90
		第三产业增加值占地区生产 总值比重（%）	73.40<80	2	2.94
		农业劳动生产率（%）	82.79<85	2.5	3.31

① 加权综合评价法综合考虑了各个因子对总体对象的影响程度，是把各个具体的指标的优劣综合起来，用数量化指标加以集中，表示整个评价对象的优劣。

表 3-9（续）

一级指标	权重（%）	二级指标	评分	权重（%）	加权综合得分
民主法治指数	10.5	每万人拥有律师数（人）	60.66<70	3	2.43
文化建设指数	14	城乡居民文化娱乐服务支出占家庭消费支出比重（%）	69.74<70	3	2.79
		文化产业增加值占地区生产总值比重（%）	78.40<80	3	3.14
		有线广播电视入户率（%）	76.85<80	3	3.07
人民生活指数	26.5	城乡居民人均收入（元）	47.38<60	4	1.90
		农村自来水普及率（%）	74.13<80	1.5	2.97
		平均受教育年限（年）	81.33<85	2	3.25
资源环境	20	单位地区生产总值能耗（吨标准煤/万元）	64.90<70	3	2.60
		单位地区生产总值建设用地占用（公顷/万元）	83.29<85	3	3.33
		主要污染物排放强度指数（%）	59.23<60	4	2.37

注：加权综合得分越低，表明该项目对小康进程的逆向影响越大。

（一）经济结构调整与转型升级难度大

"人口多、底子薄、不平衡、欠发达"仍然是四川最大的省情，发展不足、发展水平不高仍然是四川最大的问题。尽管近些年来产业结构调整带动了四川省经济的发展，但是四川产业结构总体层次仍然较低。三次产业中，工业的传统资源型产业比重过高，相当部分企业和产品竞争力不强；现代农业基础薄弱；服务业比重偏低，经济向好发展的基础不牢固。

首先，四川产业总体发展水平不高。由于历史原因，地处西部的四川在改革开放前是我国布局重要重工业基地的省份。"一五""二五"和"三线"时期嵌入式的战备布局，国家在四川兴建和内迁了许多大型骨干企业，产业结构有着显著的重工业特征。自实施西部大开发特别是 2007 年以来，四川省坚持大力发展特色优势产业和战略新兴产业，产业结构得到一定程度的优化，但是重工业化特征仍很明显，重工业和轻工业的比重达到 68：32[①]。现有产业体系是过去"大而全"的延续，工业仍以劳动密集型、资源加工型产业为主，大多处于产业链中低端，全省原材料工业比重达到 38.9%，高耗能产业比重达 35.6%，先进制造业比重仅为 22%[②]。其次，四川产业结构性矛盾比较突出。这主要表现在两个方面，一是从三次产业的产值构成来看，2012 年四川三次产业产值结

---

① 《四川省统计年鉴 2013》。
② 杨自力. 产能过剩大背景下四川产业结构调整的思考 [J]. 决策咨询，2013（4）：1-4.

构为 13.8：51.7：34.5，第一产业和第二产业比全国分别高出 3.7 个和 6.4 个百分点，第三产业则低于全国 10.1 个百分点；二是就业结构方面，第一产业从业人员比重为 41.5%，高于全国 33.6% 的比重，第二产业从业人员比重为 25.7%，低于全国 4.6 个百分点。见图 6-3 和图 6-4。第一产业就业人员比重较高，但第一产业的产值仅为地区生产总值的 13.8%，说明第一产业的劳动生产率相对较低，存在着一定程度的隐性失业现象，必须进一步加大农业劳动力向非农产业转移的力度，充分发挥服务业对劳动力的强吸纳作用。总体来看，四川三次产业中，第二产业的比重最大，三次产业间"三>二>一"的格局尚未形成。最后，四川产业转型升级压力大。全省产品较多集中在全球产业链分工的低端，技术含量、加工程度和附加值均偏低，产品竞争力不强。其主要表现是第二产业中能源、原材料工业和初级产品加工工业比重大，精深加工工业比重小，产品附加价值较低。2012 年，四川的能源、原材料及初级产品加工工业的比重为 48.46%，高加工度工业所占比重为 51.54%[①]。以全国和东部经济发达地区为参照，产业低层次的第三个方面表现为传统产业占主导地位，第二产业的主体是落后的传统加工业，国有工业和重工业比重过高，发展后劲不足，转型升级压力巨大。产业内部结构有待进一步优化，特色优势产业发展不足，战略性新兴产业发展滞后，高技术产业、高附加值制造业比重低。区域间主导产业相似度较高，低水平重复建设和同构化现象较为严重。

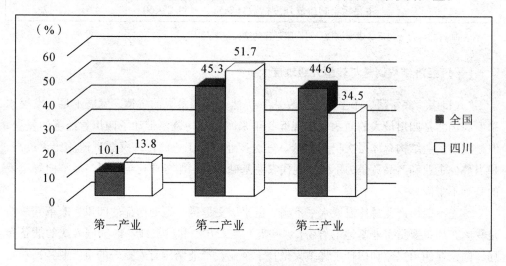

图 6-3　四川与全国产值结构比较图

［数据来源］《中国统计年鉴 2013》和《四川统计年鉴 2013》。

---

① 《四川省统计年鉴 2013》。

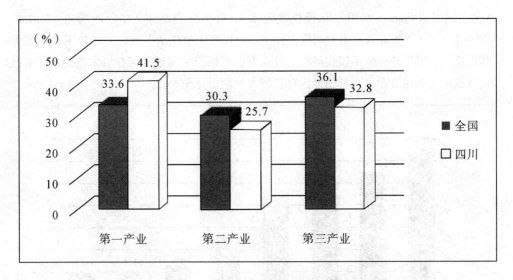

图 6-4 四川与全国就业结构比较图

［数据来源］《中国统计年鉴 2013》和《四川统计年鉴 2013》。

（二）科技创新动力不足

四川全省的 R&D 经费支出仅占地区生产总值的 1.47%，与北京（5.95%）、上海（3.37%）、天津（2.80%）、江苏（2.38%）、广东（2.17%）等经济发展水平较高省份的差距较大，离 3.5% 的小康目标值差距也较为显著。从企业科技投入来看，国际上一般认为，R&D 经费支出占企业主营业务收入的比重达到 2% 以上，企业才能维持生存，达到 5% 以上企业才有竞争力。研发上的低投入导致难以吸引高级人才。从平均受教育年限指标水平可以看出，四川省的人才结构层次较低。《中国统计年鉴》资料显示，2012 年，四川省文盲人口占 15 岁及以上人口的比重为 6.85%，高于全国的 4.96%；6 岁及以上未上过学的人口比重为 6.90%，高于全国的 5.29%。同时，研发上的低投入，使得企业难以购买更先进的设备、加大对研发和人力培训的投资，难以实现"生产一代、开发一代、研制一代"的目标，创新能力难以提升，产业结构层次较低，劳动生产率不高，无法为经济发展提供持续且足够的推动力。2012 年，四川省劳动生产率为 49 752.62 元/人，为全国平均劳动生产率的 73.54%，仅为江苏的 43.80%。[1] 2012 年，四川省本级财政科技投入 10.6 亿元，是全国第八个达到 10 亿元以上的省份，居西部第一，仅次于广东、北京、上海、浙江等省市，增幅居全国第一，财政科技投入已初具规模。[2] 但人口多、底子薄，科技转化率不高，企业自主创新总体实力不强，仍然是四川企业自主创新的总体现状和最大难题。

2012 年，我国东、中、西部地区每万人发明专利授权数分别达到 11 件、9.2 件和

---

① 劳动生产率=国内（地区）生产总值/国内（地区）就业总人数×100%。
② 董霄. 提升四川企业自主创新能力的财政政策探讨 [J]. 软科学，2014（5）.

4.8 件，四川省每万人发明专利授权数为 5.27 件，分别是东、中、西部的 47.91%、57.28% 和 110%。每万人发明专利授权数在一定程度上反映了各地区对于技术创新成果的利用情况。可见四川省不仅在科技的投入方面与东、中部地区存在较大差距，在对技术创新成果的利用方面也与其他地区存在较大差距。见图 6-5。

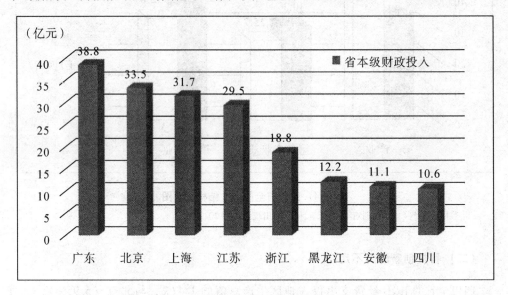

图 6-5　全国省本级财政科技投入前 8 名

[数据来源]《中国统计年鉴 2012》。

根据《四川统计年鉴 2013》，科技活动人员在全省各市州分布不均衡。2013 年全省科技活动人员为 10 823 人，其中成都市的科技活动人员为 8 130 人，占全省科技活动人员总数的 75.12%；成都 R&D 人员为 45 381 人，占全省 R&D 总人数的 46.38%。从地区分布看，科技研发人才主要集中在中心城市，经济发展越好的区域科技人才越多；反之，越少。如 R&D 人员在区域上的分布极不均衡。成都、绵阳两市实力雄厚，科技人员数量分别居全省第一位、第二位，国家级高新技术开发区、绵阳科技城、德阳国家级制造技术示范基地和成德绵高技术产业带在人才方面具有较大的相对优势；数据也同时显示了甘孜藏族自治州、阿坝藏族羌族自治州、广元、巴中等少数民族和边远地区科技力量薄弱，科研人员匮乏。[1] 见表 6-40。

表 6-40　　　　　2013 年四川省按地域分布县以上科研人员及科研经费情况

市州	R&D 经费	R&D/地区生产总值	地方财政科技拨款	市州本级财政科技拨款	R&D 人员
	亿元	%	万元	万元	人·年
成都	170.2	2.09	3 149.6	57 624	45 381

---

① 周璇. 加强四川科技进步能力建设研究 [D]. 成都：西南交通大学，2010.

表6-40(续)

市州	R&D 经费	R&D/地区生产总值	地方财政科技拨款	市州本级财政科技拨款	R&D 人员
	亿元	%	万元	万元	人·年
自贡	5.53	0.63	488.4	32 787	2 779
攀枝花	7.34	0.99	533.1	60 391	3 587
泸州	4.21	0.41	588.2	24 317	1 986
德阳	37.22	2.91	718.5	35 945	9 568
绵阳	83.08	6.17	607.4	29 080	16 290
广元	0.68	0.15	189.9	18 672	358
遂宁	1.81	0.27	305.3	20 908	1 114
内江	6.69	0.68	570.7	26 341	1 290
乐山	4.08	0.39	601.6	31 942	2 151
南充	3.01	0.26	499.4	18 757	2 200
眉山	3.9	0.5	390.5	26 168	1 785
宜宾	16.71	1.34	712.2	27 865	6 352
广安	0.32	0.04	310.8	23 410	415
达州	0.94	0.08	544.2	20 685	801
雅安	2.65	0.67	202.8	26 157	568
巴中	0.4	0.1	102.1	11 823	243
资阳	1.35	0.14	496.2	27 283	653
阿坝藏族羌族自治州	0.35	0.17	81.2	22 525	167
甘孜藏族自治州	0.21	0.12	47.1	15 753	149
凉山彝族自治州	0.18	0.02	453.4	24 668	17

［数据来源］四川省科技促进发展研究中心网站。http：//www. scsti. org. cn/BigClass. asp? typeid = 16&BigClassid = 73.

（三）城乡居民收入增势放缓

不断提高人民生活水平是全面建成小康社会的主要目标，但目前四川省居民生活水平实现程度与目标差距还有 15.53 个百分点。虽然"十二五"期间四川城乡居民年均实际收入增幅高于全国平均水平，但从较长时期考察，四川与全国的差距非常明显。全省城镇居民可支配收入仅为全国平均水平的 82.7%，农民人均纯收入仅为全国平均水平的

88.4%，要同步建成小康，每年增速要分别达到 8.23% 和 6.79%①，分别比全国平均水平②高 2.55 个和 1.83 个百分点。同时，由于最近 10 年四川经济快速平稳增长态势明显，导致城乡居民收入增速明显低于全省地区生产总值增速。这种差异性增长，导致城乡居民收入及经济总量的变化与社会财富及购买力的变化出现明显的落差，并已影响到经济增长的质量和转型。见表 6-41 和图 6-6。

表 6-41　　　　　2000—2012 年全国与四川城乡居民人均收入水平比较

年份（年）	全国居民人均收入水平		四川居民人均收入水平	
	城镇居民可支配收入	农村居民纯收入	城镇居民可支配收入	农村居民纯收入
2000	6 280.00	2 253.40	5 894.27	1 903.60
2001	6 859.60	2 366.40	6 360.47	1 986.99
2002	7 702.80	2 475.60	6 610.76	2 107.64
2003	8 472.20	2 622.20	7 041.51	2 229.89
2004	9 421.60	2 936.40	7 709.83	2 580.28
2005	10 493.00	3 254.90	8 386.00	2 802.78
2006	11 759.50	3 587.00	9 350.00	3 002.38
2007	13 785.80	4 140.40	11 098.00	3 546.70
2008	15 780.80	4 760.60	12 633.00	4 121.20
2009	17 174.70	5 153.00	13 839.00	4 462.10
2010	19 109.40	5 919.00	15 461.00	5 139.50
2011	21 809.80	6 977.30	17 899.00	6 128.60
2012	24 564.70	7 916.60	20 307.00	7 001.40

　　城乡居民收入的增长变动，主要受经济增长、工资政策、创业环境、投资渠道等多重因素影响。居民收入与经济增长同步性减弱的原因主要在于政府战略重心及投资偏好主要以促经济发展为主、收入分配政策不利于居民收入的有效增加、居民收入来源存在着一定的短板。③ 见图 6-7 所示。

---

　　① 2020 年城乡居民人均收入目标值比 2010 年翻一番，即到 2020 年，全国城镇居民人均可支配收入应达到 38 218.8 元，农村居民人均纯收入应到 11 838 元。若四川同步建成小康社会，城镇与农村居民人均收入增速分别为 X_1 和 X_2，则有：$20\,307 \times (1+X_1)^8 = 38\,218.8$，$7\,001.4 \times (1+X_2)^8 = 11\,838$，$X_1 = 8.23\%$ 和 $X_2 = 6.79\%$。
　　② 同理算出，全国城镇与农村居民人均收入实现小康水平的增速（以 2012 年水平为基期）分别为 5.68% 和 5.16%。
　　③ 冯久先，何春德，肖成刚. "十二五" 时期四川居民收入和经济增长同步性研究 [J]. 西南金融，2012 (2)：11-15.

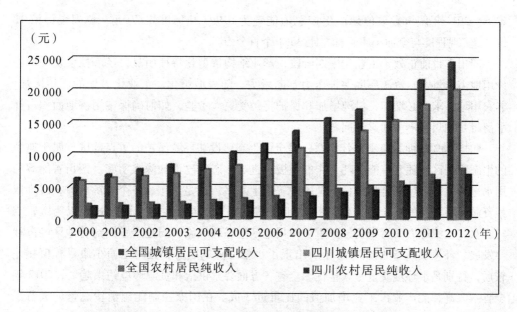

图 6-6　2000—2012 年全国与四川城乡居民收入比较

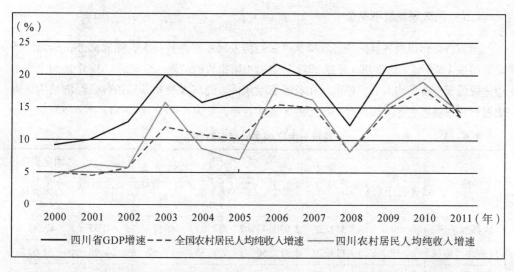

图 6-7　2000—2012 年全国与四川农村居民人均纯收入增速、全省地区生产总值增速比较

（四）资源环境可持续发展任重道远

四川省是国家重要的能源基地，在加快经济发展的同时，如何做好资源利用和环境保护工作，是全省在建设全面小康社会进程中所面临的突出问题。四川省经济属于典型的高能耗经济，全省三次产业中第二产业占到50%以上，而二次产业中传统加工业、国有工业和重工业比重又过高。"双高行业"① 比重高，单位地区生产总值能耗始终居高

---

① "双高行业"是指高能耗、高污染的行业。

难下。2011 年四川省单位地区生产总值能耗为 0.997 吨标准煤/万元，位列全国第 12 位①，实现程度与全面小康目标差距 35.1 个百分点。

四川省目前正处于工业化中期阶段，产业结构重型化特征明显，经济社会发展对建设用地需求量大，资源环境保护压力不断增大。随着城镇化、工业化占地的逐年增加，非农用地需求势必增加，耕地增加和保护将经受更大考验，如何确保常用耕地面积占补平衡将是四川省不可回避的问题。

四川 96% 的面积属于长江水系，是全国生态建设和环境保护的重点地区，属于典型的生态脆弱区。随着节能降耗工作的积极推进、生态省建设的深入实施，四川省能源利用水平和生态环境综合指数位于全国中等偏上水平。但是，作为一个资源大省，过度依赖资源环境消耗的增长方式仍没有得到有效的改善。粗放型的发展方式难以为继，空气、水、土壤等方面污染仍较严重，四川地区生态环境脆弱问题严重制约着地区经济社会发展。环境质量指数在 2007 年后出现了小幅下降的趋势，且与全面小康目标值相差较远，特别是水环境质量令人担忧。全省各方面要素供给和资源环境约束趋紧，2012 年全省六大高耗能产业占工业增加值的比重近 3 成。在国家控制能源消费总量的大背景下，四川将面临严峻的能源制约瓶颈。

（五）区域间发展不平衡

全省各市州以及各县区资源环境条件和经济发展水平差异很大，除成都外，尚无经济总量超过 1 500 亿元的市州。根据 2012 年全面小康指数的结果，全省尚有 19 个市州全面小康进程低于全省平均水平，各市州在资源禀赋条件、经济发展和布局条件、经济结构、历史发展和市场程度等方面均存在显著的区域性差异。见表 6-42、表 6-43、图 6-8所示。

表 6-42 四川五大区域主要指标数据②

经济区	面积（平方千米）	人均地区生产总值（元）	人口（万）	人均可支配收入（元）	第二产业占全省比（%）	第三产业占全省比（%）	固定资产投资占全省比（%）
成都经济区	44	43 334.53	2 890.42	23 712.93	46.79	61.52	47.41
川东北经济区	37	19 114.70	2 411.50	17 677.35	17.67	14.98	20.62
川南经济区	39	27 624.11	1 872.98	20 114.16	23.88	15.10	15.95
川西北经济区	31	18 670.08	202.87	20 278.67	1.28	1.59	3.77
攀西经济区	30	30 891.32	731.84	20 379.67	10.38	6.81	9.13

---

① 《中国统计年鉴 2013》。
② 根据四川省"十二五"规划划分方法，成都经济区包括成都市、德阳市、绵阳市、眉山市和资阳市；川南经济区包括自贡市、宜宾市、泸州市、内江市和乐山市；攀西经济区包括攀枝花市、凉山彝族自治州、雅安市；川东北经济区包括南充市、遂宁市、达州市、广安市、巴中市、广元市；川西北经济区包括：甘孜藏族自治州、阿坝藏族羌族自治州。

表 6-43   spss 标准化后的结果

经济区	Z1	Z2	Z3	Z4	Z5	Z6	Z7
成都经济区	1.343 63	1.522 56	1.123 23	1.526 17	1.559	1.736 79	1.655
川东北经济区	0.137 81	−0.870 82	0.699 16	−1.281 84	−0.135 59	−0.209 99	0.073 44
川南经济区	0.482 33	−0.029 93	0.222 31	−0.148 13	0.225 79	−0.204 97	−0.202 26
川西北经济区	−0.895 75	−0.914 75	−1.256 55	−0.071 59	−1.089 38	−0.770 09	−0.921 31
攀西经济区	−1.068 01	0.292 94	−0.788 15	−0.024 6	−0.559 82	−0.551 74	−0.604 88

注：Z1、Z2、Z3、Z4、Z5、Z6、Z7 分别表示面积、人均地区生产总值、人均可支配收入、第二产业比重、第三产业比重及固定资产投资占全省比重标准化后的结果。

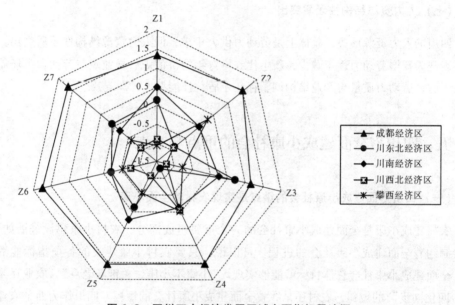

图 6-8   四川五大经济发展区域主要指标雷达图

    成都经济区包括的 5 个城市的主要特点是人均地区生产总值在全省处于一个高的水平，属于四川相对繁荣的地区，尤其以成都为代表。同时，该区域集聚了大量良好的经济发展资源，包括高端技术人才、资本以及信息技术。其以工程机械、重型装备、发电设备为代表的制造业水平在四川乃至全国处于领先地位。川南经济区在发挥其自然资源丰富比较优势的基础上，形成了以煤、水资源开发为主的能源产业，并形成了四川名酒的生产基地。其人均地区生产总值在四川处于一个相对较高的水平。攀西地区以攀枝花市为代表，开发其特有的矿产资源，是西部重要的钢铁、能源基地，但其自身的特色资源正面临着枯竭的发展瓶颈，城市如何转型发展是其面临的最大问题。川西北生态经济区生态资源比较丰富，但是由于地形复杂，交通基础条件不好，资源开发受到限制，其人均地区生产总值比较低。总体来说，地区经济差异的形成是长期地区经济发展的不平衡与资源配置失衡所致。

（六）文化产业基础薄弱

2012 年四川全省文化产业实现增加值 936.44 亿元，居全国第 7 位、中西部第 1 位。尽管文化产业连续多年保持 28% 以上增长，但截至 2012 年年底，产业占地区生产总值比重仅 3.9%，实现程度与目标差距 21.6 个百分点；城乡居民文教娱乐服务支出占家庭消费支出比重仅为 3.91%，实现程度与目标差距 30.26 个百分点。四川有丰富的文化产业资源，但资源优势尚未转化为文化产业优势。总体上来看，四川文化产业发展还存在文化产业发展不平衡、文化产业经营管理人才缺乏[1]，独具特色的区域文化资源开发利用不足[2]，四川农村文化消费市场滞后[3]等突出问题。

（七）人力资源结构性矛盾突出

四川的人力资源形势，总体上是劳动力供大于求，但人力资源结构性矛盾突出。其主要表现为新增劳动力逐年减少，新生代农村青年的价值观、择业观与劳动力市场需求存在矛盾，劳动力质量与产业结构调整存在矛盾，技能型人才缺乏。[4]

五、四川省全面建成小康社会的重点与难点

（一）四川全面建成小康社会的重点是实现农村的全面小康

农村建成小康是全面建成小康社会的一个重要组成部分，农村小康建设进展如何，直接制约着全面建成小康社会的进程。可以说，只要农村小康建设的各项指标能够实现，全面建成小康社会总体目标就能够实现。"小康不小康，关键看老乡"，农业还是我省"四化同步"的短腿，农村还是我省全面建成小康社会的短板。四川作为西部农业大省，2012 年四川省城镇化率仅为 43.5%，远低于全国 52.6% 的城镇化水平。当前，全省农村发展面临着农民收入水平低、收入增速逐年趋缓，主要农产品增产与农业资源利用高消耗的矛盾、农业生产成本上升与比较效益下降的矛盾、农民工市民化进程加快与农业劳动力结构短缺的矛盾等问题。

1. 农民收入水平低，收入增速趋缓

2008—2012 年四川省农民人均纯收入分别是 4 121.2 元、4 462.1 元、5 086.89 元、6 128.55 元、7 001.43 元，与全国农民人均纯收入相比较：2008—2012 年，从绝对数

---

① 代光举. 区域文化产业竞争力与发展研究 [D]. 成都：西南财经大学，2012.
② 匡翼云. 四川文化产业的发展与非遗文化的互动 [J]. 成都师范学院学报，2017（1）：70-72, 77.
③ 黄萍. 以农村文化消费的培育推动文化产业发展——以四川为例 [J]. 西部经济管理论坛，2013，24（1）：85-89.
④ 胡代全. 当前四川经济发展需要关注的几个关系长远发展的问题 [J]. 决策咨询通讯，2012（2）：6-9.

看，分别相差 639.42 元、691.07 元、832.12 元、848.74 元、915.15 元；从相对数看，分别相差 13.43 个、13.41 个、14.06 个、12.16 个、11.56 个百分点。2008—2012 年，四川省农民人均纯收入从 4 121.2 元增加到 7 001.43 元，增幅达 69.89%，但增速却呈现递减趋势，农民增收的难度加大。四川农民人均收入水平较低，低于全国平均水平，更低于经济发达省份平均水平，在全国农民人均纯收入中处于第 20 位。与发达省份比较，例如与江苏省农民人均纯收入相比，2008—2012 年绝对额相差分别是 3 235.8 元、3 541.9 元、4 031.11 元、4 676.45 元、5 200.57 元；2008-2012 年相对数分别相差 43.98 个、44.25 个、44.21 个、43.28 个、42.62 个百分点，呈现出差距逐渐拉大的趋势。

2. 城乡居民收入比仍然居高不下

农民增收问题仍然是省委、省政府的主要工作。四川省城乡居民收入在不断增加的同时，收入绝对差仍在不断拉大，相对差依然较高，且各市州差异较大。2010—2012年，四川城乡居民收入比较，绝对额相差分别是 10 374.1 元、11 770.4 元、13 305.6元；相对数（城乡收入比）分别为 3.04、2.92、2.90。2010 年 21 个市州中城乡相对收入差距最小的是成都市，为 2.43。2011 年与 2012 年各市州城乡相对收入差距最小的均是成都市。而 2010—2012 年城乡相对收入差距最大的都是阿坝藏族羌族自治州。从地区差异极值来看，2010-2012 年，不论是城乡绝对收入差距还是城乡相对收入差距，达州市都是全省最低的，而甘孜藏族自治州、阿坝藏族羌族自治州则是全省最高的。总体来看，2010—2012 年四川省 21 个市州的城乡居民收入绝对差距逐年上升，从相对差距来看，尽管三州地区相对收入差距出现明显下降，但城乡居民收入比仍处于省内最高水平。见表 6-44 所示。

表 6-44　　　　2010—2012 年四川省各地区城乡居民收入差距情况

地区	2010 年		2011 年		2012 年	
	城乡绝对收入差距（元）	城乡相对收入差距（倍）	城乡绝对收入差距（元）	城乡相对收入差距（倍）	城乡绝对收入差距（元）	城乡相对收入差距（倍）
成都市	11 714.53	2.43	13 152.32	2.33	15 289.4	2.35
自贡市	8 775.45	2.52	9 900.87	2.42	11 492.2	2.44
攀枝花市	10 589.23	2.68	12 108.30	2.59	14 080.5	2.61
泸州市	10 116.88	2.88	11 374.67	2.75	13 283.4	2.78
德阳市	9 716.35	2.50	11 540.53	2.47	13 420.7	2.50
绵阳市	9 575.93	2.61	10 815.92	2.51	12 542.2	2.53
广元市	8 473.31	3.10	9 740.34	2.99	11 362.6	3.01
遂宁市	8 388.54	2.56	9 565.04	2.47	11 227.8	2.50
内江市	8 820.61	2.60	9 964.19	2.50	11 539.8	2.52
乐山市	9 624.01	2.71	10 874.64	2.61	12 651.4	2.63

表6-44(续)

地区	2010 年		2011 年		2012 年	
	城乡绝对收入差距（元）	城乡相对收入差距（倍）	城乡绝对收入差距（元）	城乡相对收入差距（倍）	城乡绝对收入差距（元）	城乡相对收入差距（倍）
南充市	7 823.83	2.63	8 961.05	2.54	10 498.8	2.56
眉山市	8 701.92	2.46	9 853.25	2.37	11 530	2.40
宜宾市	9 651.01	2.72	10 974.00	2.62	12 750.8	2.64
广安市	9 377.11	2.74	10 690.74	2.64	12 499.5	2.67
达州市	7 540.28	2.48	8 513.87	2.38	9 901.7	2.41
雅安市	9 725.35	2.88	11 057.76	2.76	12 862.3	2.79
巴中市	8 565.40	3.23	9 942.74	3.13	11 612	3.16
资阳市	9 746.14	2.76	11 134.85	2.66	13 042.8	2.69
阿坝藏族羌族自治州	12 198.22	4.26	13 740.36	3.95	15 397.6	3.67
甘孜藏族自治州	12 136.16	5.42	13 468.22	4.77	14 949.8	4.24
凉山彝族自治州	10 313.59	3.26	11 679.46	3.11	13 416.1	3.09

［数据来源］《四川省统计年鉴 2011—2013》。

3. 城镇化发展较为滞后且区域差距大

相对于工业化进程，四川城镇化发展滞后状况十分突出。如表 6-45 和图 6-9 所示，全省 21 个市州，除成都市和巴中市之外，其他 19 个市州城镇化都滞后于工业化，这 19 个市州城镇化率滞后均值为 9.27%。从城镇化发展速度看，全省共有 13 个市州城镇化发展速度低于工业化速度，攀枝花市和绵阳市"两化"速度持平，其他 6 个市州的城镇化发展速度高于工业化速度。

四川 21 个市州城镇化率均值不到 40%，且差异巨大。城镇化率最高的攀枝花市达到 63% 以上，城镇化率最低的甘孜藏族自治州不到 25%，四川 21 个市州城镇化率方差为 60%，极差为 38.6%。[①] 见表 6-46。四川城镇化滞后发展及区域差异大的原因，归结起来大致分为四类：一是四川工业结构不合理，劳动力吸纳能力有限，城乡差距加大，消费需求不足，招商引资尤为艰难。二是长期的户口管制压抑了四川城镇化率的提高。四川农村部分剩余劳动力在城乡间流动却难以迁移到城镇定居，即使农民工能获得长期稳定收入，举家迁移到城镇定居仍难以实现。三是四川农村土地流转仍是障碍重重。由

---

① 根据纳瑟姆城市化理论模型（Northam Urbanization Model），城镇化与工业化互动发展会经历由弱到强再到弱的三个阶段：第一阶段，工业化对城市化的推动较弱，城市化率与工业化率大致持平；第二阶段，工业化与城市化互助互动，城市化率加速提高，以至高于工业化率 20 个百分点；第三阶段，工业化对城市化的推动逐渐减弱，第三产业对城市化推动增强，城市化率进一步提高。

于城乡信息流通和资金融通困难，地处我国西南的四川比我国东部地区更难以建立起土地流转机制，从而制约了四川城镇化进程。四是四川城镇基础设施建设和公共服务体系较弱，第三产业发展动力不足，吸纳农业人口能力有限。[①]

表 6-45　　　　　　　　　　四川城镇化率与工业化率比较分析表　　　　　　　单位:%

地区	城镇化率	工业化率	城镇化率-工业化率	城镇化年均增速	工业化年均增速	两化年均增速差异
全省	45.43	46.37	-2.84	0.041	0.037	0.004
成都市	68.44	38.43	30.02	0.018	0.017	0.001
自贡市	44.44	55.20	-10.76	0.031	0.048	-0.018
攀枝花市	63.01	72.03	-9.02	0.015	0.015	0.000
泸州市	41.73	57.08	-15.35	0.028	0.074	-0.046
德阳市	44.79	56.12	-11.33	0.032	0.017	0.015
绵阳市	43.64	45.11	-1.47	0.028	0.028	0.000
广元市	36.42	40.52	-4.10	0.039	0.088	-0.049
遂宁市	41.71	44.74	-3.03	0.035	0.053	-0.018
内江市	41.84	58.34	-16.50	0.025	0.055	-0.030
乐山市	42.97	57.97	-15.01	0.030	0.023	0.007
南充市	39.34	42.19	-2.85	0.042	0.051	-0.009
眉山市	37.57	50.38	-12.81	0.051	0.041	0.010
宜宾市	41.08	57.31	-16.22	0.051	0.043	0.008
广安市	32.91	41.32	-8.41	0.074	0.073	0.002
达州市	36.10	47.93	-11.83	0.046	0.093	-0.046
雅安市	38.30	50.94	-12.63	0.034	0.053	-0.019
巴中市	33.22	26.15	7.07	0.056	0.154	-0.098
资阳市	36.15	50.39	-14.24	0.060	0.050	0.010
阿坝藏族羌族自治州	33.37	39.84	-6.47	0.022	0.055	-0.034
甘孜藏族自治州	24.41	26.91	-2.49	0.058	0.023	0.035
凉山彝族自治州	29.57	40.38	-10.81	0.031	0.042	-0.011

数据来源:《四川统计年鉴 2013》。

[①] 张本飞. 四川农村城镇化发展滞后原因分析 [J]. 甘肃农业，2014（11）：60-62.

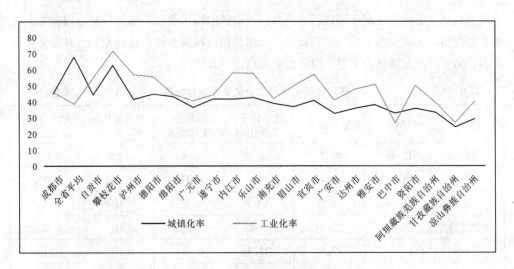

图 6-9　2012 年四川 21 个市州城镇化率与工业化率比较

表 6-46　　　　　　　四川 21 个市州城镇化率统计描述

平均数	中位数	标准差	方差	峰度	偏度	最小值	最大值	极差
39.13	38.82	7.72	59.66	4.32	1.19	24.41	63.01	38.60

（二）　四川全面建成小康社会的难点是贫困地区的全面建成小康

　　我省贫困面广人多，农村贫困发生率约 11.4%，分布极广，地域几乎涵盖全省，集中分布于川西北高寒藏羌区（甘孜藏族自治州、阿坝藏族羌族自治州）、攀西老凉山地区（凉山彝族自治州、攀枝花市、乐山市）、川北秦巴山区（绵阳市、广元市、巴中市、达州市、南充市、广安市）、川南乌蒙山区（宜宾市、泸州市）和川中丘陵区纳入"十年扶贫规划"的重点贫困村。① 这些地区中，民族聚居区和革命老区贫困程度最深，生态环境脆弱，贫困呈点状分布。国家确定的集中连片特困地区涉及四川的有"四省藏区、秦巴山区、乌蒙山区"。由于大小凉山彝区情况极其特殊，因此省委、省政府将国家乌蒙山片区（四川部分）划分为川南乌蒙山区和大小凉山彝区，将国家片区外 6 个重点县和与国家片区邻近且贫困程度较深的 20 个县（市、区）分别纳入国家秦巴山、乌蒙山片区同步规划，形成了"四大片区"86 个县（市、区），其中重点县 36 个、民族地区县 43 个（占全省 60 个民族县的 71.6%）、革命老区县 59 个（占全省 81 个革命老区县的 72.8%）。2013 年，我省秦巴山区、乌蒙山区、大小凉山彝区、高原藏区有贫困人口 390 万人，2020 年前每年需减贫 100 万人以上，任务十分艰巨。

　　据国家扶贫开发领导小组发布的国家扶贫开发工作重点县名单（见表 6-47）②，西部地区共有国家扶贫工作重点县 375 个，四川省有 36 个，其中，四川藏区 17 个、凉山

---

① 严江. 四川贫困地区可持续发展研究 [D]. 成都：四川大学，2005.
② 2012 年 3 月 19 日国务院扶贫开发领导小组办公室发布"国家扶贫开发工作重点县名单"。

彝族自治州 11 个、甘孜藏族自治州 5 个。四川的主要民族地区是甘孜藏族自治州、阿坝藏族羌族自治州和凉山彝族自治州，其中甘孜藏族自治州的贫困程度最高。四川省国定贫困县中的 19 个县位于民族地区，13 个县位于革命老区，4 个县同时位于民族地区和革命老区。甘孜藏族自治州 2012 年农民人均纯收入只有 4 610.2 元，是全省最低的，比全省平均水平 7 001.4 元低 2 391.2 元，比成都农民人均纯收入低 6 690.4 元。按 2 300元扶贫新标准，列入国家、省重点规划作为重点片区攻坚的 86 个县（市、区）有贫困人口 700.9 万，占全省的 51.7%，贫困发生率高达 24.9%。其他 90 个县（市、区）贫困人口 655.8 万，贫困发生率 17.5%，贫困人口绝对数量仍然不小，呈"大分散、小集中"分布特点，尤其是一些丘陵大县更为突出。四川全面建成小康社会的重中之重和难中之难都在贫困地区，脱贫难度大。

表 6-47 　　　　　　　　　　　**国家扶贫开发工作重点县名单（摘录）**

省份	数量（个）	国家扶贫开发工作重点县名单
全国	592	
西部	375	
四川	36	叙永县、古蔺县、朝天区、旺苍县、苍溪县、马边县、嘉陵区、南部县、仪陇县、阆中市、屏山县、广安区、宣汉县、万源市、通江县、南江县、平昌县、小金县、黑水县、壤塘县、甘孜县、德格县、石渠县、色达县、理塘县、木里县、盐源县、普格县、布拖县、金阳县、昭觉县、喜德县、越西县、甘洛县、美姑县、雷波县

六、四川省"十三五"与全国同步全面建成小康社会的对策建议

（一）推进四川与全国同步全面建成小康社会的总体思路

今后一个时期，我省面临的有利外部环境有：一是世界经济持续缓慢复苏，宏观经济形势进一步向好。二是全面深化改革的红利将逐步释放，将为我省经济社会发展注入强大而持久的动力。三是国家扩大内陆沿边开放，打造丝绸之路经济带与 21 世纪海上丝绸之路"一带一路"以及长江经济带，为我省发展开辟了更大空间。四是国家投资继续向中西部倾斜，加大中西部铁路、公路、大型水电水利工程及城市基础设施建设力度，有利于我省争取国家支持，加快基础设施建设。[①]

当前，我省处于全面建成小康社会的关键期，要实现我省与全国同步、在西部地区率先全面建成小康社会的奋斗目标，必须要以破解全面建成小康社会中的短板为突破

---

① 唐利民. 四川省 2013 年国民经济和社会发展计划执行情况及 2014 年计划草案的报告 [N]. 四川日报，2014-01-28（010）.

口，以实现"两个翻番"为主线，采取强有力的措施，加大工作力度，坚持把经济建设作为兴省之要，坚持向改革要红利，坚持人的全面发展，不断提升发展的竞争力。继续实施多点多极支撑发展战略、创新驱动发展战略和两化互动、城乡统筹"三大"发展战略，全面加快社会主义新农村建设和扶贫开发工作，建成一个高标准、较全面、较均衡的小康，推动四川由经济大省向经济强省跨越、由总体小康向全面小康跨越。

（二）加快全省经济的突破转型提速

发展是解决所有问题的关键，只有强大的物质基础，从全局"做大蛋糕"，才能为全面建成小康社会提供坚强有力的支撑，这也是四川全面建成小康社会的重要前提。当前和今后一个时期，必须坚持科学发展、加快发展的工作指导思想，把经济建设作为兴省之要。加强两化互动，面向市场促进产业结构调整，构建具有竞争优势和四川特色的现代产业体系。

1. 推进工业强省、产业兴省

坚持走新型工业化道路，突出工业主导地位，构建现代产业新体系。集中力量、集中资源，下大力气打造一批支撑发展、引领未来的重点支柱产业。突出发展工业特别是现代制造业，大力发展特色优势产业和战略性新兴产业，努力在全国乃至全球产业分工中占据一席之地。加快改造和提升冶金、化工、轻工、纺织和建材等传统产业，按区域、有重点、分阶段地做大做强大电子信息、装备制造、饮料食品、油气化工、能源电力、钒钛稀土、汽车制造七大优势产业，尤其是加快推动以重大装备制造为主导的先进制造业发展，培育发展新一代信息技术、新能源、高端装备制造、新材料、节能环保、生物等战略性新兴产业。推动电子信息、装备制造、饮料食品等发展成为万亿元产业集群，推动油气化工、钒钛钢铁及稀土、能源电力发展成为五千亿元产业集群，同时做大做强汽车制造业。有序推进节能减排，加快淘汰落后产能，积极发展工业循环经济，推动资源综合利用，腾出环境容量和发展空间。加快科技创新产业化基地、国家重要战略开发基地、现代加工制造业基地、农产品精深加工基地、全国最大的清洁能源生产基地"五大产业基地"建设。

2. 强力推进生产性服务业

根据全省产业结构演进的新特点，把握服务业发展的新机遇，在加快商贸、旅游、文化、物流、金融、信息等产业的基础上，重点发展生产性服务业。深入推进服务业综合改革试点，实施服务业重点行业示范引领工程，积极培育100个服务业大企业大集团，全力推进100个服务业重大项目建设，支持省级现代服务业聚集区建设。加快发展物流、商务、金融、保险、研发等生产性服务业，使之与工农业生产的发展相适应。加快服务业与两化融合发展，大力发展以工业设计、工业物流、金融服务、科技服务、信息服务和制造服务化为重点的生产性服务业，积极发展服务外包、总部经济，支持总集成、总承包带动高端生产性服务业发展。创造良好的外部环境，为餐饮、住宿、旅游、健身、康复、养老、文化娱乐等生活性服务业开拓更大的发展空间，满足人民生活水平不断提高的需要。加快发展新型商业业态和新型消费模式，大力发展电子商务、网购网销，积极培育信息消费、健康养老消费等新的消费热点，促进旅游文化消费。

3. 加快产业园区建设

实施产业梯度转移，推动由按行政区域配置资源向按经济区域配置资源转变，促进发达地区"腾笼换鸟"、欠发达地区产业倍增。依托城镇建设产业园区，做到生产力布局与城镇体系相匹配。进一步优化产业布局，大力推进产业集聚，各地要根据资源禀赋、产业基础和区位特点，合理定位产业发展方向，形成以各类园区为基础、特色产业基地为支撑，优势产业相对集中、集聚发展的产业形态和空间格局。加快成都、绵阳、自贡、乐山4个国家级高新技术产业开发区以及成都、德阳、绵阳、广元、广安、遂宁、宜宾、内江8个国家级经济技术开发区和11个国家级产业园区建设。

4. 积极推进新型城镇化

实施新型城镇化战略，要处理好顶层设计和重点突破的关系，加快推进制度创新。转变推进城镇化的理念，由传统的建设型城镇化向人本型城镇化转变，从促进人的发展角度推动城镇化。统筹城乡基础设施和公共服务，推进基础设施向农村延伸，基本公共服务向农村覆盖；统筹城乡社会管理，加强城乡社区建设，完善城乡基层治理机制。通过综合配套改革，取消城市市民与农民工在社会权益和公共服务中的"双轨制"。提高城市就业吸纳能力、防灾减灾能力以及交通、通信、供电、供热、供气、供排水、污水垃圾处理等基础设施水平，提升城镇综合承载能力。完善成都平原城市群、川东北城市群、川南城市群、攀西城市群"四大城市群"规划，优化全省城镇布局，构建以特大城市为核心、区域中心城市为支撑、中小城市和重点镇为骨干、小城镇为基础，布局合理、层级清晰、功能完善的现代城镇体系，支持做大一批区域中心城市，推动大中小城市和小城镇协调发展。

5. 推进经济体制改革

继续深化统筹城乡改革发展，加快推进"五个统筹"和"五项改革"，建立和完善城镇化健康发展机制，健全城乡一体化发展体制与机制。加快完善现代企业制度，进一步推进股份制改革，发展混合所有制经济，完善国有资产监督管理体制。清理和废除不利于非公经济发展的政策与规定，在市场准入、要素保障、财税金融支持等方面最大限度地发挥政策叠加效应，充分激发各类市场主体活力。进一步加大简政放权力度，减少行政审批事项，清理规范行政事业性收费。修订政府核准投资项目目录和企业投资项目核准、备案管理办法，规范地方政府融资平台管理方式。深化城乡建设用地增减挂钩，探索建立城乡统一的建设用地市场。完善政府预算管理体系和省以下分税制财政体制，建立健全政府性债务风险防控机制，扩大乡镇基本财力保障机制试点范围。建立全省"开放竞争力评价"体系，简化境外投资和外商投资管理程序，营造与开放型经济相适应的政务环境和法治环境。

6. 大力提升互联网普及率

加大农村信息化基础设施建设投入力度，健全多渠道投入机制，把农村信息化建设作为重大建设项目，大力推进农村信息化。积极发挥市场机制的作用，广泛吸引社会资金投入建设，探索"三电合一"农村信息化发展方向的综合服务模式，走低成本农村信息化发展道路。对三州地区、偏远地区实行投入倾斜政策。全面整合农村信息网络资源，建立全省统一开放的农村经济综合信息管理中心。依托各级政府的农村综合信息网络中心，建立各级政府电子商务平台和农产品网上交易平台。充分利用远程教育系统及四川省农村普及率最高的电视、电话等资源，开展农村商务活动。

7. 积极争取国家支持

我省是西部经济欠发达省份，同时也是农业大省。积极争取国家加大对四川基础设施和服务设施建设的支持力度，包括税收优惠、财政补贴和转移支付、动态稳定的财政投入增长机制、信贷融资、新兴产业项目支持等，全方位改善发展条件和环境。在基础设施建设领域，应重点争取国家对我省铁路、公路、大中型水库、农村交通、教育医疗卫生以及贫困地区基础设施等领域的投入支持，同时做好一批重大项目的储备和申报工作。

（三）加紧实施以增加城乡居民收入为重点的民生工程

改善民生是全面建成小康社会的出发点和落脚点。要坚持以人为本，更加关注民生和社会公平。要把富民为先作为全面小康建设的核心内容，放到发展全局的优先位置，让广大群众真正感受到小康建设的成果。

1. 努力提升城乡居民收入水平

一是实施积极的就业政策，建立功能完善、城乡统一的就业服务体系，扎实做好就业培训、就业援助和就业服务，通过扩大就业促增收。把扩大就业放在优先位置，通过购买公益性岗位、鼓励全民创业等途径，多渠道创造就业岗位，并尽力帮扶高校毕业生、农民工、城镇就业困难人员和退役军人就业。二是不断完善收入分配机制，提高居民收入在国民收入初次分配和再分配中的比重，制定必要的增资和补贴政策，调整分配结构，采取"提低、扩中、控高"的办法，逐步提高最低工资标准，提高中低收入群体收入水平，缩小城乡、区域、行业和社会成员之间的收入差距。深入实施统筹城乡发展战略，逐步实现城乡居民收入增长与地区生产总值增长和财政收入增长同步。坚持富民优先，逐步将以投资为主导的发展模式转变为以消费为主导的发展模式。坚持以全面提高居民收入为目标，通过实施居民收入倍增工程，以稳定和扩大就业增加居民的工资性收入，积极创造条件增加居民经营性收入和财产性收入，形成居民收入增长与经济发展之间的良性互动循环。

2. 继续加大民生工程实施力度

按照中央"守住底线、突出重点、完善制度、引导舆论"的民生工作思路，加大民生工程实施力度，不断提高全省公共财政预算用于民生支出的比例，集中更多的财力用于改善民生。继续在全省扎实推进以"促进就业、扶贫解困、民族地区帮扶、教育助学、社会保障、医疗卫生、百姓安居、民生基础设施、生态环境、文化体育"为主要内容的民生工程和民生实事，不断增加惠民项目，扩大受益群众面，提高受益水平。突出重点，办好民生实事，加快民生政策体系建设，解决人民群众直接相关、直接感受、直接受益的重点问题，提升保障和改善民生的经济效果和社会效果。要加强政策宣传，强化公开制度，民生工程项目的申报、评定、审议、审批以及资金的来源、使用情况等要如实公开，让广大群众能有针对性地监督，确保项目实施过程中的公平、公正。

3. 完善社会保障制度

强化政府公共服务等职责，持续增加公共财政人均公共服务支出。推进基本社会保险制度整合，加快实现基本社会保障的制度全覆盖。逐步形成以城镇职工养老保险和新型农村社会养老保险为核心的基本养老保险制度体系，完善被征地农民和城镇老年居民养老保障制度。完善以城镇职工医疗保险、城镇居民医疗保险和新型农村合作医疗为主体的基本医疗保险制度体系，推动城乡居民基本养老保险制度、基本医疗保险制度整合，探索建立城乡居民大病保险制度。

4. 不断强化对教育事业的支持力度

优先发展教育，提高国民整体素质。合理规划学校布局，推进城乡义务教育均衡发展。统筹规划普通高中建设，改善高中办学条件，加快普及高中阶段教育。加大职业教育投入，加强职业院校建设，努力形成适应四川经济发展方式转变的职业教育和培训体系。以提高人才培养质量为宗旨，引导高校明确发展定位，凝练办学特色，合理确定适度规模，全面提升高等教育办学实力，推进教育链与产业链的融合，增强高等教育服务全省经济社会发展的能力。

（四）全面实施创新驱动发展

以创新驱动为主体战略、转型升级为中心任务、支撑引领为发展要求，着力完善市场决定机制，培育企业创新主体，牵引产业技术升级，推动重点产业突破，促进社会全面发展。

1. 加大科技投入

针对目前四川 R&D 经费支出占地区生产总值的比重较小的现状，尤其应加大科研经费的投入力度，提高科研经费的使用效率，坚决反对重复、低端、无效的研究。推动科技与金融的紧密结合，研究金融支持创新的新机制，为科技创新服务，为广大中小企业发展服务。改革省级财政科研项目和资金管理办法，在财力不断增长的情况下，推动创新投入的持续增长。进一步理顺体制机制，建立公开透明的申报、立项、评审和批准制度，健全绩效评估、动态调整和终止机制，用好财政资金。要在加大科技投入的同时，完善以政府为引导、企业为主体、社会投入为补充的科技投入体系；完善以市场为导向、企业为主体、产学研联动的技术创新体系；完善以机制创新和环境建设为重点的创新服务体系。完善市场决定机制，破除体制障碍，完善激励机制，在创新资源分配、科技成果评价、创新要素激活等方面，充分发挥市场的决定性作用和政府的"推手"作用。

2. 大力提高万人发明专利拥有量

加强企事业单位专利工作，大幅度提高专利特别是发明专利的产出质量、申请质量。全面提升企事业单位的知识产权意识，鼓励企事业单位建立健全知识产权管理体制。提升专利服务业能力水平，加大专利代理人的培养力度，积极引进国内外高端专利服务机构。强化知识产权保护,建立知识产权保护社会信用机制。大力培育和发展知识产权服务业,加快专利信息公共服务体系建设,促进创新成果资本化、产业化,提升市场主体知识产权运用能力。

3. 深化科技体制改革

一是集中力量推进技术创新,坚持走创新驱动发展的道路,使企业成为技术创新的主体。加大对科技型中小企业特别是民营科技企业的扶持力度,使之成为科技创新的生力军。加大对51个国家级、494个省级认证企业技术中心支持力度,提升创新能力。大力推进企业研发机构建设,支持骨干企业建立国家重点实验室、技术中心,推动技术、人才等实现创新要素向企业聚集。强化企业创新主体地位,支持组建钒钛、卫星通信、轨道交通等30个重点产业技术创新联盟,加快科技企业孵化器和大学科技园建设。实现省级计划70%以上的重大科技项目由企业组织实施。大力培育科技型中小企业,引导和支持中小企业技术创新活动,培育500家具有核心竞争力的创新型企业、高新技术企业,努力形成一批具有自主知识产权的核心技术和知名品牌。深化重大科技成果转化行动,推进优秀科技成果来川转移转化和商业化应用,突出抓好重大关键技术攻关和重大科技成果转化项目。

二是充分发挥高校和科研院所科技创新的骨干作用。结合事业单位改革,建立适应公益类科研机构特点的科技创新机制;完善有利于激发基础类科研机构创新活力、提升原始创新能力的运行机制;加大对基础研究、公益技术研究和服务的支持力度。支持转制科研院所深化产权制度、劳动制度和科研管理制度改革,建立有利于技术类科研机构企业化转制和市场导向的技术创新机制。改革科技项目管理机制,建立健全科技项目决策、执行、评价相对分开、互相监督的运行机制。鼓励和支持高校、科研院所同企业建立多渠道、多形式的紧密合作关系。加强科技人才队伍建设,把招商引资与引智结合起来,培育一批前沿性创新团队。同时加强对高新技术产业的人才培养,集中科研力量,突破一批产业发展急需的关键技术、核心技术;重视科技成果的引进与消化吸收,做好引进技术与产业发展的对接;提高科技成果的转化和应用,全面提升自主创新能力和水平。

三是加强创新平台与产业技术创新联盟建设。鼓励和支持高校、科研院所同企业建立多渠道、多形式的紧密合作关系,围绕新型工业、现代农业、现代服务业等重点产业的共性和核心关键技术,加强统筹协调和协同创新,形成合力共破难关,以科技创新的率先突破带动产业发展的全面升级。继续深入实施产学研用协同创新工程,围绕建立产学研协同创新机制,围绕产业链打通科研院所、高校和市场的通道,建设产业技术研究院,实现科研院所进入产业技术创新战略联盟。提升现有平台创新能力,鼓励和支持现有的37家国家级和106家省级的工程(技术)研究中心、工程实验室补充完善关键研发试验条件。每年新建10~20家省工程(技术)研究中心、工程实验室。推动具有行业领先地位的省级工程(技术)研究中心、工程实验室升级为国家级创新平台,并积极争取国家创新能力专项资金支持。

四是创新人才发展机制。大力实施人才强省战略,推进科技创新,优先发展教育,全力打造人才高地，以创新引领现代化建设。不断完善区域创新体系，大力发展创新型经济，加快建设创新型省份。启动创新创业人才培养行动，依托国家"千人计划"和省"百人计划"，引进一批海外高层次创新人才，引导和支持归国留学人员创业。加强创新创业人才培养，加大省青年科技基金支持力度，引导和培育一批创新创业人才，积极支持创新人才进入国家、省级人才培养计划。

（五）加强节能减排和环境保护力度

坚持走生态文明发展之路，增强发展的可持续性，必须牢固树立生态文明理念，坚持在保护中开发、在开发中保护，着力提高资源开发和环境保护水平，促进生产发展、生活富裕和生态良好有机统一，努力实现美丽与发展双赢。

1. 严守生态环境保护红线

按照《全国主体功能区划》《四川省主体功能区规划》的规定及重点开发、限制开发和禁止开发的方式，确定各主体功能区生态环境保护的空间红线。落实好环境保护一票否决制。完善经济社会发展考核评价体系，把资源消耗、环境损害、生态效益等体现生态文明建设状况的指标纳入经济社会发展评价体系，使之成为推进生态文明建设的重要导向和约束。对不同的功能区实行不同的绩效评价体系和政策导向。对于生态红线区域范围内的政绩考核体系，应侧重衡量提供绿色生产总值、综合提升环境承载力和改善生态环境的测评等方面绩效。

2. 加强生态环境治理

加强环境保护和污染治理，严格准入管理，在项目环境准入决策咨询和环境影响评价过程中，根据所在区域生态环境功能小区的功能定位、保护目标、准入条件、保护措施等要求逐项进行符合性分析，对不符合环保准入要求的建设项目，一律不予审批。完善重点行业清洁生产标准和评价指标，抓好落后产能企业及工艺技术装备关闭和淘汰，推进工业、建筑、交通等重点领域节能降耗。大力实施生态环境综合治理，加强工业企业、机动车尾气、城市扬尘污染治理；加快重点行业脱硫脱硝、除尘改造，推进挥发性有机物污染治理；综合治理沱江、岷江等重点流域水污染，加强饮用水源管理保护和地下水污染防治，深化城镇污水垃圾污染治理，提高工业废水、废气、烟尘、固体废物和城市垃圾的无害化处理能力，研究制定减少农业污染的有效措施。继续强化节能减排工作，逐步淘汰高耗能、高污染的项目，大力发展低耗能产业、高新技术产业，加快新兴产业发展。大力发展清洁能源，实施"气化全川"和煤炭的清洁化利用，实施多种污染物综合控制。推进流域水污染综合防治，实施流域分区保护战略，在江河源头、饮用水保护区及其上游禁止发展化工等高风险、高污染产业。

3. 建立健全生态补偿制度

建立清晰的资源产权关系，加快发展资源产权交易市场，实行资源有偿使用制度。在三州地区开展生态补偿机制建设试点工作，按照"谁开发、谁保护，谁破坏、谁治理，谁受益、谁补偿"的原则实施补偿，包括耕地质量补偿、地质灾害补偿、水生态环境监测体系补偿等；从发电收入、售电收入中依法确定一定比例的"生态补偿基金"；

从发电企业、售电企业纳税总额中明确"生态补偿基金"。争取国家建立跨省生态补偿机制，实现受益省份向我省进行生态效益补偿。同时，建议中央财政加大对我省生态建设专项转移支付力度，进一步提高生态补偿标准。

4. 严格落实节能减排目标责任

切实发挥政府主导作用，加强对节能减排工作的组织和领导，综合运用经济、法律、技术和必要的行政手段，完善节能减排统计、监测和考核体系建设，着力健全激励和约束机制，形成共同推进节能减排的强大合力。将节能减排任务完成情况列入省年度目标责任考核范围，考核结果向社会公开。强化考核结果运用，将节能减排目标完成情况和政策措施落实情况作为领导班子和领导干部综合考核评价的重要内容，纳入政府绩效管理，实行问责制和一票否决制。加大环保执法力度，强化重点行业和企业污染的整治力度。对不能稳定达标或超总量的排污单位要限期治理；逾期未完成治理任务的，依法责令关闭。继续实施企业环境信用制度，将企业环境违法信息纳入银行征信管理系统。

（六）积极推动文化产业的发展

1. 大力发展文化产业

坚持文化事业和文化产业两手抓，促进公益性文化事业和经营性文化产业同步发展。大力宣传社会主义核心价值体系，弘扬正气，打击各种歪风邪气，为四川的发展提供良好的社会环境和文化氛围。振兴传统文化产业，以各地特色文化资源为依托，加大文化资源产业化开发力度，把成都建设成为全省文化产业核心发展区，着力打造以红军长征路线、川陕革命根据地、伟人故里、将帅纪念园为主要内容的红色文化产业带，以古巴蜀文化和三国文化为代表的历史文化产业带，以"藏羌彝文化走廊"为核心区域的民族文化产业带，以汶川地震恢复重建区为依托的重建文化产业带。要从战略高度重视文化产业的发展，紧紧把握国内外文化产业发展趋势，依托四川文化资源，大力发展文化创意、报刊传媒、出版发行、影视制作、演艺娱乐、广告会展、动漫游戏等文化产业，培育骨干文化企业，建设文化产业园区，促进文化产业集聚发展，增强文化软实力。

2. 提高公共文化产品和服务供给能力

以城乡基层为重点，全面改善市县乡村公共文化设施。全面落实文化惠民工程各项规定，实施基层公共文化设施标准化工程，市县有文化馆、图书馆、数字电影院，市（州）建设博物馆；乡镇（城镇街道）有综合文化站，其中包括文化、广播影视和出版物发行网点等文化设施；村（社区）有文化活动中心（室），其中包括文化活动、广播、电影放映、公共电子阅览、农家（社区）书屋和报栏等文化设施。采取政府购买、项目补贴等形式，鼓励文化企业生产质优价廉的公共文化产品，实现公共文化产品和服务提供主体的多元化。大力发展网络报刊、网络广播、网络电视、移动电视、手机网站、手机报刊、手机电视等新兴媒体，培育并形成一批新媒体优品品牌。加快推进电信网、互联网与广播电视网"三网融合"，建设新一代广播电视网。

（七）加强和创新社会治理体制

1. 创新社会治理体制

建立健全政府购买服务机制。在基本公共服务领域的教育、就业、社保、医疗卫生、文化体育、残疾人服务等，要逐步加大政府购买公共服务的力度。建立健全重大问题专家咨询、社会公示、风险评估、合法性审查、听证等机制和程序，促进依法、科学、民主决策。扩大社会参与，加大社会组织培育与引导力度，构建与社会组织发展相适应的登记管理、购买服务等制度。推进社会治理从政府主导向政府主导和社会共同治理转变，切实发挥政府社会治理的主导作用，该由政府管的，一定要管好、管到位，不能推给市场、社会；不该政府管的，坚决交给市场、社会。

2. 提高基层民主参选率

全面实施普法规划，教育并引导全社会增强法治观念，养成守法习惯，善于依法维权。特别是要教育、引导村（社区）居民增强公民意识，理性、有序地参与各项政治生活和民主自治活动。进一步健全村级民主自治运行机制，推进村级自治的制度化、规范化和程序化。落实民主决策和民主管理制度，充分发挥村（居）民会议或村（居）民代表会议的议决功能，把知情权、选择权、决策权真正交给广大党员和群众。正确处理政府依法行政、社区依法自治的关系。严格按照法律规定划分行政和自治的权责边界，充分认识村（社区）居民自治的法律地位，进一步强化依法行政的意识，自觉地尊重村（社区）居民依法自治的权利。

3. 加快律师队伍建设

抓住实施"依法治国"和"依法治省"的机遇，根据律师队伍现状，制定发展规划，明确目标要求，落实责任和措施，坚持培养和引进并举，制定优惠政策，壮大律师队伍。要采取有力措施切实解决律师执业中存在的会见难、调查证据难、阅卷难等问题，为律师业的建设和发展营造良好的环境。要进一步加大行业整合力度，提升规模、塑造品牌，增强聚合与引导作用，建立律师实习补贴等制度，激励更多的人坚定信心从事律师工作。

（八）全面加强社会主义新农村建设

1. 进一步优化农业结构

应大力发展特色农业、设施农业、生态农业和订单农业，推进农业产业化和农产品精深加工，搞好农业结构调整，形成农民增收的长效机制。大力发展绿色、生态、高效现代农业，培育和壮大一批现代农业产业基地强县、现代林业产业强县和现代畜牧业重点县，打造一批特色农产品品牌，进一步做大川西蔬菜、川南名优茶、龙泉山脉特色水果产业带，加快打造川中柠檬、龙门山脉优质猕猴桃、攀西设施蔬果花卉等产业集中发展区；培育和壮大千亿蔬菜产业、三百亿水果产业和百亿茶叶、中药材、食用菌、蚕桑、花卉产业等优势主导产业。推进布局规模化，打破土地的乡（镇）、村、组界限，实现集中连片发展，形成若干规模化的产业集中发展区。粮食主产区要一季"抓粮"，其他季节"抓钱",建设粮食和一两个经济作物轮作的主导产业,形成规模化的粮经复合型产业基地。以农业标准化为抓手,实现统一品种、统一肥料、统一病虫害防治、统一栽培技术、统一质量标准、统一销售"六统一",着力建立健全农业标准体系。推动农业适度规模经营,培育新型农业经营主体,提高农业生产性经营组织化程度,不断完善农业综合服务体系,促进传统农业加快向生态型现代农业转变。

2. 加快幸福美丽新村建设

按照"生产发展、生活宽裕、乡风文明、村容整洁、管理民主"的要求,坚持产村相融,以农民增收为核心目标,促进新村与产业互动,加快幸福美丽新村建设。筹措和整合各类涉农资金,统筹推进主导产业发展、农村土地整治和公共设施建设,建成幸福美丽新村,努力促进我省"农业强、农村美、农民富"逐步成为现实。积极运用现代科技改造农业、现代手段装备农业、现代经营形式发展农业,提高农业生产的专业化、集约化、规模化、社会化、组织化程度,使农业真正成为富民产业。统筹推进主导产业发展、农村土地整治、新型村庄建设、公共设施建设和生态保护,全面改善农村生产生活条件。着力完善通村路、入组路、入户路、机耕便民道建设,配套搞好供水、供电、通信、广播电视、垃圾处理、卫生改厕、公交站等农村基础设施建设和农田水利等农业基础设施配套建设。建立健全农产品交易市场和信息平台,完善农产品物流配送设施。优化新村布局,严格落实新村规划,新建与改造结合,科学选址,相对集中,尽量少占耕地,保护生态环境。优化院落布局,搞好民居设计,推广"小规模、组团式、生态化"。建立统筹协调的规划体系、健全分类指导工作机制、加大产村相融机制创新力度、完善乡村人居环境综合治理机制、探索农村文化建设机制、健全乡村治理机制等6大创新措施,从机制上打"组合拳",整体推进幸福美丽新村建设。在幸福美丽新村建设中,要注重提高农村自来水普及率和农村卫生厕所普及率。

3. 大力扶持发展新型农业经营主体

大力扶持发展家庭农场、专业大户、农民合作社、农业企业、社会化服务组织等新型农业经营主体,发展以村级集体经济组织为基础、以股份合作制为基础和以农业园区为基础的农业经营主体多样化模式。完善农村家庭承包经营基础上的土地流转政策,加快推进承包地和集体用地确权到户及颁证到户工作,引导土地承包经营权向新型农业经营主体集中。创新农村贷款担保抵押方式,扩大抵押物范围,将新型经营主体流转土地的经营权以及农副产品的订单、知识产权、林权、房屋、厂房等财产纳入抵(质)押范围。出台财政支持农业经营主体发展的专项金融产品,建立风险补偿基金,放宽抵押担保条件,为农业经营主体发展农业生产提供信贷金融支持。

4. 赋予农民更多财产权利

开展农村集体资产产权试点工作,探索赋予农民更多财产权利。通过试点,依法保障集体经济组织成员享有的土地承包经营权、宅基地使用权、集体收益分配权,落实好农民集体经济活动的民主管理权利,激活农村各类生产要素潜能。积极发展农民股份合作,赋予农民集体资产股份占有权、收益权、有偿退出及抵押权、担保权、继承权。积极开展赋予农民集体资产股份占有权、收益权试点,建立健全农村集体资产股权台账管理制度和收益分配制度。

（九）加快贫困地区发展和贫困人口脱贫致富

1. 加大五大扶贫工程实施力度

加快秦巴山区、乌蒙山区、大小凉山彝区、高原藏区"四大片区"的扶贫开发，大力实施基础扶贫、产业扶贫、新村扶贫、能力扶贫、生态扶贫五大扶贫工程，提升贫困地区经济社会发展整体水平。一是推进基础扶贫工程。科学规划和建设贫困地区的交通、水利、电力、通信等基础设施，构建骨干网络、改善区域发展条件，完善末端建设、方便群众生产生活。全力推进饮水安全工程，加快推进农村电网升级改造。二是推进产业扶贫工程。积极培育贫困地区特色支柱产业，发展现代农林业、畜牧业和水产业，提高贫困户参与度、受益度，强化企业与农户利益连接，促进贫困户稳定增收。积极发展生态观光、民族文化、特色乡村旅游和红色文化、名酒文化等专项旅游，促进贫困户增收脱贫。三是推进新村扶贫工程。以扶贫新村建设为载体，加快推进危房改造，同步提升扶贫新村公共服务和社会管理等综合配套服务水平，建设幸福美丽家园。四是推进能力扶贫工程。向贫困地区倾斜公共教育资源，加大农村实用技术和乡土人才培训，通过基础教育、能力培训等多种途径，全面提高贫困人口素质，增强就业创业能力，打牢脱贫致富的根基，阻断贫困代际传递链条。五是推进生态扶贫工程。深入实施天然林保护、退耕还林、退牧还草、水资源保护和生物多样性保护等生态工程建设，大力发展生态农业、生态旅游和环保工业，使生态经济成为贫困地区群众增收来源之一。

2. 引导"四大片区"走各具特色的跨越发展之路

支持"四大片区"根据各自的实际情况和特点，从当地实际出发谋发展，真正把比较优势发挥好。在秦巴山区，突出破解交通瓶颈制约，着力抓好天然气等资源开发和农产品精深加工，特别要抓住国家支持革命老区发展振兴的机遇，争取制定实施川陕革命老区振兴规划。在乌蒙山区，突出加快水电等资源的综合利用，包括推进港航建设发展，加大改善民生投入力度，加快建设长江上游重要的生态屏障示范区。在大小凉山彝区，突出以实施彝家新寨工程、基础设施建设、社会事业发展和防艾禁毒为重点的综合扶贫开发，认真落实省委、省政府《关于加快推进彝区跨越式发展的意见》，大力提升彝区现代文明生活水平。在高原藏区，加快建设区域连接重要通道，大力发展现代草原畜牧业，打造国际知名的生态文化旅游区，构建高原生态安全屏障。

3. 建立完善高效的扶贫开发体制机制

健全精准扶贫工作机制。坚持农户申请、村民评议、逐级审核、张榜公示，以合法程序保证识别有效，做到识别准确、群众满意。做好户建卡、村造册、乡立簿、县归档工作，完善贫困户信息系统。把专项扶贫措施与贫困识别结果衔接起来，坚持分类指导，针对致贫原因逐村逐户制定帮扶措施。增加财政专项扶贫资金投入，加大资金管理改革力度。加大定向财力转移支付力度，将资金分配与工作考核、资金使用绩效评价结果相结合，探索以奖代补等竞争性分配办法。根据主体功能区和区域发展规划，优先在"四大片区"安排各类项目、布局特色产业，对纳入扶贫规划的基础设施项目、产业发展项目、民生事业项目等要优先支持和实施，引导劳动密集型产业向这些地区转移，引导资金、技术和人才向贫困地区聚集。金融支持扶贫开发的特殊政策，片区内金融机构新增可贷资金主要留在当地使用。探索财政资金购买公共服务的方式，研究建立企业、社会组织和个人参与扶贫的激励机制，调动更多社会力量参与扶贫。改进贫困地区考核机制，把提高贫困人口生活水平和减少贫困人口数量作为考核的主要指标。

（十）促进区域间协调统筹发展

1. 坚持差异化的支持政策

充分调动省、市、县各级政府的积极性，按照省委提出的"提升首位城市、着力次级突破、夯实底部基础"的战略构想，实施多点多级战略，突出做强市（州）经济梯队、做大区域经济板块。把经济结构调整作为加快转变经济发展方式的主攻方向，增强科技创新能力，促进产业结构优化升级，缩小区域、城乡发展差距，努力在发展中促转变、在转变中谋发展。不断总结四川各市县发展的经验与教训，积极探寻适合各自发展的特色道路。加快出台和实施一批着眼全省全局、体现区域发展针对性和差异化的产业、财税、金融、科技等支持政策，并确保政策落到实处。找准需要解决的突出问题，根据区域特点、功能定位、战略目标，提出具体可行的办法和措施，完善差异化的支持政策，强化区域指导的针对性和实效性。针对区域发展不平衡，着力推进五大经济区在基础设施、产业发展、生态保护等重点领域的合作，建立先进地区对口支持发展较慢地区的机制，促进优势互补，实现互促发展、双赢或多赢发展。

2. 加快五大经济区建设

促进五大经济区（成都平原经济区、川南经济区、川东北经济区、攀西经济区和川西北生态经济区）的统筹协调发展。

（1）成都平原经济区。成都平原城市群应重点推进同城化发展，全面提升城市功能，建设国家创新型城市，发展总部经济，加快构建"一轴双核六走廊"的多中心、组团式、网络式的市域城镇空间结构，将其打造成为我国中西部地区综合实力最强的城市群和西部地区的核心增长极。尽快建立基础设施的共建共享和衔接配套的协调机制，建成区域一体化基础设施网络体系。

（2）推动川南经济区率先突破。加快区域内老工业基地调整改造，加快推进新型工业化，实施产业协同战略，发展壮大能源、装备制造、化工、钒钛、白酒、轻纺等特色优势产业集群，培育壮大以新材料、新能源为重点的战略性新兴产业。充分发挥长江黄金水道和自身连接川、滇、黔、渝的区位优势，建设区域综合交通枢纽和商贸物流中心，大力发展临港经济和通道经济，积极融入长江经济带和丝绸之路经济带建设，打造承接产业转移示范区。

（3）培育川东北经济区新兴增长极，将川东北经济区建设成为川渝陕甘结合部的区域经济中心。培育和壮大优势产业，充分发挥天然气资源优势，促进天然气资源的就地加工转化，延长天然气产业链，建成国家重要的清洁能源化工基地；以生态、绿色、有机等为特色，建设特色农产品生产基地；以历史文化旅游、生态文化旅游和生态观光旅游为重点，建设生态文化旅游区；实施差别化政策支持，大力推进秦巴山区扶贫攻坚工程，建成川陕苏区振兴发展示范区。以铁路、公路、机场为重点，加强北向东向出川通道建设。

（4）打造攀西特色经济区。按照国家建设攀西战略资源创新开发试验区的要求，围绕优势资源开发，大力发展以钒钛、稀土为代表的新材料和以光伏、水电为代表的新能源产业，以早熟蔬菜、亚热带水果、花卉和中药材为代表的特色农业，以及以"阳光旅游"为代表的冬季旅游度假胜地，把攀西经济区建成以战略资源开发为特色的新兴增长极。

（5）加快建设川西北生态经济区。完善区域生态补偿机制，推进生态环境保护，加强高原生态植被和野生动植物保护，实施草原保护与建设、湿地保护与恢复、荒漠化防治等重点生态工程，建成国家生态安全屏障。深度挖掘与合理保护区域内的自然生态与民族文化资源，着力打造国际知名的生态文化旅游胜地。有序推进水能资源开发，积极开发和利用太阳能、风能、地热等清洁能源，加快能源输送网络建设。建成国家稳藏兴藏战略要地。加快铁路、机场、高速公路和国道省道公路建设，破除交通运输瓶颈。

3. 发展和壮大县域经济

把做大做强县域经济作为全面建成小康的重要突破口，提升城镇工业发展水平，推进城乡发展一体化。发展和壮大县域经济，力争5年内有更多县（市）跨入全国和西部百强县行列。深化省直管县改革试点工作，赋予试点县享受设区市一级的经济社会发展管理权限，增强县域经济社会发展活力。将有限的资源向县城适度倾斜，提高县域产业集聚和人口承载能力，形成强有力的县域经济增长极。深化扩权强县改革，落实和调整优化已下放的经济管理权限，进一步健全与事权相匹配的财政体制。推动百万人口大县改革发展，支持重点领域和关键环节改革先行先试。对于10万人口以上的县城，均应按小城市或中等城市规划建设，要坚持以产兴城、产城融合的发展思路，围绕城市群，发展布局县城。加快小城镇的产业和基础设施建设，要强化产业支撑，培育支柱产业和主导产业，发展劳动密集型产业和中小微企业，加强片区中心镇建设。进一步加强小城镇的教育、医疗、文化等公共服务设施以及供水、电力、网络、环保等市政基础设施配套建设，加强为周边农村服务的功能建设，增强吸纳农村人口的能力。

（十一）加强对全面建成小康社会的组织领导和监测管理工作

1. 加强组织领导

目前，全社会越来越关注全面小康建设的状况，及时、准确、全面反映小康建设的进展情况显得越来越重要。各级政府务必须要切实加强对全面建成小康社会的组织和管理，确保全面小康建设有组织、有计划、按步骤稳步推进。全面建成小康社会统计监测工作是科学反映小康社会建设进程的一项基础工作。各级各部门要按照政府统一领导、部门分工协作的原则，认真组织开展统计监测工作，为党委、政府科学决策提供依据。必须统一思想认识，加强组织协调，强化目标责任，充分调动各方面的积极性和主动性，形成加快全面小康建设的强大合力。建立全省小康监测部门联席制度，在数据收集、质量评估、信息交流、结果论证、结果发布等方面加强部门之间的合作与共享。

2. 加大支持和宣传力度

全面建成小康社会统计监测是一项长期的艰巨性工作,各级财政部门要在经费方面给予大力支持,各个相关部门要充实和加强各级统计监测人员力量,为高质量地开展全面建成小康社会统计监测工作提供保障。充实统计监测力量,将开展统计监测工作所需经费纳入同级相关部门综合预算。

加强对全面小康建设的宣传与解读。通过宣传,让各级党政领导和广大社会公众准确理解全面小康指数的含义,以利于正确决策与政策制定;避免公众在小康概念理解与数据解读时误读与质疑。建立差异化的小康社会评价体系。我省面积广,各地差异较大,应分不同地区类别,建立差异化的小康社会评价体系,既充分体现不同地区小康社会建设的特点,又可使其真正成为各地全面建成小康社会的具体指南。

参考文献

[1] 陈光金. 中国农村全面建设小康社会的进展和展望 [J]. 中国农村经济, 2004 (9): 4-13, 25.

[2] 曹玉书. 我国小康社会的定性定量分析 [N]. 经济日报, 2002-12-23 (T00).

[3] 李培林, 朱庆芳, 等. 中国小康社会 [M]. 北京: 社会科学文献出版社, 2003.

[4] 李培林, 朱庆芳. 全面建设小康社会的主要指标和发展目标 [J]. 北京统计, 2003 (10): 30-31.

[5] 朱军浩. 全面建设小康社会的指标体系及政策保障 [D]. 上海: 复旦大学, 2004.

[6] 吕书正. 新世纪全面建设小康社会 [M]. 北京: 中央文献出版社, 2000.

[7] 吕书正. 全面建设小康社会评价标准研究综述 [J]. 理论前沿, 2004 (5): 47-48.

[8] 胡鞍钢. 2020 中国: 全面建成小康社会 [M]. 北京: 社会科学文献出版社, 2012.

[9] 国务院发展研究中心"中长期增长"课题组. 中国经济增长十年展望 (2013—2022): 寻找新的动力和平衡 [M]. 北京: 中信出版社, 2013.

[10] 国务院发展研究中心"中长期增长"课题组. 到2023年中国农业增长趋势预测 [J]. 发展研究, 2014 (7).

[11] 国务院发展研究中心"中长期增长"课题组. 中国经济增长十年展望 (2014—2023): 在改革中形成增长新常态 [M]. 北京: 中信出版社, 2014.

[12] 杨自力. 产能过剩大背景下四川产业结构调整的思考 [J]. 决策咨询, 2013 (4): 1-4.

[13] 董霄. 提升四川企业自主创新能力的财政政策探讨 [J]. 软科学, 2014 (5).

[14] 方杰. 发展农业循环经济, 促进四川资源节约、环境友好型社会主义新农村

建设 [J]. 中国农村经济, 2007 (S1)：40-43.

[15] 黄萍. 以农村文化消费的培育推动文化产业发展——以四川为例 [J]. 西部经济管理论坛, 2013 (1).

[16] 胡代全. 当前四川经济发展需要关注的几个关系长远发展的问题 [J]. 决策咨询通讯, 2012 (2).

[17] 温丽华. 灰色系统理论及其应用 [D]. 哈尔滨：哈尔滨工程大学, 2003.

[18] 周璇. 加强四川科技进步能力建设研究 [D]. 成都：西南交通大学, 2010.

[19] 冯久先, 何春德, 肖成刚. "十二五" 时期四川居民收入和经济增长同步性研究 [J]. 西南金融, 2012 (2)：11-15.

[20] 严江. 四川贫困地区可持续发展研究 [D]. 成都：四川大学, 2005.

[21] 代光举. 区域文化产业竞争力与发展研究 [D]. 成都：西南财经大学, 2012.

[22] 匡翼云. 四川文化产业的发展与非遗文化的互动 [J]. 成都师范学院学报, 2017 (1)：70-72, 77.

[23] 唐利民. 四川省 2013 年国民经济和社会发展计划执行情况及 2014 年计划草案的报告 [N]. 四川日报, 2014-01-28 (010).